集人文社科之思　集专业学术之声

集 刊 名：企业史评论
主办单位：中国政法大学商学院
协办单位：上海文盛资产管理股份有限公司
编辑单位：《企业史评论》编辑部
学术支持单位：中国政法大学商学院企业史研究所

BUSINESS HISTORY REVIEW

《企业史评论》编委会

主　编：李　晓　巫云仙
副主编：熊金武　岳清唐　姜　涛
编辑部主任：熊金武（兼）
编辑部副主任：陈苢名　曾　江
编委会成员（按姓氏拼音排序）：

陈志武（香港大学亚洲环球研究所）　　杜恂诚（上海财经大学经济学院）
方书生（上海社会科学院经济研究所）　高超群（中国社会科学院经济研究所）
兰日旭（中央财经大学经济学院）　　　李　毅（中国社会科学院世界经济与政治研究所）
李　玉（南京大学历史系）　　　　　　梁　华（中国社会科学院）
林立强（福建师范大学社会历史学院）　刘建生（山西大学经济与工商管理学院）
刘兰兮（中国社会科学院经济研究所）　刘　鹰（清华大学华商研究中心）
龙登高（清华大学华商研究中心）　　　瞿　商（中南财经政法大学经济学院）
王　珏（中国人民大学经济学院）　　　王茹芹（中国商业史学会会长）
王玉茹（南开大学经济学院）　　　　　魏明孔（中国社会科学院经济研究所）
魏　众（中国社会科学院经济研究所）　武　力（中国社会科学院当代中国史研究所）
燕红忠（上海财经大学经济学院）　　　叶　坦（北京大学经济学院、中南财经政法大学
袁为鹏（上海交通大学历史系）　　　　　　　　经济学院）
赵　津（南开大学经济学院）　　　　　张忠民（上海社会科学院经济研究所）
周建波（北京大学经济学院）　　　　　郑学檬（厦门大学历史系）
周小兰（华南师范大学历史文化学院）　周黎安（北京大学光华管理学院）

第5期

集刊序列号：PIJ-2019-403
中国集刊网：www.jikan.com.cn
集刊投约稿平台：www.iedol.cn

第 5 期

企业史
BUSINESS HISTORY
评 论

李晓　巫云仙　主编

REVIEW

社会科学文献出版社
SOCIAL SCIENCES ACADEMIC PRESS (CHINA)

目 录

卷首语 ………………………………………………………… / 1

◎企业史学·理论与方法◎

马歇尔真的认为企业家是冒险家吗？………………… 李 晓 / 1
企业家精神的研究范式：企业家管理
　……〔美〕霍华德·H. 史蒂文森　〔瑞士〕J. 卡洛斯·贾里洛
　　　　　　　　　　　　　　　　　　　　丛云波 译 / 18
拉丁美洲的企业史研究：史学视角的分析
　………………〔阿根廷〕玛利亚·英内斯·巴蓓罗　曾 江译 / 34

◎企业发展·制度变革◎

所有权与控制权何时分离：19世纪早期的公司治理
　………………………〔美〕埃里克·希尔特　胡智鸿 译 / 50
美国上市公司：所有权分散的神话
　………………〔美〕克利福德·G. 霍尔德内斯　李 璇 译 / 84

◎经营方略·管理理念◎

在俄国的法国工业企业：全球视角下的大企业
　………………〔斯洛伐克〕B. A. 库利科夫　李 丽 译 / 121

数字时代的新泰勒制：基于法德两国零售仓库的工作场所转型的分析
………………〔法〕杰罗姆·高蒂　〔德〕卡伦·杰林
　　　　　　　〔法〕科拉莉·佩雷斯　仇江宁 译／132
意大利和西班牙大企业的战略与结构（1950~2002）
………………………〔美〕维罗妮卡·宾达　王　冉 译／154
民初精盐公司的兴起与产销一体化趋势 …… 李健英　李　娟／174

◎企业家·企业家精神◎

现代商业企业的起源：欧洲企业家精神
………………………〔德〕埃德加·萨林　张晓琳 译／194
企业家精神与外部性的内部化
………………〔美〕詹姆斯·M.布坎南　罗杰·L.费思
　　　　　　　　　　　　　　　　　　周王心安 译／205
企业家精神之"成就需要"：基于美、意、土、波四国的心理学
　调查分析 ………〔美〕戴维·麦克利兰　周斯雅 译／221
企业家精神差异化配置与中小企业高质量发展 ……… 陈艺名／246

◎国有企业·国企改革◎

挪威国家所有制：起源发展与改革创新 …… 巫云仙　胡智鸿／258
1949~1978 年我国国营企业外部管理体制的变迁 …… 岳清唐／294

◎学术研究述评◎

一部富有启发性的经济思想史著作
——读《近代中国传统经济思想现代化研究：以民生经济学
　为例（1840—1949）》………………………… 黄义衡／307

三线企业与三线人的命运
　　——《企业、人群与社会：三线建设的多维书写》序
　　………………………………………………… 高超群 / 310
企业史与技术史 ………… 〔美〕保罗·尤塞尔丁　余　镐 译 / 318
桑巴特对企业史研究的贡献
　　………………… 〔美〕文森特·卡罗索　易　鑫 译 / 329
近 30 年来俄罗斯学界关于俄国工业企业史的研究
　　………… 〔俄罗斯〕米·尼·巴雷什尼科夫　苏　宁 译 / 349

《企业史评论》投稿须知 ……………………………………… / 362

卷首语

党的二十大报告强调："完善中国特色现代企业制度，弘扬企业家精神，加快建设世界一流企业。"[①] 企业改革和企业发展的现实需要，呼唤中国特色企业理论，也为企业史研究提出了时代要求。企业是社会经济活动中最重要的微观经营主体，我们将企业史定义为从事商品生产和经营的组织产生及演变的历史。针对企业发展历史的专门研究源远流长。20世纪20年代，企业史研究形成相对独立的学科体系。1925年，美国企业史学会成立；1927年，美国哈佛大学设立第一个企业史教授席位，首任者是 N.S.B. 格拉斯；1928年出版《经济与企业史杂志》，很快就成为该研究领域的权威刊物。迄今为止的近百年间，美国学界一直在企业史研究领域独领风骚。小艾尔弗雷德·钱德勒更是以研究大企业历史著称，开创了企业史研究的"钱德勒时代"。与此同时，英国、法国、德国、意大利、日本、韩国乃至苏联、东欧等国家和地区的学者也相继开展了兼具各国特色的企业史研究，形成与经济史研究既有联系又有区别的研究范式、研究方法和理论体系。

企业史是一个跨学科的独立研究领域，聚焦企业的相关问题，为经济学贡献微观研究基础，为工商管理学提供历史性素材。格拉斯认为，企业史是关于商业管理进展的研究，包括商业政策制定和企业管

---

① 习近平：《高举中国特色社会主义伟大旗帜 为全面建设社会主义现代化国家而团结奋斗——在中国共产党第二十次全国代表大会上的报告》，人民出版社，2022，第29页。

理史及其二者间的关系，处理商学院课程的历史背景部分，是对商业机构各种要素使用及其绩效的全方位研究。著名的哈佛商学院案例教学就是建立在企业史研究基础上的。甚至可以说，没有企业史研究成果支撑，就没有案例教学这种人才培养模式。

如果把工商业历史的研究约等于企业史研究，那么中国的企业史研究也像古老的华夏文明一样历史悠久。2100多年前的司马迁就写成了《史记·货殖列传》，专门为32位有名有姓的工商业者树碑立传，其中关于商业本质和经营规律的揭示，迄今犹闪烁着真理的光芒。

改革开放以来，中国逐步建立和不断完善社会主义市场经济体制，市场体系不断发展，各类市场主体蓬勃成长。截至2023年9月底，全国登记在册市场主体1.81亿户，较2022年底增长6.7%。前三季度、全国新设经营主体2480.8万户，同比增长12.7%。其中，新设企业751.8万户，同比增长15.4%；新设个体工商户1719.6万户，同比增长11.7%。这些市场主体是中国经济活动的主要参与者、就业机会的主要提供者、技术进步的主要推动者，在国家发展中发挥着十分重要的作用，一大批世界级企业已经在国际舞台长袖善舞。但中国的企业史研究却依然处在起步和探索阶段，不仅与国外同行差距较大，也与中国企业的迅猛发展颇不相称。时代呼唤着有志者投身于这片学术热土。

中国政法大学商学院的企业史研究团队，就是在此背景下注意到企业史研究并迈入这个领域的。20世纪90年代末，李晓在日本文部省所属国际日本文化研究中心担任客员助教授（副教授）期间，初步接触到企业史（日本谓之经营史）研究，着手搜集有关资料。2007年，李晓在日本北九州大学经济学部为经营学专业三年级本科生讲授选修课"中国经济"，其中涉及不少中国企业问题。2007年8月，李晓又在日本九州大学经济学府——经济学研究院面向教师和研究生作了题为"中国における経営史研究の現状と課題"的学术报告（该文发表于九州大学《经济学研究》第74卷，2008年4月号）。2007年12月，在中国政法大学商学院经济史研究所师生教研活动中，李晓专题介绍了企业史学的由来、研究对象、研究方法、相关理论等。师生们通过气氛热烈的学术研讨，形成了明确共识：在经济史领域开辟新的方向、新的研究园地——企业经营史，并围绕这一新领域开展学术研究、学生培养和教学活动。

2009年至2010年，本研究团队的李晓和巫云仙两位教授参加国务院发展研究中心的年度招标课题"工业化中期阶段美国、日本工业化历程、企业经营方式的历史经验比较及对中国的借鉴意义"的研究，并于2010年1月结项。这是本研究团队开展跨单位合作研究①和集体协作的第一个项目，涉及美国、日本和英国等企业经营史的相关问题，为后续研究工作奠定了基础。

10余年来，本研究团队推出的主要成果有：巫云仙的《汇丰银行与中国金融研究》（2007年）、李晓的《商贾智慧》（2011年）②、巫云仙的《德国企业史》（2013年）、熊金武的《国之润，自疏浚始——天津航道局120年发展史》（2017年，与清华大学龙登高、常旭等学者合作）、巫云仙的《美国企业发展的历史演进：技术创新与产业迭代的视角》（国家社科基金后期资助项目，18FJL004）、岳清唐的《中国国有企业改革发展史（1978—2018）》（2018年）、熊金武的《中国百年企业数据库及近代传统商业文化现代化研究》（用友公益基金会课题，2017~2020年）、陈芑名的《社会信任对创新的影响》（法大人文社科青年项目，17ZFQ79002）（2016~2019年）、李

---

① 该课题由国务院发展研究中心企业所范保群和中国政法大学商学院李晓共同主持，成员除李晓和巫云仙外，还有中国人民大学经济学院、湖北经济学院、清华大学经管学院，以及国务院发展研究中心的多位学者。

② 此书已被韩国In-Gan-Sa-Rang Publishing Company出版公司译为韩文，在韩国出版发行。

晓的《货殖春秋》（2019年）、曾江的《财政—金融结合视角的近代中国金融业态演进研究》（2022年国家社科基金项目，22BJL007）、李晓的《企业家职能：基于经济思想史的研究》（2023年国家社科基金后期资助项目）、熊金武的《全球史视野下近代中国地价税制度思想研究》（2023年国家社科基金后期资助项目）等；成立了中国政法大学金融不良资产研究中心、企业家研究中心、"一带一路"中国企业创新发展研究中心三个研究机构。本研究团队的相关成果还分别吸收进了李晓和巫云仙参加编纂的第三批"马克思主义理论研究和建设工程"教材《中国经济史》和《世界经济史》之中。

特别值得一提的是，在科研方面，本研究团队不仅致力于文献研究，而且跨出校门，走向经济建设主战场，深入国内外企业，与企业家打成一片，在车间现场访谈调研，掌握了大量的第一手资料，亲身感受到了有血有肉的企业生机，深化了对企业经营管理的理解和认识。

在开展科研工作的同时，研究生培养也愈益聚焦企业史领域，涵盖每月一次的研究生的经典著作"读书会"、学年论文和毕业论文选题等。面向本科生、研究生、MBA、EDP等不同层次的学生，相继开设企业史方面的课程有"商道智慧与现代企业投资经营""企业史通论""当代中国企业改革史专题""企业史专题研究""领导力与企业家精神""西方管理思想史""创新与企业家精神"等。

本研究团队还遵循"把论文写在祖国大地上"的精神，积极开展社会化服务，把科研成果转化为企业生产力。2011年5月，中央电视台科教频道热门栏目"百家讲坛"播出了李晓的10集系列讲座《商贾传奇》，此后国际频道、财经频道、央视精品等频道多次重播该系列讲座。本研究团队还运用有关成果针对企业进行战略决策、企业文化、组织建设、员工培训等方面的咨询服务，受到企业家广泛好评，创造了良好的社会效益。此外，本研究团队成员还积极参加北京市和国资委相关问题的研究,为相关政策制定提供研究基础和借鉴。

中国政法大学商学院经济史研究所成立于2007年5月,2017年3月正式更名为企业史研究所[①],成为国内高校第一家专门进行企业史研究与教学的机构。企业史研究所现有专任教师6人,在理论经济学一级学科下设博士和硕士层次的经济史二级学科学位授权点。

奉献给读者的《企业史研究》集刊,就是本研究团队倾心打造的一个崭新的学术园地。本集刊得到中国政法大学商学院、上海文盛资产管理股份有限公司的资助,计划每年出版一期,每期20万~25万字。本集刊旨在为有志于企业史研究的同道学人集中展现国内外有关成果,为推动本学科发展贡献我们的绵薄之力。

收入第5期的共20篇文章,涉及企业史学·理论与方法、企业发展·制度变革、经营方略·管理理念、企业家·企业家精神、国有企业·国企改革、学术研究述评等方面。其中的13篇译稿,初版时间跨度为1952~2021年,可以反映国外企业史研究在不同阶段关注的不同问题。该期间正值国外企业史研究的发轫、兴起发展和调整时期,且这些文章较少得到关注和引用,因此即使部分译稿发表的时间较早,对我们亦不乏新意。受本集刊篇幅和版权所限,我们对外文文献作了摘译或编译处理。读者若感兴趣,可循原文链接搜索查阅。其余文章,除少量约稿外,皆为本研究团队成果。受水平所限,错讹难免,敬祈同行专家和读者朋友批评指正。

主编 李晓 巫云仙

2023年7月于北京蓟门桥小月河畔

[①] 2007年5月至2017年3月20日,经济史研究所所长由巫云仙担任;2017年3月至2020年9月16日,企业史研究所所长由巫云仙担任;2020年9月至2023年9月由熊金武担任所长,2020年9月至今由陈苣名担任副所长。

◎企业史学·理论与方法◎

马歇尔真的认为企业家是冒险家吗？

李 晓[*]

【摘 要】 在西方经济思想史上，有一种观点认为企业家职能或企业家精神的内涵之一是冒险或承担风险，马歇尔就明确表达了这种论断。然而详细梳理马歇尔的有关论著却会发现，马歇尔的真实想法并非如此。他虽然承认在有的行业、特定时期企业风险较大，个别企业家风险偏好较高，但这并非企业家的常态和主流。研究表明，把企业家视为冒险家或风险承担者只是马歇尔硬给企业家扣上的概念性、符号性"假帽子"，与他详细描述的企业家厌恶、规避、驾驭风险的"真面目"并不相符。"假帽子"和"真面目"的矛盾，反映了马歇尔没有擦除和突破斯密—李嘉图—穆勒在企业家理论方面的错误基因以及他所处的时代局限性、历史过渡性。厘清"马歇尔真的认为企业家是冒险家或风险承担者吗？"这个问题，有助于认识企业家的本质特征。

【关键词】 马歇尔 企业家 冒险家 风险承担者

引 言

企业家职能或企业家精神的内涵是什么？西方经济思想史上众说

---

[*] 李晓，中国政法大学商学院教授，博士生导师，主要研究领域为经济史、企业史和中国特色社会主义理论。

纷纭，美国学者赫伯特和林克汇总有12项之多，其中一项是冒险或承担风险。①我国学者张维迎、王勇认为，"尽管学者对于'企业家精神'的确切定义莫衷一是，但大多数人都赞同有两个特质是'企业家精神'诸构成特质中最为关键、最为核心的，这两个特质就是'承担风险与不确定性'和'创新'"②。这里姑且不论所谓的"大多数人都赞同"究竟有没有统计学上的根据，仅就有些经济学家主张企业家职能或企业家精神的内涵之一是冒险或承担风险而言，确是事实。其中，英国的一代宗师阿尔弗雷德·马歇尔的说法因为他在经济思想史上地位崇高而影响最大。

然而，揆诸原典，去伪存真，马歇尔真的认为企业家是冒险家或风险承担者吗？厘清这个问题，对于认识企业家的本质特征不无助益。

一 马歇尔给企业家扣上一顶冒险家或风险承担者的"假帽子"

马歇尔关于企业家职能或企业家精神的定义有两个方面：一是冒险或承担风险，二是从事企业管理。

在其代表性著作《经济学原理》附录一"自由工业和企业的发展"中，马歇尔添加了一则注释：企业家"这一名词来自亚当·斯密，而惯用于欧洲大陆，用它来指那些把企业的风险和管理看作自己在组织工业工作中应尽的本分的人，似乎最适当不过了"③。马歇尔

---

① Robert F. Hébert, Albert N. Link, *The Entrepreneur: Mainstream Views and Radical Critiques*, New York: Praeger Publishers, 1982, pp. 107-108. 两位作者在其2006年发表的文章中没有对这12项内容作任何修改，参见 Robert F. Hébert, Albert N. Link, "Historical Perspectives on the Entrepreneur (Foundation and Trends)," *Entrepreneurship*, vol. 2, No. 4, 2006, pp. 264-265。

② 张维迎、王勇：《企业家精神与中国经济》，中信出版社，2019，第6页。

③ 〔英〕马歇尔：《经济学原理》下卷，陈良璧译，商务印书馆，1965，第458页注1。

说企业家作为一个概念来自亚当·斯密，这种说法并不符合事实，因为在亚当·斯密的经济理论体系中只有资本家而没有企业家这一概念。[①] 但马歇尔关于企业家职能或企业家精神的内涵是冒险或承担风险和从事企业管理的表述非常明确。

马歇尔还在《经济学原理》另一段正文中较为集中和详细地阐述了企业家的职能："在大多数营业中，都有企业家这个特殊阶级参与其事。……在近世的大部分营业中能够如此地指导生产以致一定程度的努力能最有效地用来满足人类欲望的任务，不得不分裂开来，而转入专门的雇主手中，或用较为普通的名词来说，转入商人们的手中。他们'冒着'或'担当'营业的风险；他们收集了工作所需要的资本和劳动；他们安排或'计划'营业的一般打算，并监督他的细小事情。从一种观点来看，我们可将商人看作一个高度熟练的产业阶级，而从另一种观点来看，则可看作介于手工劳动者和消费者之间的中间人。"[②] 马歇尔把"营业"定义为一切以营利为目的的商业性经营活动[③]。因此企业家职能除了被马歇尔定义为一般意义上的冒险或承担风险和从事企业管理外，还被具体化为生产要素的组织者、生产经营活动的安排者和计划者、营业过程的监督者、劳动者和消费者之间的联结者等。并且马歇尔经常把企业家与雇主、商人、资本家、"产业资本家"等称呼混用。[④] 不管给企业家赋予了哪些职能或者精神，马歇尔认为企业家是冒险家或风险承担者及从事企业管理者的论断都是十分明确的，而且一再申述、毫不含混。

然而，熊彼特在谈到马歇尔关于企业家职能或企业家精神的定义

[①] 李晓：《亚当·斯密的经济理论中为什么没有企业家？——基于理论和企业史的考察》，《企业史评论》2021年第2期，第188~208页。
[②] 〔英〕马歇尔：《经济学原理》上卷，朱志泰译，商务印书馆，1964，第345页。
[③] 〔英〕马歇尔：《经济学原理》上卷，朱志泰译，商务印书馆，1964，第343页。
[④] 〔英〕马歇尔：《经济学原理》上卷，朱志泰译，商务印书馆，1964，第346、349页；
〔英〕马歇尔：《经济学原理》下卷，陈良璧译，商务印书馆，1965，第272页。

时，根本就没有把冒险或承担风险这一项考虑在内，而是认为马歇尔关于企业家职能或企业家精神的定义只有一项内容，那就是管理："马歇尔的企业家定义，那就是，只是把企业家职能看作从最广义说的'管理'。……我们不接受这个定义，就是因为它没有把我们认为的主要之点表达出来，而这是使企业家活动与其他活动具体分开的唯一要点。"[①] 熊彼特持此种观点，是因为他粗心遗漏呢？还是另有缘由呢？

本文研究认为，熊彼特并非粗心遗漏，更不是选择性表述，而是因为综览马歇尔的论著就会发现，马歇尔并不是真正认为企业家是冒险家或风险承担者。他关于企业家职能或企业家精神的那些貌似明确的定义只不过是一个装点门面的概念、一种象征性的符号，是在他详细阐述的企业家的"真面目"之上硬扣上的、不伦不类的"假帽子"而已。

那么，马歇尔揭示的企业家的"真面目"究竟是什么模样呢？

二 企业家在风险面前的"真面目"

在马歇尔的理论体系中，企业家与冒险或承担风险之间究竟是什么关系呢？

（一）"行业风险"与"个人风险"

马歇尔把与企业家有关的风险分为两类，一类谓之"行业风险"或曰"企业风险"，[②] 另一类谓之"个人风险"。

[①] 〔美〕约瑟夫·熊彼特：《经济发展理论——对于利润、资本、信贷、利息和经济周期的考察》，何畏、易家详等译，张培刚、易梦虹、杨敬年校，商务印书馆，1990，第88页。

[②] "行业风险"是阿尔弗雷德·马歇尔、玛丽·佩利·马歇尔《产业经济学》中文译本的译法，但马歇尔《经济学原理》中文译本将其译作"企业风险"，从其列举的事项看，似以"行业风险"为宜。

"行业风险"是指"那些在商业经营活动中不可分割的风险（或者不可分散的风险）"，它与企业家从事的特定行业有关，是该行业领域所有企业家不可避免都会面对的。产生这类风险的原因有很多，例如原材料和制成品市场的价格波动、产品样式的突然改变、新发明的偶然产生、附近冒出强大的新竞争对手等。这些变故可能导致企业家已经投入的"资本的价值发生减损或者贬值"，也可能导致"所生产出来的产品发生减损或者贬值"。[①]

首先受到这类风险侵袭的是从事工商业的产业资本家。在现代工业世界中，承担生产上的风险和受价格上涨之利及其下降之害的人，首先是产业资本家。由于生产中必需的设备、原材料、雇佣劳动力、企业家的才智和能力等都是预付的，一旦市场剧变、产品滞销，企业家可能会遭受灭顶之灾，血本无归，破产倒闭。因此，马歇尔强调"必须时刻记住这个事实。任何东西的市场价值可以大大高于或低于它的正常生产成本；某特定生产者的边际成本在任何时候都可以和正常条件下的边际成本毫不相干"[②]。

市场形势云谲波诡、企业竞争激烈残酷，这是任何企业家都躲不过、绕不开的现实课题。正确判断和有效处置这些问题，对所有企业家来说都是严峻考验。然而，这些问题的本质属于风险吗？在企业家理论史上，无论是最早把企业家纳入经济学分析的理查德·坎蒂隆，还是与马歇尔大致处于同时代的弗兰克·奈特，都不把这些情况定性为风险，而是将其称作"不确定性"。马歇尔也注意到了企业收益的"不确定性"问题，[③] 但没有把它与风险区别开来。可见马歇尔把风险和不确定性这两个性质不同的问题混为一谈了。这从一个侧面反映

[①]〔英〕阿尔弗雷德·马歇尔、玛丽·佩利·马歇尔：《产业经济学》，肖卫东译，商务印书馆，2018，第196页；〔英〕马歇尔：《经济学原理》下卷，陈良璧译，商务印书馆，1965，第288页。

[②]〔英〕马歇尔：《经济学原理》下卷，陈良璧译，商务印书馆，1965，第272、88页。

[③]〔英〕马歇尔：《经济学原理》下卷，陈良璧译，商务印书馆，1965，第85页。

出马歇尔的企业家理论具有"英国传统"的思想局限。

对马歇尔而言,这种思想局限似乎伴随他职业生涯之始终。马歇尔在其退休后出版的《工业与贸易》一书中,更加暴露了其把风险和不确定性混淆不清的老毛病。他说:"事实上,商业上的巨大风险与每一个负责任的公民必须面对的许多小风险有许多共同之处。"例如,当一个旅行者不确定要走两条路中的哪一条时,他就会进行推测。他最终必须承担这一种风险或另一种风险。他别无选择,只能推测它们的相对优势,并根据他的推测判断采取行动。在日常生活中,每个人都经常处于十字路口。如果一个人租了一所他很喜欢的房子,但又不确定要在那里住多久,那么他无论接受还是拒绝长期租约,都是在冒险。同样,当一个人决定让儿子从事某种职业,或送他上某所学校时,他也必须承担由这种选择带来的风险。此外,还有国王加冕典礼可能遇到的恶劣天气等。

总之,"风险是由他几乎无法控制的广泛原因决定的"[1]。马歇尔在书中列举的一些事例,实际上都不属于风险,更不是企业家所特有的。吃饭怕噎着,走路怕跌着,悲欢离合,阴晴圆缺,一个人从小到大,会碰上多少这样的事情呢?如果把这些事情说成是"风险",把冒这种"风险"的人说成是企业家,把承担这种"风险"说成是企业家的职能,或者是企业家必须具备的精神,那么这个世界上什么人不是企业家呢?牛羊猪狗等动物不面临这种"风险"吗?花草树木等植物不遭遇这种"风险"吗?它们冒着这种"风险"、承担这种"风险",它们也都是"企业家"吗?如果沿着这个逻辑走下去,其结果将是不着边际、荒唐可笑的。这当然并非马歇尔的本意,但沿着他的逻辑,难道不会推导出这种结论吗?存在此类漏洞的症结就在于马歇尔混淆了风险与不确定性这两个性质不同的问题。

---

[1] A. Marshall, *Industry and Trade*, London: Macmillan, 1923, pp. 169-170.

"个人风险"是指某个人因其所拥有的资本掌控在他人手中而面临的风险。这类风险产生于资本出借者对资本借入者的经营能力和诚信的错误估计。企业家经营企业所需的资本无非来自两个渠道,一是自有资金,二是借贷或其他股东的投资。在第二个渠道,企业家的品德、能力、经营风格等都可能对债权人和投资者的资金安全构成影响。马歇尔发现,有些借贷经营的企业家,他的实际能力、精力和诚信度等并不像表面看上去的那样可靠,他也不如使用自有资金的企业家处事谨慎,能正视失败。使用自有资金的企业家,"有充足的动机努力地发觉自己所从事的商业经营活动是否会产生损失"①。一旦在投机或投资活动中遭遇不利,使用自有资金的企业家会立即停止行动,避免损失扩大。相反,主要靠借贷经营或其他股东投资的企业家,防范损失的动机并不强烈。如果他的人品有缺陷,他对经营损失的敏感度更不会很高。一旦遭遇损失,他不仅不会果断止损,反而可能加大筹码,仓促地采取一些更加鲁莽的投机行为。促使他这样做的动机在于:如果他的投机行为侥幸成功,他将从中受益;如果失败,则所有损失都将落在债权人头上。这使他对冒险失败究竟会带来多大损失漠不关心。"许多债权人由于债务人这种半欺骗的怠惰行为而遭到损失",所以,"如果某企业所使用的资本多系借贷资本,则往往产生额外风险"。②

当然,"个人风险"的产生并不完全是因为借贷经营的企业家不负责任,在有些场合是客观上的新事物引起的。例如,有的企业家投身于新兴的电业部门,因为没有过去的经验可资借鉴,债权人无法对企业家的进展情况作出判断等。③

---

① 〔英〕阿尔弗雷德·马歇尔、玛丽·佩利·马歇尔:《产业经济学》,肖卫东译,商务印书馆,2018,第197页。
② 〔英〕马歇尔:《经济学原理》下卷,陈良璧译,商务印书馆,1965,第288、287页。
③ 〔英〕马歇尔:《经济学原理》下卷,陈良璧译,商务印书馆,1965,第300~302页。

正因为承担"个人风险"的不是借贷经营的企业家（债务人），而是借给别人资本供他营业上使用的那个人（债权人），所以债权人为了规避和减少损失会采取两方面的措施。一方面，债权人必然要收取较高的利息（利息中往往包含很大的一笔风险保险费），还会要求债务人提供担保，以期缩短借贷期限，尽快收回资金；另一方面，债权人会尽力摸透债务人的情况，加强对其经营状况的监视，这其实是十分费力的管理工作。因此，借贷的代价，从债务人的角度看是利息，从债权人的角度看，有一部分属于其管理工作的利润。① 其实即使主要依靠自有资金经营的企业家，在计算利润时，也必须在他所获得的管理报酬的基础上，"加上等值于个人风险的部分"②。当然，这里的"个人风险"来自他利用自有资金进行投资而产生的资本家身份，与他的企业家职能无关。

总之，"个人风险"的承担者都只是出借资本的债权人，而不是借贷经营的企业家。这种观点在马歇尔的理论中是非常明确的。

在经济思想史上，马歇尔把上述两类风险称作"行业风险"和"个人风险"，是其理论创新。但既然"行业风险"本质上不是风险而属于不确定性，并且"个人风险"由出借资本的债权人承担而与借贷经营的企业家无关，那么，企业家究竟在经营中冒什么风险呢？承担什么风险呢？

（二）企业家在经营中的实际风险情况

马歇尔发现，由于行业领域的特点不同，企业家的行为表现也有差异。在那些发展变化很慢，不付出长期努力难以收到效果的行业领域，只拥有少量自有资金的新创业者难以快速胜出，按部就班、循序

---

① 〔英〕马歇尔：《经济学原理》下卷，陈良璧译，商务印书馆，1965，第289页。
② 〔英〕阿尔弗雷德·马歇尔、玛丽·佩利·马歇尔：《产业经济学》，肖卫东译，商务印书馆，2018，第212页。

渐进是这类行业企业家的常规行为模式。但在那些靠勇敢探索、大胆尝试和不知疲倦的进取心能够迅速收效的新兴工业部门,特别是在昂贵商品的再生产成本较低并且短时间内可以获取厚利的产业部门,具有当机立断、巧于策划、多少有点不怕危险等特点的新生创业者反而能够如鱼得水、捷足先登。①

有的行业似乎天然是冒险家的乐园。开采金矿就属于这种"冒险行业",即使按保险公司的原则计算,其获利的概率也远远不及亏损的可能,但对于某些人仍具有特殊的吸引力。因为对这些人而言,"损失风险的阻力小于致富机会的吸引力"。这正如亚当·斯密所指出的,具有某种传奇因素的风险性行业往往人满为患,以致它的平均报酬比无险可冒时还要低些。②

还有证券交易所之类的投机生意,也"承担很大的风险",对于它所经营的商品之生产者和消费者有很大的影响。但是,从事这种投机买卖的企业家,既无工厂也无仓库,在很大程度上并不是劳动者的直接雇主,他们以投机技巧为重,管理工作较少。③

此外,市场景气度的周期性变化也对企业家的行为模式有一定影响。例如,1873 年英国物价飞涨,通货膨胀达到顶点,各个社会阶层深受其害,唯独借贷投资的企业家大发横财。这使新兴企业家"觉得创办企业很容易"④,轻急冒进成为一时风尚。但是市场热潮消退,物价持续下跌,经济陷于萧条低迷之际,企业家的普遍行为模式可能走向另一种极端——变得保守消极。

大千世界,光怪陆离,任何社会、一切时代,总有一些人胆气绝伦、豪情遏云,这极其正常,毫不奇怪。问题是,上述几种行业和特

---

① 〔英〕马歇尔:《经济学原理》下卷,陈良璧译,商务印书馆,1965,第 301 页。
② 〔英〕马歇尔:《经济学原理》下卷,陈良璧译,商务印书馆,1965,第 85 页。
③ 〔英〕马歇尔:《经济学原理》上卷,朱志泰译,商务印书馆,1964,第 345 页。
④ 〔英〕马歇尔:《经济学原理》下卷,陈良璧译,商务印书馆,1965,第 302 页。

定时期的企业家行为，是企业家的普遍面目吗？是企业家的常规属性吗？是企业家的本质特征吗？

马歇尔的回答是否定的。他从是否注重经营管理的角度，把企业家的经营模式分为两种类型，一种类型是证券商、金矿主、经济过热时的冒进主义者等，他们不太注重经营管理，热衷投机取巧，经常盲目乐观，属于"极端"特殊类型，不具有代表性和典型意义；另一种类型是大多数工商业企业家，这类企业家比较注重企业的经营管理，是企业家正常的普遍做法，因而具有代表性和典型意义。马歇尔主张注意那些最注重经营管理而最不注重巧妙的投机方式的企业家形态，倡导将较为普通的企业家形态作为例证，并注意承担风险与企业家的其余工作之关系。①

（三）正常的企业家恰恰不是冒险家

马歇尔认为，正常的企业家，不是风险的挑战者，而是在风险面前十分谨慎且处置有方的人。

正常的工商业企业的企业家固然也面临"行业风险"，但他们中的大多数都是风险厌恶型的。"在大多数场合下，风险的影响是向着相反的方向"发挥作用的。人们倾向于追求确定性的利益。例如，确定能获得四厘收入的一张铁路股票，其售价可能比同样支付一分、七厘或任何中间额的股票的价格高些。②

马歇尔明确指出，冒险不是企业家的普遍做法，正常的企业家不是赌徒，不会故意冒显而易见的风险，其冒险行为与风险程度负相关。"在其他条件不变的情况下，除非从事有风险性的企业的人所预期的利益大于他业，且他的可能利益超过他的可能损失（按合理的计算），否则他不会经营这种企业。如果这种风险没有绝对的害处，

---

① 〔英〕马歇尔：《经济学原理》上卷，朱志泰译，商务印书馆，1964，第346页。
② 〔英〕马歇尔：《经济学原理》下卷，陈良璧译，商务印书馆，1965，第85页。

则人们将不愿向保险公司缴纳保险费,因为他们知道,所付的保险费除了实际险值和巨大的广告开支和经营费用外,还提供作为净利的剩余。"①

更多的企业家会理性地在可能的冒险损失和自己的承受能力之间,认真权衡,谨慎选择。"还有许多的人,他们用自己的智慧和企业心能胜任地处理麻烦的业务,但在巨大风险的面前却裹足不前,因为他们自己的资本不足以负担沉重的损失。"正常人是不会轻易孤注一掷、盲目不计后果的。所以马歇尔强烈感觉到,企业家的"近代的特色是精明而不是自私"②。

观察发现,那些看上去"有风险性的行业多为不怕冒险的人所经营;也许为少数实力雄厚的资本家所经营"。这为数不多的企业家之所以不怕冒险,一是因为实力雄厚,其风险承受能力强;二是因为"他们长于经营该业",在该领域长期浸润,积累了丰富经验,具备外行人所缺乏的经营能力;三是因为他们"彼此约定不使市场受到压力,以便获得很高的平均利润率",也就是几个寡头联手结成垄断势力,操纵市场,排斥竞争,从而有效降低经营风险,保证获得超额利润。③

况且现实中的企业家都会充分利用保险公司来转嫁和分散风险。尽管马歇尔所述"行业风险"中的很多项目没有保险公司可以化解,但企业经营中的大部分风险是可以通过投保分散化解的。例如,"厂商和商人通常都保火险和海上损失险;他们所付的保险费属于补充成本,其中一部分必须加在直接成本上,以便确定他们货物的总成本"④。当然,因经营不善和判断错误而产生的损失是没有保险公司

---

① 〔英〕马歇尔:《经济学原理》下卷,陈良璧译,商务印书馆,1965,第311页。
② 〔英〕马歇尔:《经济学原理》上卷,朱志泰译,商务印书馆,1964,第8页。
③ 〔英〕马歇尔:《经济学原理》下卷,陈良璧译,商务印书馆,1965,第311页。
④ 〔英〕马歇尔:《经济学原理》下卷,陈良璧译,商务印书馆,1965,第83页。

可以承保的。①

从宏观角度看，风险之损失和收益之所得可能实现均衡。"在有巨大损失风险的各种事业中，也必须有获重利的希望。一种商品的正常生产费用必须包括对生产它所需要的那种冒险的报酬，而这种报酬要足以使那些从事冒险与否尚在犹豫不决的人认为他们可能得到的利益净额（也就是说，除去他们可能受到的损失额后）是对他们辛勤和支出的报酬。这种冒险所提供的利益除足以供这种目的而用之外，是没有多大剩余的。"② 这大概是冒险对大多数企业家激励效应十分有限的重要原因。

因此，马歇尔对夸大企业家冒险收益的经济学家持批评态度。"某些美国学者把利润纯粹看作风险的报酬，看作毛利减去利息和管理上的报酬的余额。但是，名词的这种使用，似乎是不相宜的，因为它有把管理工作和日常监督都混为一谈的趋势。"③

马歇尔虽然主张企业家"大胆地承担风险"，但这是以"他必须能谨慎地判断"为前提的。④ 因此，这个"大胆地承担风险"不应理解为盲目蛮干，更不应理解为胆大妄为，而应理解为在全面掌握有关知识和谨慎周详判断的基础上，比他人抢先得到获利的机会。⑤ 马歇尔列举的约翰·皮尔庞特·摩根（John Pierpont Morgan）创办庞大的国际商业海运公司（International Mercantile Marine Company）失败的案例，"说明了即使是一个伟大的天才，在一个自己并不熟悉的领域进行大规模冒险，也会面临风险"。⑥ 企业家所招致的风险很多时候

---

① A. Marshall, *Industry and Trade*, London: Macmillan, 1923, p. 179.
② 〔英〕马歇尔：《经济学原理》下卷，陈良璧译，商务印书馆，1965，第131页。
③ 〔英〕马歇尔：《经济学原理》下卷，陈良璧译，商务印书馆，1965，第311页。
④ 〔英〕马歇尔：《经济学原理》上卷，朱志泰译，商务印书馆，1964，第350页。
⑤ 〔日〕池本正纯：《企业家的秘密》，姜晓民、李成起译，辽宁人民出版社，1985，第94页。
⑥ A. Marshall, *Industry and Trade*, London: Macmillan, 1923, p. 617.

是由于超出了自己的能力边界。

企业家与其说是冒险家，不如说是靠自己的卓越才能和能动努力掌控风险、降低风险的人。这种认识，已经与后来的企业家是风险管理者的定性相去不远了。

（四）随着企业形态新发展企业家的风险趋于降低

马歇尔所处的19世纪后期至20世纪初期，资本主义企业正从自由竞争向垄断竞争转变，企业规模迅速扩大，产业集中度显著提高，企业组织形态多种多样，企业的经营管理分工日益深化，企业的经营管理权趋于分散。马歇尔注意到，在这些新形势下，企业家与风险的关系发生了一些新变化。

例如，大型私人企业的经营风险是由其所有者承担的。"大的私人企业的首脑，承担营业的主要风险，他把企业的许多细节工作委托别人去做。"[1] 这位企业"首脑"属于一身二任者（兼有资本家和企业家身份），他"麾下"那些从事经营管理的监工、经理们，除非同时也是股东，否则他们不会因为公司失败而承担风险，只是会损失一些声望，此外还有可能失业，此时他们会和其他员工一起分担失业的风险。[2]

其他企业形态状况。例如，股份公司中"承担主要风险"的是股东，国有企业里"承担最终风险"的是纳税人。这些股东和纳税人根本不参与企业管理，甚至对企业业务都不了解。[3] 他们承担了风险，但因为不从事企业经营管理，因而很难说他们是企业家。在股份公司、国有企业里，"经理及其助手们担任大部分擘画经营的工作和

---

[1] 〔英〕马歇尔：《经济学原理》上卷，朱志泰译，商务印书馆，1964，第356页。
[2] A. Marshall, *Industry and Trade*, London: Macmillan, 1923, p.204.
[3] 〔英〕马歇尔：《经济学原理》上卷，朱志泰译，商务印书馆，1964，第356~357页。

全部管理工作，但不需要他们拿出资本"①。这些管理人员属于企业家，但他们和"最终风险"没有什么关系。

大型股份公司和国有企业内部所有权与经营管理权的分离并没有使从事经营管理的企业家们变得更加冒险，而是相反。大型股份公司或国有企业的股东在作出重大决策的时候，或许会权衡一下它可能给生意带来的收益和损失。但是，企业中那些领薪水的经理或官员们的个人利益往往把他引向另一个方向，即阻力最小、舒适度最高、风险性最小的道路，也就是通常不会大力争取改进的道路，同时也对不尝试别人建议的改进寻找貌似合理的借口，直到它的成功确定无疑。②于是，"认为企业风险大体上有减无增是有理由的"③。

马歇尔的总体感觉是，随着保险业等金融业务的发展，企业避险手段增加，特别是在企业规模扩大使抗风险能力增强、企业家专业化水平提高使风险处置能力提升等背景下，企业家与风险渐行渐远了。

三 企业家何以被扣上冒险家的"假帽子"？

表面上看，冒险或承担风险和从事企业管理是马歇尔赋予企业家的两大职能或精神内涵。但对马歇尔的相关论述条分缕析之后，可以发现他对企业家冒险或承担风险的实际叙事与概念性定义之间名实不符，存在巨大矛盾，企业家厌恶风险、规避风险、驾驭风险的"真面目"之上戴着一顶冒险家的"假帽子"。

毋庸置疑，企业家与风险的关系是客观存在的。固然不排除某些行业风险较大、某些时期风险多发、某些企业家风险偏好较强，但是

---

① 〔英〕马歇尔：《经济学原理》上卷，朱志泰译，商务印书馆，1964，第356页。
② A. Marshall, *Industry and Trade*, London：Macmillan, 1923, p. 212.
③ 〔英〕马歇尔：《经济学原理》下卷，陈良璧译，商务印书馆，1965，第319页。

马歇尔也明确告诉我们，冒险不仅不是企业家的普遍做法，也不是所有企业家的共性特征，而且企业家经营能力的增强和市场经济制度的完善，恰恰致力于规避、分散和化解风险。也就是说，冒险或者承担风险，并非企业家的本质特征和职能属性。

既然这样，马歇尔究竟为什么要自相矛盾地给企业家硬扣上一顶冒险家的"假帽子"呢？

放眼经济思想史，把企业家与冒险家画上等号，源自1821年普林瑟把萨伊的《政治经济学概论：财富的生产、分配和消费》从法文译为英语时的误读。[①] 但普林瑟的误读有深刻的思想和文化根源，即英国的经济学家长期认为企业家的职能之一就是冒险或承担风险，这是亚当·斯密混淆企业家和资本家、约翰·穆勒又承袭了这种理论观点的"后遗症"。经济思想史上的普遍看法是，企业经营的"最终风险"是由资本所有者承担的，萨伊、熊彼特、门格尔、米塞斯等都主张这一观点，如前所述，马歇尔也持这种观点。按照亚当·斯密用资本家取代企业家的逻辑，把企业家视为冒险家或风险承担者似乎顺理成章。但在萨伊明确区分企业家与资本家[②]，马歇尔自己也完全把企业家与资本家区别对待的背景下，马歇尔依然固执地、难以自圆其说地硬给企业家戴上冒险家的"帽子"，无论如何都不能不让人疑窦丛生。

究其根源，在于马歇尔企业家理论具有思想传承性和时代局限性。

[①] 1821年普林瑟在伦敦出版的《政治经济学概论：财富的生产、分配和消费》英译本的一个注释中说："法语 entrepreneur 一词，很难译成英语。和它相应的英语 undertaker 一词的意义已经限定。……由于缺乏更适当的词，我现在把它译为冒险家。"参见〔法〕萨伊《政治经济学概论：财富的生产、分配和消费》，陈福生、陈振骅译，商务印书馆，1963，第80页注①。

[②] 李晓：《企业家并非资本家——重评企业家理论史上的萨伊》，《清华大学学报》（哲学社会科学版）2021年第3期，第192~204、210页；此文转载于《企业史评论》2021年第1期，第11~39页。

一方面，马歇尔一直没有脱去斯密—李嘉图—穆勒传下来的"紧身衣"。① 或者按照熊彼特评论约翰·穆勒的说法，马歇尔实际上也有一部分"车子卡在了错误轨道上"②。尽管马歇尔内心并不真正认可前辈们在这方面的观点，并在自己的著述中作了多方面的阐明，但那顶冒险家的"帽子"依然不伦不类地挂在那里，从而构成了企业家理论"英国谱系"的鲜明特色，这充分显示了思想传统的强大惯性。马歇尔之所以需要这顶"帽子"，无非要拿它来装点一下门面、贴上一个标签，表明自己是斯密—李嘉图—穆勒的正统嫡传罢了。

这种玩"假帽子"的戏法，终究遮蔽不了"真面目"，因此也没有逃过熊彼特的法眼。熊彼特在谈到马歇尔关于企业家职能或精神的定义时，之所以根本就没有把冒险或承担风险这一项包括在内，而是认为马歇尔关于企业家职能或精神的定义只有一项内容即从事企业管理，除了归因于熊彼特看穿了马歇尔的真实思想外，还有其他解释吗？

另一方面，马歇尔把后来归于不确定性范畴的一些问题视为"行业风险"，还没有明确细致地区别风险和不确定性，此项工作尚待弗兰克·H. 奈特等人完成。这反映了马歇尔企业家理论的时代局限性。

其实，在西方经济思想史上，主张企业家是冒险家或风险承担者的人并不多，更谈不上是主流观点。熊彼特和奥地利学派都旗帜鲜明地反对这种定性。尤其是1921年弗兰克·H. 奈特厘清了风险与不确定性的界限之后，即使偶然有人老调重弹，亦无人附和。马歇尔口是

---

① Robert F. Hébert, Albert N. Link, "Historical Perspectives on the Entrepreneur: Foundations and Trends," *Entrepreneurship*, vol. 2, No. 4, 2006, p. 333.
② 〔美〕约瑟夫·熊彼特：《经济分析史》第2卷，杨敬年译，朱泱校，商务印书馆，2001，第283页。

心非的自相矛盾现象，反映了企业家是冒险家这种论调的历史过渡性。

此外，马歇尔的这个"假帽子"和"真面目"的故事还启示我们，研读某种经济学说，不能简单地选取其只言片语，即使是言之凿凿的明确论断，也有必要置于其完整思想体系之中进行综合性、全面性考量，从而甄别真伪、窥其全貌，避免望文生义、以偏概全。

熊彼特指出，研究马歇尔，光靠众所周知的《经济学原理》（初版于1890年）是远远不够的，其他三部著作同样不可或缺，即马歇尔和其夫人玛丽·佩利合写的《产业经济学》（初版于1879年），是马歇尔后来经济学理论的"一块最重要的垫脚石"；还有《工业与贸易》（初版于1919年）、《货币、信用与商业》（初版于1923年）。"这三部书全都很重要——谁要是只晓得有《原理》这本书，谁就没认识马歇尔。"[①] 研究马歇尔的企业家理论何尝不是如此呢？

综上所述，马歇尔虽然貌似明确认为企业家职能或企业家精神内涵之一是冒险或承担风险，但详细梳理其有关论著就会发现，马歇尔的真实想法并非如此。风险大、风险偏好高只是某些行业、特定时期或个别企业家的表现，并非企业家的共同特征和普遍现象。可以说，把企业家视为冒险家或风险承担者只是马歇尔硬给企业家扣上的"假帽子"，与他详细描述的企业家厌恶风险、规避风险、驾驭风险的"真面目"并不相符。"假帽子"和"真面目"的矛盾，反映了马歇尔没有擦除和突破斯密—李嘉图—穆勒在企业家理论方面的错误基因以及他的时代局限性、历史过渡性。厘清"马歇尔真的认为企业家是冒险家或风险承担者吗？"这一问题，对于揭示企业家的本质特征具有关键意义。

---

① 〔美〕约瑟夫·熊彼特：《经济分析史》第3卷，朱泱、易梦虹、李宏等译，商务印书馆，1994，第126页。

企业家精神的研究范式：企业家管理

〔美〕霍华德·H. 史蒂文森　〔瑞士〕J. 卡洛斯·贾里洛

丛云波 译*

【摘　要】 在许多研究企业家精神的学者看来，公司企业家精神似乎是一个自相矛盾的概念。本文试图消除这一概念的矛盾。首先通过回顾研究企业家精神的有关文献，试图将其总结为几个重要主题；其次是提出一种企业家精神观，这有助于将之前的研究成果应用于公司企业家精神的研究领域；最后提出六个主要观点，作为按照本文所提出的方法进行研究的实例。

【关　键　词】 企业家精神　研究范式　企业家管理

引　言

企业家精神是近年来越来越重要的一个概念。研究这个问题的正式学术著作已经出版了。令普通读者感兴趣的书籍也产生了一定影响，其中一些书籍甚至登上了畅销书的排行榜。本期《战略管理杂志》(*Strategic Management Journal*) 的存在就证明了这一概念在企业

---

* 本文原文系美国学者霍华德·H. 史蒂文森和瑞士学者 J. 卡洛斯·贾里洛所著，原文及出处：Howard H. Stevenson, J. Carlos Jarillo, "A Paradigm of Entrepreneurship: Entrepreneurial Management," *Strategic Management Journal*, 1990, vol. 11, pp. 17-27, http://www.jstor.com/stable/2486265；中国政法大学商学院研究生丛云波对原文进行翻译并提炼了摘要和关键词，中国政法大学商学院巫云仙教授对全文进行译校。

管理领域的专家中获得了极高的关注度。

然而，当阅读许多关于企业家精神的研究文献时，人们会发现，公司企业家精神应该与之有某种联系（也许是从属的一种），企业家精神的隐含定义是与企业管理根本不同的东西。事实上，一些学者发现公司企业家精神与企业管理是相反的。因此，对于许多研究企业家精神的学者来说，公司企业家精神似乎是一个自相矛盾的概念。

那么，企业家精神理论构想兴起的背后原因是什么呢？毫无疑问，近年来，企业家精神总体上已经获得作为一个合法学术研究课题的地位，此外，它还引起了广大公众的兴趣和关注。新的学术期刊的出现就证明了这一点，如《商业冒险杂志》（*Journal of Business Venturing*）这样的主流期刊刊登了越来越多的涉及企业家精神的文章，人们对非学术出版物的兴趣增长得更快。今天，几乎所有的商学院都至少开设了一门有关企业家精神的课程。

一般认为企业家精神的主要特征包括成长性、创新性和灵活性。然而，理论家和实践者都认为这些特征也是大型企业所追求的理想特征。因此，公司企业家精神的研究领域就诞生了。但是，如果要使企业家精神与企业管理领域的大量研究有益于后者的话，就必须在两者之间建立明确的联系。正如上文所指出的，虽然，建立这种联系尤为重要，但许多研究企业家精神的学者将企业家精神视为企业管理主流之外的东西。

本文试图建立这种联系。首先回顾大量研究企业家精神的文献，并将这些先前的研究成果归类为与公司企业家精神相关的几个潜在主题。然后重新审视企业家精神的定义，并提出作者对企业家精神的定义，以便将先前的研究成果与更广泛的企业管理领域联系起来。从这一联系出发提出研究建议，以期对公司企业家精神的教学和实践产生积极影响。

一 关于企业家精神研究的三个主要方向

关于企业家精神的大量研究文献可以分为三大类，即企业家行动时会发生什么，企业家为什么会行动，以及企业家是如何行动的。

第一类研究文献，研究人员关心的是企业家行动的结果，而不是企业家本身，甚至不是他或她的行动本身。这是熊彼特（Schumpeter）、科兹纳（Kirzner）和卡森（Casson）等经济学家所持的观点。

第二类研究文献，可称为"心理学/社会学方法"，是由麦克利兰（McClelland）、柯林斯（Collins）和摩尔（Moore）等人在20世纪60年代初创立的。他们的研究强调了企业家作为个体的重要性，认为个体，包括其背景、环境、目标、价值观和动机等因素才是真正的分析对象。研究人员主要关注个体创业行动的原因，个体企业家及其行动动机相关的环境都被考虑在内。企业家行动的原因成为研究人员关注的焦点。

第三类研究文献，企业家如何行动成为研究人员关注的核心问题。在这种情况下，研究人员分析企业家管理的特点、企业家如何才能实现他们的目标，而不考虑他们追求这些目标的个人原因，以及这种行动的环境诱因和影响。

（一）考虑企业家行动时会发生什么：研究企业家精神的结果

有关企业家行动时会发生什么的研究是由经济学家主导的。这里重要的是企业家的行动对整个经济体系的正面影响，以及他或她在市场体系发展中所扮演的角色。最早对企业家精神产生兴趣的是法国经济学家理查德·坎蒂隆（Richard Cantillon），他关注的是企业家的经济角色，而不是扮演该角色的个体。

坎蒂隆创造了"企业家"这个词,他认为企业家需要承担以特定价格买入和以不确定价格卖出的风险。让·巴蒂斯特·萨伊(Jean Baptiste Say)扩大了这一定义的范围,把企业家纳入生产要素的范畴。因此,企业家一般是经济活动的主角。熊彼特的观点更为具体,他认为企业家精神推动整个经济的向前发展过程,破坏了市场平衡或经济的"循环流动",其本质是"创新"。他指出,实现生产要素新组合的是"企业",那些以实现这些目标为职能的个人就被称为"企业家"。因此,熊彼特区分了企业家的不同职能角色。

熊彼特认为,我们不仅把交换经济中那些一般的"独立商人"称为企业家,而且把所有实际履行我们所定义的企业家职能的人称为企业家,即使他们是公司的"非独立"雇员,如经理、董事会成员等,或者即使他们有任何其他基础,如控制多数股份、履行了企业家职能的实际权力。由于实现生产要素新组合是企业家的主要内涵,因此他没有必要永远与某个企业联系在一起。许多"金融家"和"企业发展的推动者"等都不是真正意义上的企业家,但他们可能是一般意义上的企业家。另外,熊彼特关于企业家的概念比传统的企业家概念范围更窄,因为它不包括所有企业的负责人,以及可能只是实业家创建的企业的经理人,仅仅经营已有的业务,而只包括那些实际履行企业家职能的人。熊彼特提出的生产要素新组合,包括以下五个方面。

一是引进一种新商品,即消费者尚未熟悉的商品,或者引进一种新品质的商品;二是引入一种新的生产方法,即在相关制造业领域尚未进行测试的方法,这种方法不一定是科学的新发现,也可以是商业过程中处理商品的新方式;三是打开一个新的市场,即这个国家的某一制造部门以前没有进入过的市场,而不管这个市场以前是否存在;四是探索了一种新的原料或半制成品的供应来源,而不管这种来源是已经存在的,还是首先被创造出来的;五是在任何一个行业都实行了新的组织形式，如垄断地位的建立（例如通过托拉斯化）或垄断地位的打破。

在熊彼特的研究之后，大多数经济学家（以及许多非经济学家）都接受了他将企业家精神等同于"创新"的观点。这显示出与之前传统观点的不同，正如我们所看到的，在以前的传统观念中，"企业家"一词基本上就是指"独立商人"。

一些经济学家以不同的方式解释企业家精神的影响。他们认为，企业家的作用不是以打破市场均衡来推动经济达到更高的发展水平，而是朝着在现实生活中实现（理论上）均衡的方向努力。第一种传统观点，以哈佛大学企业家史研究中心的科尔（Cole）为代表，强调企业家职能中的创新方面；第二种传统观点，以科兹纳（Kirzner）为代表，强调企业家职能的信息方面，其主要观点是，企业家对市场的不完善有着更深入的了解，他可以将这些认识作为自己的优势而谋利。同样来自哈佛大学的莱宾斯坦（Leibenstein）也持这种观点，他把企业家的基本职能定义为消除系统中的低效率区域，从而超越仅仅作为资源配置效率的范畴。

在很大程度上，微观经济学家忽视了对企业家职能的研究，只是简单地假设市场最终会达到均衡状态。即使是产业组织——可以说是最接近实际管理实践的微观经济学领域——也通过集中于特定行业的组织结构来驱动该行业企业行为的假设，以保持对超企业变量的强调。然而，"企业家职能"对一个特定国家实际经济发展的重要性，或多或少遵循着熊彼特的思路，这一点已经被广泛研究。从赫希曼（Hirschman）开始，发展与其说取决于为给定的资源和生产要素找到最佳组合，不如说是取决于为达成发展目的来调动和利用那些隐藏的、分散的或未得到充分利用的资源和能力。这些观点为关于企业家精神对实体经济影响的实证研究开辟了道路，如伯奇（Birch）就仔细分析了企业家的行动，认为其作用是通过他们创造的实际就业机会对经济发展产生影响。

因此，对企业家精神影响的研究具有以下特点：一是把企业家从个体企业家及其行动中抽象出来，并关注这些行动是如何影响经济发展的；二是认识到企业家精神的本质是"创新"，企业家职能对我们社会的经济发展负有重要责任，从而为下文"倡导性研究"的讨论提供理论基础；三是为区分"投资者"、"经理"和"企业家"的角色奠定了基础。在第三个特点的分析思路下，企业家精神将远远超出仅仅创建一个小企业的范畴，从而为公司企业家精神概念的合法化铺平了道路。

（二）考虑企业家为什么会行动：研究企业家精神的原因

企业家本身成为被关注的对象并不奇怪。如果企业家精神是经济发展的根源，那么我们需要更多的企业家精神的含义就不难理解了。因此，研究人员必须了解那些提供企业家信息的人。这与强调个体行为者的文化（个人崇拜）是一致的，也符合人们的理解，那就是为什么有些人会偏离一般人的行为准则。一些企业家的戏剧性成就很容易让人觉得其背后的个人力量一定是与众不同的，因此具有特别的吸引力。

对观察到的企业家行动原因的第一个层面的探究，是把企业家精神概念化为个人的一种心理特征，可以用创造力、胆识、进攻性等术语来描述。这可能是由柯林斯和摩尔的《进取的人》（*The Enterprising Man*）一书而发起的，他们把"对独立的渴望"置于企业家精神的核心，并将某些俄狄浦斯式的冲突与企业家的神经质确定为因果变量。

这项早期的研究工作在社会科学家中，尤其是在具有心理学背景的研究人员中拥有广泛的追随者。布洛克豪斯（Brockhaus）研究了企业家的信念控制和风险倾向；马尔钦（Marcin）和科克伦

（Cockrum）研究了不同国家企业家的心理特征；霍奇纳（Hochner）和甘罗斯（Ganrose）分析了企业家与非企业家同事之间的特征；罗文（Rowen）和希里奇（Hisrich）对女性企业家进行了类似的心理研究；库珀（Cooper）和邓肯伯格（Dunkelberg）将企业家的发展路径（继承、购买、创业）与大量企业家的背景特征进行了比较研究。大众媒体也撰写了大量关于"企业家的特殊心理特征"的文章，企业家通常被理解为在某种程度上成功地创办了自己企业的人。

一个有趣的转折是对企业家的个人特征和其建立的公司之间关系的研究。如史密斯（Smith）和迈纳（Miner）分析了不同类型的企业家在企业发展的不同阶段的胜任力，而韦伯斯特（Webster）和加特纳（Gartner）关注的则是由不同类型的企业家创建的不同类型的企业。

第二个层面的探究是把企业家精神概念化为一种社会角色，这可能是由处于不同社会地位的个体可以扮演的角色。这方面的研究是由麦克利兰出版的畅销书《追求成就的社会》（*The Achieving Society*）开创的。这种研究方法的本质是，企业家行动取决于个人动机，而个人动机又取决于环境特征。麦克利兰从心理社会学的角度出发，探讨了为什么某些社会在某些时期表现出经济的高速增长和社会的高速发展。他将这种增长和发展归因于社会中大部分人的心理构成中存在"成就需求"。这一观点是卓有成效的，因为它把心理社会学的所有理论资源都运用到了企业家精神领域的研究，并对环境是如何影响企业家行动的进行了详细描述。这对公共政策的实际影响是显而易见的，因此，以这种"环境作为激励因素"的研究方法进行的许多研究都具有明显的政治色彩。事实上，目前出版的很多著述都属于这种研究方法的成果。

这些试图理解企业家精神原因的尝试遭到了许多批评。首先需要指出的是，将特定的心理或社会学特征与复杂的行为模式（如企业家精神）的因果联系起来是极其困难的。事实上，现有研究文献表明，上述任何变量与企业家精神之间都无法建立因果关系，人们最多只能明晰特定类型的企业家行动的相关因素或前因。

这种研究方法的另一个问题是，它对个体企业家的持续关注导致在许多情况下把企业家精神与小企业管理等同起来，并且未能明确区分个体与组织的不同。这两种观点都严重损害了把企业家精神研究中获得的任何知识转移到更广泛的管理领域（如公司企业家精神）的能力。

同时，这种从"企业家精神原因"出发的研究方法的贡献是极其突出的，不能否定认真理解公司企业家精神的任何尝试。这种研究方法提醒我们要注意以下三方面事实。一是无论如何定义，企业家行动都是由个人进行的；二是企业家的个人特征，如个性、背景、技能等都很重要；三是有关的环境变量也很重要，不仅因为其开辟了利用市场不完善的机会，就像经济学家的研究方法一样，而且从某种意义上说，不同的环境或多或少是有利于企业家精神发挥的，并且可能更有利于新企业的成功创建。因此，除了可能从一些倡导的研究方法中获得社会效益之外，对个人的强调把关于企业家精神的研究集中在其主角，即个体企业家身上，这在之前的经济分析中可能有所"迷失"。

（三）考虑企业家如何行动：研究企业家管理

前文讨论的两种关于企业家精神的研究流派分别是"从结果出发的企业家精神"研究，以及"从其原因出发的企业家精神"研究，研究的是企业家精神"是什么"和"为什么"的问题，接下来要研究的是企业家精神"如何"的问题。

我们可以从一个实际角度来考虑企业家精神，即企业家如何行动，或者规范地说，如何成为一名成功的企业家。事实上，它是介于

"原因"和"结果"之间的一种研究范式,即企业家的"管理行为"。表 1 呈现的是企业家精神学科研究的贡献。

表 1 企业家精神学科研究的贡献

研究方向	原因研究	行动研究	结果研究
主要问题	为什么	如何做	是什么
基本学科	心理学、社会学	管理学	经济学
主要贡献	个体的重要性 环境变量的相关性		企业家的作用是实现经济发展 (不仅是创办新企业的行为) 区分企业家与管理者

目前有大量的流行文献都涉及"如何做"的问题,从人们感兴趣的小企业到创业和风险投资等方面的企业家职能研究,以及关于如何成功创建和经营企业的许多实用性的职能研究。目前出现了专注于考虑企业家如何行动的学术研究,而关于创业公司战略形成的研究也成为一个正式的研究领域。

在这方面有两个重要的研究领域,一个是关于新企业所经历的不同生命周期的研究,以及企业家在公司成熟时面临的问题;另一个是试图找到新企业获得成功的预测因素的研究。后者试图通过将这种成功(或失败)与企业家的背景、所选择的战略、环境因素或这些因素的某种组合联系起来,以确定一般的预测因素。蒂蒙斯(Timmons)和麦克利兰等人都在探讨由风险资本资助的新企业成功的预测因素。他们研究发现,除了企业家的个性特征之外,确实存在一些别的变量,如管理团队的存在及特点,这些变量会影响积极结果产生的可能性。

可以说,这项关于企业家精神"如何"的研究最适合商学院进行,因为它侧重于理解(并希望改进)实际的管理实践。举例可能有助于证明这一点,如海外华人在商业上的成功,以及其他少数民族成功企业家的例子等都是明证。这可以从"为什么"的角度来分析,比如中国家庭传统上的亲密关系，或者是少数人难以容忍的成就需求，而且企业家"如何做"的问题也可以被研究，然后可以得出一个强弱关系的社会网络。

该社会关系网络使其参与者能够以更低的交易成本工作，从而变得比更大、更正式的竞争对手更有效率。第一个层次的分析为想要成为企业家的人提供的指导很少；第二个层次的分析为创业公司如何构建自身结构以提高竞争力提供了线索。正如下文将看到的那样，这一流派的研究与公司企业家精神领域的研究最相关。

二 以有用的方式定义企业家精神

上述研究在多大程度上可以与公司管理相关联，这取决于一个关键问题，一个我们迄今为止在整个文献综述中一直回避的问题，那就是什么是企业家。

所有创业的人都有资格被称为企业家吗？或者说，无论是大公司还是小公司，企业家都必须是创新者吗？如果我们采用第一种说法，也就是说，如果我们假设只有那些创业的人才有资格被称为企业家，那么像麦当劳公司的创始人雷·克罗克（Ray Kroc）或国际商业机器公司（IBM公司）的创始人托马斯·沃森（Thomas Watson）就不符合被称为企业家的条件，尽管他们通过引入新产品和新服务以创造就业岗位和财富，做了企业家应该做的所有"好事"。与此同时，对企业家精神研究感兴趣的研究人员中，只有少数人会认为开一家典型的"夫妻店"是一种值得研究的创业行为。雷诺兹（Reynolds）等人的研究工作为创业过程的分析提供了洞见。然而，他们也并不总是关注高潜力企业与其他企业之间的区别。

这种困境反映在整个研究文献中。一些著名的研究人员认为，目前的研究兴趣爆炸不应该转移到新的风险创造之外的任何事情上。另一些研究人员则认为，企业家精神与创新是无法区分的，不应该局限于新创企业，因为它被一些人视为经济增长、生产力和知识传播的关键。这种企业家精神的观点也包括了大公司如何保持持续竞争力的斗争。观点分歧是如此之大，以至于有人说甚至缺乏一个"统一的研究主题"。卡森认为，回顾关于企业家精神研究文献的任务变得更加艰巨，因为在大多数关于企业家的学术研究中，"企业家"一词没有出现在标题中，而大多数标题中有"企业家"一词的研究文献要么是非学术性的，要么根本就不是关于企业家问题的研究。

这些将企业家精神归类的尝试对我们理解这个问题没有多大帮助，因为上面描述的每个方面都集中在企业家精神的一个重要因素上。一般来说，从管理角度来看，将一些经济功能定义为"企业家"，而将其他经济功能定义为"非企业家"的做法对界定企业家精神似乎是没有用的。根据对企业家性格特征的研究来判断一个人是什么样的企业家，似乎也没有什么特别的帮助。第一种研究似乎更多的是语义而不是实用性的；第二种研究似乎同样是徒劳的，因为我们社会中的每个人都可能会尝试创业，甚至往往有成功的可能，但是从企业家的个性或社会学背景方面来界定企业家的话，也是不符合学术评判标准的。总之，无论是经济功能还是性格特征，都不能为从管理角度理解企业家精神提供助益。

然而，定义企业家精神是一个重要的问题，尽管是语义上的问题，因为过于狭隘的定义可能使许多有用的研究无法适用于重要领域，如公司企业家精神。另外，过于宽泛的定义可能会使企业家精神等同于良好的管理，从而有效地将其作为一个专门的研究领域。

以下这种企业家精神观，有助于利用前人对企业家精神的研究成果来加强公司企业家精神领域的研究。企业家精神是一个过程，通过这个过程，无论是自己还是在组织内部，个人都有追求成就的机会，而不必考虑他们目前能控制的资源如何。"机会"在这里被定义为

"被认为是理想和可行的未来情况"。因此，机会是一个相对的概念。机会因人而异，因时而异，因为每个人都有不同的愿望，他们认为自己有不同的能力。个人愿望会随着目前的职位和未来期望而变化；能力取决于天生的技能、后天训练和竞争环境。对欲望和能力的认知与现实只是松散地联系在一起。但无论如何，企业家精神的本质是追求机会的意愿，而不管其所能控制的资源如何。企业家的典型特征是"找到出路"，包括从纯粹的企业推动者的行为到古板的受托人的行为等。

这种纯粹的行为的、情境的企业家精神的定义很好地符合一个共同的经验，即"企业家精神"的水平，无论如何定义，往往在个人的一生中有所不同，甚至在特定时刻个人的不同活动中也有所不同。这种研究方法消除了"企业家是否只存在于初创公司"的问题所带来的困惑。只要有机会需要超出控制范围的资源，我们就能看到企业家精神的彰显。这种观点的最后一个好处是，它注重实践，从而引导我们学习，然后教授给我们基本的创业技能。我们不把这些技能理解为企业家的性格特征（这是很难在课堂上讲授的），而是理解为多年来积累的训练和经验所产生的知识，这些知识将有助于解决问题。因此，通过专注于企业家精神的行动，即试图理解"企业家精神的过程"，我们也许能够利用以前的研究成果，同时获得对一个关键问题的见解，即如何通过学习企业家精神过程的本质来培养企业家精神。

这种方法使我们能够区别个体和组织的企业家精神，从而为在文献综述中提到的许多发现之间提供必要联系［创新需求；个人特征和动机对企业家精神结果的影响；成功的客观（虽然有条件）预测因素等］，以及公司企业家精神研究领域。

在本文的后续部分，根据作者的一些观点，从这种企业家精神观出发，提出与公司企业家精神研究、实践和教学相关的具体问题。

三　走向创业型组织

我们对企业家精神的定义可以很容易地应用于公司层面，这种应用可以概括为六个关于公司企业家精神的逻辑命题。因此，公司企业家精神领域将不局限于对在公司内部冒险的研究，而且研究公司以企业家精神行事的能力。第一个观点纯粹是定义性的，与第二个观点一起，可以为其余研究奠定基础，使该问题更具可测试性和研究性。

观点一：创业型组织是追求成就机会的组织，而不考虑当前所能控制的资源如何。正如在之前的文献综述中所讨论的，区分个体和组织是很重要的。至少在企业家行动方面，不能将组织的方向等同于其高层管理者的愿望。根据定义，机会是超出公司当前活动的东西，高层管理者很难通过计划和控制的正常管理机制"强制"追求机会，它必须来自下层劳动者的创新行为。

观点二：公司内部的企业家精神水平（对成就机会的追求）严重依赖于公司内部高层管理人员以下个人态度。

因此，公司企业家精神的关键在于，公司的成就机会必须由公司内部的个人来追求，这些个人对个人成就机会的看法或多或少与公司对成就机会的看法不同。此外，一个机会如果没有被发现，当然是很难被抓住的。但能否发现机会取决于个人能力的高低，以及他/她对市场、所涉及的技术、客户需求等方面的了解程度。因此，公司设计的工作和职位类型，以及为培养通才而付出的努力，应该会产生可衡量的影响，这些通才能够建立必要的心理联系来发现机会。

观点三：公司所表现出的企业家行动与其使个人处于发现机会的位置上的努力呈正相关；要训练他们具备做到这一点的能力，并为此给予奖励。

但是正如我们从"企业家精神原因"出发的研究中所了解到的

那样，个人动机对企业家行动的出现起着决定性的作用。根据定义，我们已经看到，如果个人不想去追求成就的机会，特别是在没有足够资源的情况下，那么追求成就机会的特殊性使最高管理层很难通过预先指定目标任务的典型管理机制来"强迫"员工去追求机会。

大量关于个人动机的文献〔不仅在企业家精神领域（"为什么"的问题），而且在组织理论和心理学领域〕研究证明，个人动机对于公司内部企业家精神行动的出现是十分重要的，这一点已无须赘述。在大多数情况下，如果公司想要成功，那些必须表现出这种企业家精神行动的个人已经满足其大部分基本需求，因为他们是公司领薪的雇员。因此，打破现状所必需的积极诱因可能必须更强。的确，过去几项关于个体企业家背景的研究指出，他们中的许多人来自相对贫困的家庭。但这种额外的诱因很难在一个组织内部形成。因此，减少对企业家精神行动的阻碍，特别是对失败对企业家职业生涯影响的恐惧，可能会更有效。鉴于未来的企业家在公司内可能处于的地位，对失败的处理似乎是追求成就机会必要动机的关键组成部分。

观点四：在追求成就机会时，有意识地努力减少失败的负面影响的公司将表现出更高程度的企业家精神行动。

在发现机会并愿意追求机会之后，追求成就机会的第三个要素是相信机会至少有可能被成功利用。

观点五：企业家精神的程度不仅取决于成功率，而且取决于企业家精神行动的数量，这两个变量将是员工（主观）利用成就机会能力的函数。

这种能力是如何提高的？企业家精神"如何"的学术流派的研究已经提供了深刻的见解。其中包括从一开始就以足够的管理和技术能力投资风险创业的重要性，这是在对风险资本资助的初创企业成功案例的研究中发现的。广泛的研究表明，企业发展的不同阶段可能需要不同的管理者，随之而来的就是团队在成功企业家精神中具有的重要性。

直接从上述企业家精神的定义出发，一项特殊的技能似乎特别重要，即利用企业家无法控制的资源，因为企业家精神的行动意味着追求机会，而不考虑所控制的资源如何。

大量关于社会关系网络的研究文献可以应用于此，从显示社会网络在维持初创企业方面的有用性研究，到那些分析如何长期维持高效网络的研究等。这类研究文献现在可以看作是与公司企业家精神相关的，这对于获得广泛分散在整个公司组织内的资源的能力，无须事先设立严格的拨款程序，这极大地便利了基层员工对成就机会的追求。

观点六：促进组织内部非正式组织和外部社会关系网络的发展，并允许资源逐步分配和共享的公司组织将表现出更高程度的企业家精神行动。

结　语

本文展示了基于追求成就机会概念的特定企业家精神是如何有助于将关于该主题的大量不同研究与新兴的公司企业家精神研究领域的研究联系起来的。该观点认为，公司企业家精神不仅是"企业风险投资"或建立公司内部的"风险资本"流程，而且是一个更广泛的概念。按照熊彼特开创的经济学传统，企业家精神行动是通过创新来寻求经济发展的，无论是技术上的还是纯粹管理上的。但无论是否通过特定的公司结构，追求成就机会都是个人和公司企业家精神的核心所在。

需要在各个层面对这一过程如何发展，以及如何成功地利用成就机会进行更多的研究。当然，上面讨论的三个方面，即发现机会、追求机会的意愿、信心和成功的可能性，是企业家精神过程中的关键组成部分。来自不同领域的大量研究成果可以阐明这些问题，但仍有许多未解之谜。

这对教学的影响是非常明显的。企业家精神不仅是创办一家新企业，而且是一个与某些技能高度相关的过程。其中许多技能是可以教授的。事实上，对教学的影响很可能超出了企业家精神领域，因为企业家管理可能被视为一种不同于传统管理的"管理模式"，例如对控制和奖励制度有不同的要求。

建议公司企业家精神的实践者按照本文提出的方法处理企业家精神行动的三个关键参数。如果没有一个促进发现成就机会的环境，就不会出现企业家精神。显然，企业家精神应该被看作追求成就机会还是别的什么，这是有争议的。毕竟这是一个定义问题。但人们相信，通过采用这种方法，以前关于企业家精神的许多单独研究可以对个人和公司实践都有用处，并为进一步研究和教学开辟了具体途径。

同样，追求成就机会的动机及其促进作用也会影响最终结果。有很多证据表明，至少有一些因素会影响这三个关键参数。此外，事实上，它们并不是严格独立的，而是相辅相成的（愿意追求机会的人会"看到更多"机会；对自己成功的能力有信心的人会更愿意去追求成功等）。需要指出的是，要在公司内部打造一种"企业家精神文化"，即对内部企业家公平对待的"记录"。

显然，关于创业应该被视为追求机会还是其他事物，这是有争议的。毕竟，这是一个定义的问题。但是，我们相信，通过采取这种方法，以前关于创业的独立研究可以对个人和公司的实践都有用，并且为研究和教学开辟了特定的途径。

拉丁美洲的企业史研究：
史学视角的分析

〔阿根廷〕玛利亚·英内斯·巴蓓罗

曾 江译*

【摘　要】 拉丁美洲企业史研究萌芽于20世纪60年代，研究的核心问题是是否存在一个能够领导拉丁美洲走向经济、社会和政治现代化的工业资产阶级。20世纪80年代后，该研究开始作为历史研究的一个专业化领域得到承认，在墨西哥、哥伦比亚、巴西和阿根廷，随着研究的扩展以及该领域的学者开始采用更专业的研究方法，拉丁美洲企业史研究走向系统化的分析阶段，并且呈现出超越国别差异的研究趋势。拉丁美洲企业发展有一些典型特征，如家族企业的优势、多元化企业集团的作用，以及企业与国家之间的联系等，成为拉丁美洲企业史研究的重要主题。另外，还有必要从案例研究转向比较研究和综合研究，使拉丁美洲企业史研究作出更多的贡献。

【关　键　词】 企业史　拉丁美洲　史学视角

---

* 本文原文系阿根廷学者玛利亚·英内斯·巴蓓罗所著，原文及出处：María Inés Barbero, "Business History in Latin America: A Historiographical Perspective," *The Business History Review*, 2008, vol. 82, No. 3, pp. 555-575, https://www.jstor.org/stable/40538502；中国政法大学商学院讲师曾江博士对原文进行了翻译并提炼了摘要和关键词，中国政法大学商学院巫云仙教授对全文进行译校。

引　言

　　在拉丁美洲，企业史是一个相对较新的研究领域。拉丁美洲幅员辽阔，各方面情况千差万别，因此企业史领域的学术研究在拉丁美洲的大学里得到认可和重视的进程始终非常缓慢。但这一领域的研究能够为发展中国家的企业界人士和企业提供有用的见解，并可能提出新的概念工具。

　　在这篇文章中，我研究了拉丁美洲企业史的一些重要主题。这些主题在过去20年中一直被学术界所研讨，而这一时期正是该学科开始作为宏大的历史舞台中一个专业化领域被认可的阶段。

　　受篇幅限制，我的讨论无法涉及拉丁美洲的所有国家，只能重点关注在这一领域蓬勃发展的四个国家，即墨西哥、哥伦比亚、巴西和阿根廷。

　　在第一部分中，我追溯了1960年至1985年的企业史研究发展。虽然这一学科在1960年还没有形成一个独立的研究领域，但许多社会科学期刊已开始刊发基于历史视角探讨企业和企业家相关问题的文章，这一趋势一直持续到1985年。在第二部分中，我根据1985年至2004年的研究发展，分析了随着研究的扩展和该领域的学者开始采用更专业的方法来进行研究，拉丁美洲企业史研究所呈现的系统化趋势。我探讨了导致这种变化的一些原因，并对其中最突出的因素进行了综合归纳。在第三部分中，我仔细探究了在过去20年里最受关注的主题，由此确认拉丁美洲企业史研究的发展趋势已经呈现出超越国家之间的差异的特点，并从中总结出拉丁美洲企业发展的一些显著特征，如家族企业的优势、多元化企业集团的作用，以及企业与国家之间的联系等。在最后一部分中，我说明了拉丁美洲的企业史研究如何才能为企业史的比较研究作出贡献，并为新的研究议程提出建议。

我写这篇文章的目的不是对已发表的论文进行详尽的列举，而是对研究路径进行反思，指出当前争论的焦点，并确认有待解决的问题。通过这一策略，我希望能够激励学者们对拉丁美洲的企业史开展更为深入的研究分析。

我计划采用一个宽泛的企业史定义，从历史角度研究企业和企业家，以此解释存在于拉丁美洲各国之中的各种各样的研究主题与视角。

一 拉丁美洲企业史研究的起源 (1960~1985)

尽管直到20世纪80年代后半期企业史才在拉丁美洲成为一个独立的研究领域，但在此前30年中出版的大量著作为针对企业和企业家的历史研究奠定了基础。上述企业史研究发展的第一个阶段与经济和社会史被拉丁美洲公认为一门学科的时期相重合。在这一阶段，发达和欠发达是美国、欧洲，以及拉丁美洲社会科学学者研究的核心问题。

从20世纪60年代开始，美国和欧洲对拉丁美洲经济和社会史的研究兴趣日益浓厚，出版了许多行业研究著作，这成为拉丁美洲企业史研究的经典参考文献。如沃伦·迪安（Warren Dean）论述了圣保罗的工业化；彼得·埃文斯（Peter Evans）研究了在巴西历史发展中，国家、本土企业家和外国企业之间的关系；弗兰克·萨福德（Frank Safford）发表了有关哥伦比亚企业史的著作；弗兰克·哈根（Frank Hagen）从心理学角度解释了安蒂奥基亚（Antioquia）的企业家精神。美国和英国历史学家的研究推动了阿根廷企业史研究的启动和发展，其中托马斯·科克伦（Thomas Cochran）与一位当地学者合作出版了第一部企业案例的研究著作。

关于帝国主义和跨国公司战略的争论也推动了对拉丁美洲企业史的研究。20世纪70年代和80年代初出版的一些有关拉丁美洲国家外国投资的书籍成了经典。这一时期涌现出来的关于拉丁美洲跨国公司的大量研究主要采用依赖理论进行分析,而克里斯托弗·普拉特(Christopher Platt)则质疑这一研究方法。

20世纪60年代,拉丁美洲学者撰写的第一批具有代表性的企业史论著问世。这些论著具有两个共同点,一是大部分论著是关于企业家而不是企业的;二是作者的学科背景是其他社会科学,特别是社会学和经济学的。这些学者关注企业家在企业发展中的作用。尽管他们对历史表现出越来越强的好奇心,但他们主要的关注点是现在与未来。

20世纪六七十年代的学者们在写作时试图理解为什么拉丁美洲成为欠发达地区,历史是他们用来寻找这个问题答案的工具之一。毫不奇怪,鉴于当时的政治气氛,他们的辩论倾向于意识形态化,更偏好使用假设与演绎的方法。大多数研究是在高度政治化的学术界中进行的,其中关于经济发展和帝国主义的讨论是从拉丁美洲的结构主义、依赖理论和马克思主义的视角展开的。

这些学者研究的中心问题是,是否存在一个能够领导拉丁美洲走向经济、社会和政治现代化的工业资产阶级。当结构主义者试图衡量企业家的创新能力时,依赖理论的拥护者和研究拉丁美洲资产阶级的马克思主义者更感兴趣的却是从封建主义到资本主义的过渡、资本主义在欠发达国家的可行性、拉丁美洲进入全球资本主义体系的负面影响,以及阶级联盟的针对性等。除了确认上述问题答案的有效性外,这些辩论还引发了对更为宏大问题的讨论,即为什么该地区在19世纪最后1/4世纪以前所未有的速度实现持续的经济增长?自那以后,为什么该地区的经济增长速度未能赶上世界其他地区的经济增长速度?这些"宏大问题"的研究同时也推动了对拉丁美洲企业史研究的历史视角的分析。在 20 世纪七八十年代，对拉丁美洲资产阶级的起源、特征和行动路线的研究大幅增加。在墨西哥和哥伦比亚开展的研究证实了显著的区域差异的存在，记录了自 19 世纪初期以来本土企业家活动渐趋多样化的发展特征。而与政治统治阶级有密切联系的、以家庭为基础的经济团体，在某些情况下一直延续至今，这就构成了另一个研究课题。

对巴西地区精英人群的研究奠基于沃伦·迪安。他断言，在巴西工业化的第一个阶段，大多数企业家都是移民。许多学者开始致力于这一主题的研究，深入分析巴西不同地区的本土企业家和外国企业家的角色、投资的多样化，以及巴西富裕阶层的异质性。

关于阿根廷区域历史的研究比较少。但是从 20 世纪 60 年代开始，一些研究开始强调投资多元化是当地精英的一个特征，并挑战了认为农业企业家和工业企业家之间存在巨大差距的既定观念。相反地，这些历史学家提出"多元嵌入"（多元化投资）的主导阶级的概念。

在阿根廷和巴西，早期引起关注的另一个议题是移民在工业发展中的作用。特别值得注意的是，这一群体的分散性削弱其游说潜力。在移民较少的墨西哥和哥伦比亚，这个话题并没有得到广泛研究，但在企业史研究领域得到了一些关注。

关于 20 世纪七八十年代拉丁美洲各国精英的许多研究都对当地企业家的商业和投机精神持批评态度。这些研究者认为，投资多元化并不是后发国家的普遍做法，而是每个国家所特有的特点。在这一时期，对家族式企业集团的分析强调资本积累、社会政治网络的构建和寡头体系的形成，而淡化投资多元化的经济逻辑。

这些观点是在拉丁美洲左派和依赖理论者之间持续进行的辩论中形成的，到 20 世纪 80 年代后期开始受到质疑，但在一些左翼学术领域仍然流行。

在 20 世纪 60 年代初至 80 年代中期，一些学者在经济史框架内进行了行业性和区域性研究，并对拉丁美洲企业家和经济集团的出现进行了平行研究。这个新方向披露了大量有关企业和企业家的资料，并促成第一批关于外国企业和本国企业的案例研究成果的出版。

关于巴西的研究重点是咖啡和糖业企业、铁路、银行，以及制造业的细分领域，特别是在圣保罗和里约热内卢，也有一些研究针对米纳斯吉拉斯州、东北部和其他地区展开；关于哥伦比亚的大多数研究涉及咖啡、烟草和香蕉的生产问题，安蒂奥基亚省则因其经济活动的活力和工业的早期发展而受到关注。

关于墨西哥的区域研究在 20 世纪 70 年代中期正式启动，对贸易、采矿、农业、运输、银行和工业的行业性研究始于这一时期。其中蒙特雷市作为现代墨西哥工业的摇篮，尤其受到研究人员的青睐。关于阿根廷的研究，主要集中在农业、畜牧业、商业、金融、铁路、冷藏工厂、制造业，以及诸如糖和葡萄酒生产等农工业活动的相关领域，学者们主要关注位于沿海地区和更有活力的内陆省份，如圣米格尔-德图库曼市和门多萨的经济问题研究。

在案例研究方面，外国企业是一个比较受欢迎的话题，这在一定程度上是受到 20 世纪六七十年代关于跨国公司和帝国主义的争论的推动，这些企业总部的文件使外国学者得以了解其在拉丁美洲的活动。

直到 20 世纪 80 年代中期，拉丁美洲的企业史研究还没有被单独列为一个研究领域。虽然自 20 世纪 20 年代以来，美国和欧洲在企业史领域已出现明确的概念框架和理论探讨，但大多数拉丁美洲学者仍然远离这类研究领域。拉丁美洲的历史学者对企业的经济、社会和组织理论不感兴趣，对发达国家正在兴起的有关企业家和企业的新研究方向也缺乏关注。在这一领域开展研究工作的不同国家学者之间也没有任何交流。大部分拉丁美洲学者仍是沿着结构和宏观历史路径，探索致使拉丁美洲相对落后的决定性因素的。

二 企业史研究的系统化
(1985~2004)

20世纪80年代中期开始,学者们对企业史的研究兴趣与日俱增;到20世纪90年代,学者们开始认识到企业史本身就是一个研究领域。与此同时,研究企业和企业家的学者与研究企业史的学者一起,探索这个此前一直被忽视的学科理论与方法问题。这一时期学者们对企业史研究兴趣上升有以下几个原因。

第一,它是历史研究日趋成熟过程的一部分,从而催生更高程度的专业化,并鼓励新分支学科的产生。

企业史研究的扩展也反映了20世纪70年代中期以来史学方向的变化。这一变化以挑战大型解释模型,以及结构性和宏观社会方法的形式出现。在这种情况下,企业史被认为是一个令人感兴趣的领域,因为它重视新的主题,并允许分析个体行为者及其战略对历史进程的影响。

20世纪80年代所有拉丁美洲国家中出现的社会和经济变化也促使学者们开始对企业史产生兴趣。20世纪90年代,进口替代模式在实践中产生的危机、市场化改革的推进,以及国家在经济中的逐步退出都使私营企业的作用得到提升,从而为这一时期大量涌现的企业史研究提供了广泛素材。

当整个社会发生更为广泛的变化时,企业史研究领域的专业精神不断增强,此前那种激进的意识形态影响也在逐渐消退。而随着学者与企业家之间的不信任逐步消失,企业史研究的氛围也渐趋好转。美国向新制度主义的转变,以及新经济史学者的研究为学科间的交流提供了契机。

第二，支持企业史研究发展的因素是研究资源变得更容易获得。虽然访问企业文件仍然受到限制，但一些重要的商业档案已被公开并编目。而尽管获取私营企业和国有企业的档案材料并不容易，但研究人员加强了对不同类型资料来源的利用：公证登记册、遗产税和税收、家庭记录、商会档案、期刊出版物、专业杂志和其他类型的文件。由于口述历史越来越多地在研究中被使用，有关大企业和中小企业的研究得到了推进。

拉丁美洲的企业史研究已开始系统化，尽管其程度比不上更发达的国家。在这方面取得的进展包括：20世纪80年代后期哥伦比亚的大学设立企业史讲座；越来越多的论文以企业史为主题；1998年在巴西创办《经济史与企业史》（História Econômica e História de Empresas）杂志；2004年在阿根廷创办在线刊物《企业史网络》（Network of Business History）；20世纪90年代初以来，经济史会议上开始对企业史专题讨论进行赞助，大学和其他学术机构中研究团队合并。拉丁美洲各国历史学者之间的合作增加了，因为他们广泛参加国际会议和研讨会，并经常出版集体著作。

另一种衡量该领域发展的方法是查看在主流学术期刊上发表的关于拉丁美洲历史和企业史方面的研究文章。《企业史评论》（Business History Review）在1965年和1985年出版了两期特刊，专门介绍这一领域中非拉丁美洲学者的贡献。在最近的一篇文章中，卡洛斯·戴维拉（Carlos Dávila）根据在美国、英国和荷兰出版的10种期刊上的相关内容，分析了2000年至2007年拉丁美洲企业史研究的发展演变。

戴维拉认为，拉丁美洲和加勒比海地区的企业史研究在该学科的国际期刊上仍然缺乏能见度。他还指出，超过一半关于这些地区的文章是由外国研究人员撰写的，其中主要是来自美国的学者。戴维拉强调，拉丁美洲学者和国际社会之间的联系仍然薄弱，尽管在美国和欧洲接受博士训练的新一代学者正开始克服这些障碍。《企业史评论》

特刊和《企业与社会》(Enterprise and Society)的拉丁美洲专题，代表了拉丁美洲企业史研究的进步。另外，拉丁美洲学者也在这两个期刊的编委会任职。

第三，该领域的发展速度因国家而异。研究进展取决于既定的研究传统、资源的可用性、国家的政治稳定，以及愿意监督和促进学科研究的历史学者的存在。

20世纪80年代以来，墨西哥企业史研究发展最为迅速。这得益于该国的人力和物力资源、毗邻美国的地理位置，以及该国历史学者的活力。墨西哥的历史学者们组织研究团队，指导学生的论文写作，并推动集体著作的出版。

墨西哥的两个主要团队在研究中通力合作。蒙特雷市的新莱昂州自治大学对企业和企业家的历史研究产生了强大的影响。20世纪90年代，该校的一些教师开始研究企业史。这个由马里奥·赛鲁迪（Mario Cerutti）领导的团队遵循欧洲传统，即对钱德勒范式持批判态度，更倾向于社会学方法。他们尤其受到西班牙学者的影响，其研究结合了社会史和经济史。

第二个团队由墨西哥城的大学和研究中心的学者们组成。其中最有影响力的是墨西哥学院的历史研究中心，该团队由卡洛斯·马里沙尔（Carlos Marichal）领导，他与北美洲和欧洲学界都建立了联系，该团队的研究者在经济史和企业史的框架内对企业进行了研究。

近年来，墨西哥的学术研究集中在大型企业，特别是那些在工业、银行和铁路、采矿、农业生产、公共工程和商业领域的企业。从事这些研究的学者还继续关注企业家精英和经济团体。其中一些学者对阿尔弗雷德·钱德勒（Alfred Chandler）和其他学者所阐述的关于后发国家大企业的诞生和演变的观点提出挑战，强调其制度设置与那些更先进的社会非常不同。例如，他们对现代企业能否在经历了激烈政治动荡的欠发达经济体中被建立起来存疑。

在巴西，企业史研究一方面受益于经济史研究的发展，另一方面受益于该国从 20 世纪 40 年代开始并一直持续至今的针对企业家精神的社会学研究传统。经济史和企业史会议提供了展示研究成果的机会，对企业家和企业感兴趣的历史学者，以及社会和政治学者之间也有相当多的互动。主要学者在圣保罗州的研究中心（在圣保罗大学、坎皮纳斯州立大学、热图利奥·瓦加斯基金会等），里约热内卢市（里约热内卢联邦大学和弗鲁米嫩塞联邦大学），米纳斯吉拉斯州、里约州南海岸和巴拉那州工作。

每个团队的研究方法不同，并对一系列的主题感兴趣。在他们的研究中，马克思主义传统与其他观点共存，而欧洲传统在企业史研究领域的影响要比北美洲范式更强。一些学者采用了关于大企业的影响和特征的钱德勒范式。在过去几年中，某些话题得到最广泛的关注，如：大型私营企业（本土企业和外国企业）、国有企业、企业领导者的传记、所有权和管理的形式、企业家与政府的关系、企业文化、劳动、生产组织和技术创新。关于企业家和地区精英阶层起源的新争论已经出现。针对巴西企业家阶层崛起的比较研究和对巴西企业创业模式的分析也有所发展。

哥伦比亚企业史研究的发展呈现截然相反的两种现象。1976 年，哥伦比亚最具活力的企业史学者卡洛斯·戴维拉在安第斯大学管理学院成立了一个专门研究历史和企业家的研究团队。这个团队研究管理和创新，以及哥伦比亚企业家的历史，并从钱德勒范式中汲取灵感。然而，在这些学者的工作之外，哥伦比亚的企业史直到 20 世纪 90 年代才成为一个研究领域，因为该领域在此前没有产出足够多的研究成果。不过，在过去 10 年时间里，由于企业史讲座的举办和一些学者的倡议，这种情况得到改善。

2003 年，一部在拉丁美洲非常独特的作品集出版了。这部作品集由戴维拉编辑，收录了哥伦比亚学者和外国学者的研究成果，提供了一幅由研究哥伦比亚企业史的学者所绘的路线图。其中有37篇文章涉及区域精英和商业领袖、企业家协会、创新和技术转让，以及有关本国企业和外国企业的部门和案例研究。戴维拉还出版了一部专门探讨哥伦比亚企业家精神的历史研究的综合性著作，并编辑一部关于7个拉丁美洲国家企业史的历史资料集。

20世纪80年代末以来，阿根廷的企业史研究发展迅速。1983年，民主制度的恢复为公立大学研究团体的组建，以及后来一些私立大学院系的研究创造了条件。2007年，圣安德烈斯大学企业史与发展研究中心成为拉丁美洲第一个致力于企业史研究的中心。尽管大多数学者活跃在布宜诺斯艾利斯及其郊区，但还有许多研究组织如雨后春笋般在内陆省份的大学中建立起来。在这些学校中虽然没有举办企业史讲座，但MBA和博士培养会开设了相关的专题研讨课程。

与巴西、哥伦比亚和墨西哥学者不同的是，阿根廷的企业史学者对企业家阶层的形成及其特征表现出持续的兴趣。他们关注这一话题的一个原因可能是，在本文所涉及的所有国家中，阿根廷的经济发展状况自20世纪50年代以来是最差的。因此，许多学者试图从该国企业家阶层的失败中探究国家"经济衰退"的根源。在20世纪六七十年代，学者们曾试图找出具有革新性的企业家，但现在他们则倾向于寻找那些应当对黯淡的企业和管理成果承担责任的人。他们的研究课题之一是为企业家找到一个合适的定义。企业家是拥有土地的资产阶级，是工业的经营者，还是统治阶级的成员？由于学者们背景各异，他们的解读也各不相同，甚至出现了一些苛刻或是更为微妙的观点。

20世纪80年代末以来，随着对农村、农工业和工业企业，以及诸如银行、零售、房地产等交通和服务业的案例研究的激增，学术界出现了许多围绕企业家阶层的争论。同其他拉丁美洲国家一样，阿根廷也十分重视多元化企业集团的问题。部分研究沿着社会文化的方向展开，分析社会网络、工作条件、意识形态、企业组织、家庭与企业、移民与企业家精神,以及性别在企业家精神中的作用。而综合研究、比较研究和国有企业研究的进展则相对缓慢。

关于阿根廷企业史的研究汇编很少。一些关于案例研究的书籍已经出版,也有许多文章是为专业杂志而撰写的。学术界对企业史与有关企业的经济和社会理论所提供的概念和争论越来越感兴趣,但许多学者仍在做描述性研究。在墨西哥和巴西,已经有人提议建立一个折中的概念框架,并结合美国和欧洲的传统,以探讨钱德勒范式和后钱德勒范式在研究中的针对性。

在拉丁美洲发展"本土"企业史研究的同时,欧洲和美国学者正在发掘新的经验证据并创造概念工具,旨在分析拉丁美洲国家企业和企业家的独特特征。一方面,拉丁美洲学者开始采取企业史视角,将企业理论纳入他们的分析;另一方面,一些企业史学者为概念框架的更新作出贡献,斯坦利·查普曼(Stanley Chapman)和米拉·威尔金斯(Mira Wilkins)就是这类学者的两个典型代表。查普曼基于对英国贸易企业的研究,提出了"投资集团"的概念。威尔金斯在对1914年以前英国的直接投资进行深入分析后,提出"独立企业"的概念。这些学者的成果得益于对英国海外企业的研究,尤其关注在南美洲经营的英国企业。

最后,专门研究国际企业的历史学家在更广阔的背景下记录了外国企业在拉丁美洲的运作。这类著作包括杰弗里·琼斯(Geoffrey Jones)对英国跨国银行、英国商人和跨国公司的研究。非拉丁美洲学者大量考察了在拉丁美洲经营的美国、英国和其他欧洲企业的历史。自20世纪80年代中期以来,越来越多的文件揭示了这些企业的历史与其母国中所争论的问题之间的联系。这些学者写过有关英国在南美洲的贸易企业和投资集团,在墨西哥和巴西运营的加拿大公共事业企业,德国对银行和电力企业的投资,以及从事农业、矿业、制造业、运输业和服务业的美国、英国和其他欧洲企业的文章。

1985年之前的研究几乎完全出自美国和英国的历史学家，而欧洲大陆特别是德国、法国和后来的西班牙学者的研究成果，则在近20年里大幅增加。

三 拉丁美洲企业史的研究主题和方法

除国别差异之外，在过去20年的拉丁美洲企业史研究中，还出现了一些共同的线索。主要的新趋势之一是对企业史研究的推广和对企业案例的大量研究。这个新方向贡献了有价值的经验证据，取代了20世纪80年代后期占主导地位的假设演绎研究；另一个重要的转变是学者的日益专业化和学术争论的去政治化，尽管在20世纪六七十年代一度盛行的那些反对企业史研究的偏见依然存在。

另一个进步是关于不同国家企业史演变的史学文章的发表。这些文章不仅向读者介绍了大量现有的研究成果，也为从比较视角探讨每个国家企业史的发展和确定未来研究领域奠定了基础。尽管也有证据表明，学者们对理论的兴趣日益浓厚，但拉丁美洲企业史研究的大部分内容仍是描述性的，深入分析相对较少。在更倾向于理论辩论和概念设置的历史学家中，折中主义占主导地位，部分原因在于拉丁美洲的现实常常不符合那些依托世界其他地区的企业史所构建的理论。

拉丁美洲企业史研究中曾经被忽视的新领域已被逐一覆盖，如大众传媒、房地产、零售商业、保险公司、航空运输、企业的社会责任、企业与性别的关系、企业的文化维度、家族企业的继承问题。关于企业和国家的比较研究也取得了一些进展，尽管这些进展仍然缓慢。

现有的研究已经可以确认并总结出拉丁美洲企业家和企业的一些特征，如家族企业的优势、19世纪后期以来多元化企业集团的存在（至今仍然是拉丁美洲大企业的主要形式之一）、企业家与政府联系的重要性、国有企业在 20 世纪大部分时间里扮演着关键角色、移民在整合企业家精神方面的相关性，以及外国企业在某些经济领域具有决定性影响等。

企业史研究提供了一个动态的视角，揭示了在企业的组织和管理里，以及在企业家的特征和行为中，变化是如何逐渐发生的。除结构性特征的转变外，过去 20 年中发生的变化也为研究提供了有趣的材料。

在整个进口替代时期，一般的拉丁美洲企业效率低下，在受保护的市场中经营，并从政府那里获得相当多的补贴。而 20 世纪 80 年代以来，随着经济自由化和全球化的发展，情况发生明显变化。一方面，20 世纪 80 年代的经济危机和 90 年代的改革使许多企业迅速衰落和消失；另一方面，幸存下来的企业进行自我改造，变得更具竞争力，其中有些甚至成长为全球性的公司。私有化还意味着国有企业的退出或消失，而全球化在 20 世纪 90 年代推动了跨国公司的发展。

四　未来研究议题的建议

企业史研究在拉丁美洲得到了极大发展。该领域为研究比较历史的学者提供了很多内容，并为在制度不确定性和宏观经济不稳定性背景下分析当前发达（或欠发达）国家企业的特征与绩效提供了空间。还有一个亟待解决的挑战是建立适当的分析范畴，以反映在复杂环境下的企业活动的各个方面，而这些方面与在企业史学科所诞生的发达国家背景下面临的情况截然不同。

拉丁美洲国家的独特特点要求学者对若干主题进行探究，特别是家族企业的作用、企业家与政府之间的关系、多元化企业集团的组织，以应对资本市场的弱点、管理资源的短缺、高昂的交易成本，以及有利于（或不阻碍）大企业集团诞生和发展的监管性经济框架。

其中一些问题已在欧洲和亚洲国家得到了研究，而在此基础上的比较研究能够帮助厘清那些特别适用于拉丁美洲企业的特征。

拉丁美洲的发展为研究从封闭、管制的经济向开放、自由的经济转型对企业和企业家的影响提供了机会。尽管这一转型逐渐转向更有效率和更有竞争力的企业，但却并不总能带来令人满意的增长率和发展效应，因为社会指标在过去 20 年中走向恶化。

这类证据可能使学者重新思考企业效率与经济发展之间关系的复杂性。如果企业史的目标是根据企业和企业家的表现来解释国家的富裕和贫穷，那么很明显，在拉丁美洲，原先的推理必须有所保留。由于更好的企业绩效不足以改善整体经济，因此必须探讨经济的其他方面以及社会与制度。

在拉丁美洲，对从事第一产业的企业和农工业企业进行研究对企业史而言至关重要。在拉丁美洲国家，农业和采掘业企业一直占据主导地位，但这一事实没有充分体现在当地的企业史研究中，因为研究往往遵循其他史学传统，重点考察交通业、服务业和工业企业。从墨西哥到阿根廷，现代农业企业和农业综合企业的动态发展提供了一个特别有吸引力的研究领域；另一种典型的拉丁美洲企业形式是在非正规经济和农民经济中进行的企业活动，这在商品和服务生产中占很大比例。

由于与其他史学的接触点少、有限的专业化，以及折中主义，拉丁美洲的企业史研究总是包括社会和文化史主题。对这些主题的持久兴趣使其与钱德勒范式的替代方法相一致，创造与新的概念工具及修正后的学科含义进行互动的可能性。

首先，展望未来，企业史研究有必要从案例研究转向比较研究（这种研究侧重于问题而不是个别企业），以及综合研究。虽然案例研究是反映具体问题和更清楚地了解企业界人士的战略的有用工具，但也有其局限性。这些研究通常只是描述性质的。而只有从比较视角出发，才能充分认识每个案例的相关性和特殊性。根据主题组织研究将深化对财产形式、企业的组织和管理、企业内部的社会关系、企业内部所形成的文化、创新过程以及许多其他问题的分析。综合性研究将有助于从长期视角看待拉丁美洲企业家和企业，使学者们能够将殖民时期和19世纪上半叶发生的事件与后来发生的事件结合起来。

其次，企业史研究应加强历史与理论的互动。学者应该对概念和方法论的框架与讨论展现出更多的兴趣，更愿意运用概念来检验研究的有效性，并阐述能够体现拉丁美洲特点的理论背景。

最后，许多重要主题仍然较少受到关注，其部分原因在于资料获取的困难。其中一个被忽视的领域是中小型企业和企业集群。它们被忽略的原因在于其现在或过去的存在形式，包括所在地区，以及从事加工出口业。这一方面由于网络的概念没有得到广泛应用；另一方面，尽管今天一些关于工业区和商业网络的研究包含可供参考的相关历史内容，学者们也没有从其他历史学中了解有关这一主题的研究。20世纪90年代中期以来，欧洲和美国的企业史学家开始对工业区和灵活生产进行大量的新研究，但这一主题对拉丁美洲学者来说仍是一个未开辟的领域。

拉丁美洲企业史研究很可能会迎接这些挑战，并继续扩大研究范围。这一学科未来发展的潜能将取决于它能在多大程度上为拉丁美洲历史所提出的重大问题提供原创答案。最关键的是，这正是导致这块大陆经济发展遭遇挫折的主要原因。

◎企业发展·制度变革◎

所有权与控制权何时分离：
19世纪早期的公司治理

〔美〕埃里克·希尔特 胡智鸿 译[*]

【摘　要】 本文分析了19世纪20年代纽约公司的所有权结构和治理制度，主要使用从1823年至1828年纽约州资本税管理部门的现存记录和公司章程等资料中收集的新数据集，详细描绘了19世纪早期的公司治理情况。与伯利和米恩斯对公司发展的描述相反，本研究结果表明，许多公司由大股东主导，他们在公司董事会中有代表，并拥有广泛的权利，可以利用公司的资源为自己谋利。为了解决这个问题，许多公司在配置其投票权时限制了大股东的权利。

【关 键 词】 所有权　控制权　治理制度　公司治理

引　言

"我们抱怨董事们认为自己代表公司，实际上他们只是公司的代

---

[*] 本文原文系美国学者埃里克·希尔特所著，原文及出处：Eric Hilt, "When Did Ownership Separate from Control? Corporate Governance in the Early Nineteenth Century," *The Journal of Economic History*, 2008, vol. 68, No. 3, pp. 645 - 685, https://www.jstor.org/stable/4005643；中国政法大学商学院硕士研究生胡智鸿对原文进行翻译并提炼了摘要和关键词；中国政法大学商学院巫云仙教授对全文进行译校。

理人。"

所有权与控制权的分离问题是何时在美国公司中出现的？在美国经济发展的早期阶段，是否存在所有权与控制权统一的时期？如果存在，这些早期公司又是如何运作的？鉴于早期公司遗留下来的记录残缺不全，这些问题很难回答。在美国，最有影响力的关于公司所有权的理论出自阿道夫·伯利（Adolf Berle）和加德纳·米恩斯（Gardiner Means）合作撰写的《现代公司与私有财产》（*The Modern Corporation and Private Property*）一书。他们认为，19世纪末和20世纪初法律、组织和技术的发展削弱了股东的权利和影响力，导致了由职业经理人或少数利益集团控制的大型分散控股企业的出现。在19世纪早期，所有权和控制权确实是统一的，伯利和米恩斯将当时的公司与100年前的公司区分开来，认为在早期公司中股东数量很少，他们拥有并行使了股东的权利；作为商人，他们的投票是有价值的。后来研究公司治理的大部分学者都接受了伯利和米恩斯对美国公司早期历史的描述，并强调19世纪晚期现代公司的发展导致了所有权与控制权的分离。

但学界对美国公司早期历史的理解并不全面。到19世纪前25年结束时，美国各州已向各行各业数千家公司颁发了特许状。特别是从19世纪20年代开始，这些公司中的一小部分已经公开交易股票，交易数量也在不断增加。然而，这个时代有时被认为是"统计上的黑暗时代"。尽管这些公司的规模肯定比19世纪末出现的大型分散控股企业要小得多，但人们对这些公司的所有权或公司治理知之甚少。沃尔特·沃纳（Walter Werner）在1981年发表的一篇文章中指出，在19世纪早期就出现了管理层控制，这是值得注意的例外情况。除此之外，美国早期公司治理问题一直很少成为研究的焦点。相较于当前对于投资者保护法历史溯源的重视程度，对早期公司治理问题的忽视是出人意料的。

本文新收集了纽约州1825年成立的所有商业公司的数据，分析了19世纪早期公司的所有权结构和治理制度。数据集的主要内容是从1823年至1828年纽约州资本税管理部门的现存记录中提取的，这是一个相对完整的研究样本。资本税法要求所有经营中的商业公司向州审计长提交一份股东名单。许多所有权清单保存在纽约州档案馆，其与公司章程，从当时的报纸、城市名录、保存下来的董事会议记录中获得的公司董事名单，以及由理查德·西拉（Richard Sylla）、杰克·威尔逊（Jack Wilson）和罗伯特·莱特（Robert Wright）收集的在纽约证券交易所交易的证券价格数据相匹配。本文通过从上述来源获得的数据描绘了19世纪早期公司治理的详细情况。

与现代公司一样，股东选举的特许专营权是公司治理的主要机制。在19世纪早期，许多公司对股东的投票权进行了配置，以增强小投资者的相对影响力：它们确立了一种可能被称为"分级投票权"的制度，其中投资者所获得的每股投票权是其所持有股票数量的递减函数。这种配置投票权的制度起源于17世纪的英国商业公司，有时相当复杂。本文建立了用以量化采用该方案的公司中投资者投票权的指数，该指数根据投资者在所有潜在持股水平上（从1股到所有股票）所享有的每股投票权的平均百分比计算。该指数从0到1不等，而且大股东的投票权不断增加；数值为1意味着无论持有多少股，每1股都有投票权（"1股1票"）。在投票权指数较低的情况下，大股东获得的投票权少于他们所持股票的全部投票权。

19世纪早期的公司法为投资者提供的权利或保护相对较少。当时没有财务报表要求或会计准则，股东起诉渎职董事的合法权利多少有些难以保障。为了吸引小投资者的参与，许多公司在其章程中确立了"分级投票权"制度。1825年或更早的时候在纽约注册的所有公司的投票权指数平均值为0.63。尽管一些公司的章程也为投资者提供了其他形式的权利保障（如保证提供年度财务报表），但投票权是

19世纪早期提供给小投资者最重要的保护形式。

鉴于许多公司显然由大股东控制,对小投资者的保护显得至关重要。尽管数据显示,许多公司存在大量的小投资者,但总体而言,公司所有权是高度集中的。由于大多数大股东都在公司的董事会中有代表,管理层的投票权非常高,平均约40%的投票权掌握在董事会手中。因此,与19世纪中期的公司一样,减轻大股东对小投资者的压迫是早期公司治理的核心问题。一般来说,在所有权集中度最高的行业中,公司指定的投票权为每股1票的对应指数最低,而在所有权分布最平均的行业中,公司指定的投票权为每股1票的对应指数最高。这表明,采用"分级投票权"制度至少在一定程度上是为了通过限制大股东的投票权来吸引小投资者。

这些措施是否有效?拥有不同投票权配置方案的公司,其大股东与小投资者之间的权利平衡是否真的不同?这些差异是否反映在公司价值中?本文对这些问题进行了详细的实证分析。公司所有权集中度对治理制度的横截面回归显示,投票权指数值越低的公司,大股东与管理层的投票权集中度就越低。尽管这一时期的证券价格数据因为交易量相对较小,可能不如现代股票市场的数据有信息价值,但市场价值回归结果表明,公司价值与中小股东投票权正相关;每股1票的公司市场价值较低。此外,研究还表明,公司价值与管理层投票权之间存在负相关关系。

总的来说,研究结果显示,即使在19世纪早期的几十年时间里,在大型分散控股企业兴起之前,甚至在铁路出现之前,所有权与控制权之间也存在明显的分离。此外,这种分离对投资者和公司的业绩都是有害的。伯利和米恩斯区分了控制结构的五种类型,即几乎完全由所有权控制、多数人控制、通过无多数人所有权的杠杆设置进行控制、少数人控制,以及管理控制。这五种控制结构的所有权与控制权之间分离的程度是依次提高的。

尽管19世纪20年代的公司几乎都没有被定性为受管理层控制，因为其所有权是如此分散，以至于没有个人或团体可以通过股票所有权控制公司，但数据集中的大多数公司都被伯利和米恩斯描述为处于少数人控制的状态，即一群投资者持有足够数量的股票来控制公司，因为其余的股票是被分散持有的。然而，与这种控制结构相关的问题在19世纪20年代比后来的时期要严重得多，因为在当时，控制和管理之间几乎没有任何区别。早期的公司一般都是由董事经营的，其管理层几乎没有等级之分。由于当时对董事的自我交易几乎没有任何法律约束，控制公司管理层的投资者可以很容易地利用公司的运作为自己谋利。因此，减轻大股东对小投资者的压迫是早期公司治理的核心问题，当时为投资者提供的保护往往是为了解决这一问题。总的来说，19世纪早期公司治理的发展状况是投资者保护薄弱、所有权高度集中，这一状况与现代经济关系中所发现的完全一致。

本文所分析的公司样本包含大量的企业，涉及广泛的行业，但均来自纽约州。美国公司法大多属于州法的范围，与公司有关的法规和判例法以及公司章程的内容在各州之间有一定的差异。尽管如此，纽约在美国经济发展中的中心地位，以及华尔街在美国金融市场中的中心地位，都使纽约的公司成为这一时期公司治理研究的焦点。

19世纪早期是纽约经济快速增长和充满活力的时期。从1790年到1825年，该州的人口增长了大约4倍，成为美国人口最多的州；纽约市发展成为美国最重要的商业和金融中心，超过了费城；1825年伊利运河的建成进一步振兴了全州的商业。更重要的是，纽约在公司法领域是一个伟大的创新者。1811年，纽约针对制造业公司颁布了一般注册法案，这是最早的对公司有重要意义的通用公司法之一；之后又颁布了美国第一部有限合伙企业法（1822）和第一部自由银行法（1838），以及一些有影响力的监管法规，如银行安全基金法

（1829）。纽约的许多法规影响了其他州公司法的后续发展，在某些情况下，整个纽约的法规被其他州全盘复制。

一 纽约公司的企业治理（1790~1825）

在19世纪早期，公司的法人地位特权只能通过向州政府申请特许状来获得，而特许状是由州立法机构授予的。尽管纽约州在1811年颁布了针对制造业公司的一般注册法案，开始放宽其注册程序，但其他行业的企业家仍然需要获得立法机构授予的特许状才能注册公司。获得特许状往往费用高昂且费时，因此以公司形式经营仅见于法律要求成立公司的行业，如银行；或公司权利特殊且至关重要的行业，如保险公司；一些制造业公司和公共事业公司，如收费公路公司、桥梁公司和煤气灯公司。当时，银行是政治上最具争议的公司之一，银行的特许状尤其难以获得。

如果获得批准，公司特许状（章程）将规定公司的权利、股本的规模和股票的面值，以及公司存续的期限。公司的经营特许状中还包括规范企业经营管理的条款，这些条款因行业而异，例如，银行的经营特许状中经常包括限制贷款利率和负债的条款；桥梁公司和收费公路公司章程规定了可以收取的过路费标准；而制造业公司的章程（或根据一般注册法案提交的公司注册证书）则规定了公司允许生产的产品类型。一般来说，早期的公司没有权力与其他公司合并，或以任何方式修改其章程，除非寻求额外的立法法案支持。在1825年之前，除保险公司外，纽约没有一家公司被授予发行非普通股的其他证券的权利，且通常禁止对其他公司的股票进行投资。

公司的治理制度在其章程中有明确规定。大多数公司由选举产生的董事会管理，董事会又从成员中选出一位总裁，可能还会选出一位秘书或财务主管。根据多数决定原则，董事会通常有权制定公司章程，并对公司进行一般管理。公司章程有时还提到受薪代理人、出纳员、办事员、秘书和其他由董事雇用的人员，他们可能承担一些管理责任。然而，总的来说，银行、保险、桥梁和收费公路等行业的大多数公司的雇员很少，尽管有些制造业公司的雇员多达300人，但这些公司的管理层也可能很少有等级之分，在许多情况下，董事甚至要监督公司的日常运营。在研究样本中，几乎所有公司都要求每年举行全体董事会的选举，没有"分类"或交叉任职的董事会。然而，早期公司的股东很少享有其他法律保护，甚至不能保证他们有权查看年度财务报表。在缺乏其他保障措施的情况下，董事会选举对维护股东利益具有极其重要的意义。因此，如何进行董事会选举及股东的投票权如何配置，往往在公司章程中有非常详细的规定。

（一）股东投票权的一项指标

在亚历山大·汉密尔顿（Alexander Hamilton）为纽约银行起草的章程中，对于股东投票权的配置规定如下：

> 每个股东享有与其以自己名义持有的股票数量成比例的投票权，即不超过4股1票、6股5票、8股6票、10股7票，10股以上则为5股1票。

这种投票权配置方案，可称为"分级投票权"制度，当股东持有少量股票时，每股可投1票，但在达到一定门槛后，股东的每股投票权就会低于1票。以纽约银行为例，持有4股股票的股东有4票投票权，持有20股股票的股东有9票投票权（每股0.45票），持有100股股票的股东有25票投票权（每股0.25票）。对于持股超过4股这一门槛的股东，其持有的股票数量越多，其所拥有的每股投票权就越低。

许多公司采用的"分级投票权"制度与纽约银行不同。例如,大多数收费公路公司规定每10股1票,然后每多持5股就多得1票。而其他公司的方案是增加任何股东的最大投票数。但不管是何种方案,都规定每股有1票,直到达到某个阈值(通常是接近10的某个数字),而超过这个阈值,每股获得的投票权就低于1票。这些门槛在不同公司之间差别不大,因为大多数以这种方式授予股东投票权的公司都采用了少数几个将投票权分配给持股量的标准公式之一。然而,不同公司的股票总数差异很大,一个持有100股股票的小型收费公路公司和一个持有数千股股票的大型金融机构所采用的相同投票权配置方案,对持有一定比例股票的股东投票权产生了截然不同的影响。再看看纽约银行的投票权配置方案,该银行总共持有2000股股票,持有30%股份(600股股票)的股东拥有125票投票权,相当于每股0.21票。但是如果总共只有100股股票,那么该股东将拥有11票投票权,相当于每股0.37票。

纽约公司采用的"分级投票权"制度的影响相当复杂。投资者获得的相对投票权(占总投票权的百分比)取决于整个股票所有权的分配情况。只有在小投资者每股股票获得一个完整投票权的情况下,大股东的投票权才会受到限制。这意味着只有在知道股票所有权的分配情况后,才能评估"分级投票权"制度的影响。

然而,我们可以构建一个指数,量化给定的投票权配置方案在降低大股东权利方面的潜力。我们可以把公司章程看作给定的一个函数 $v(n)$,它决定了持有 n 股股票的投资者将有权获得的投票数。在给定的每股1票的章程中,$v(n)=n$;在"分级投票权"制度下,当 n 值超过某个阈值时,$v(n)<n$。图1的(A)图绘制了1801年成立的奥尼达收费公路公司章程中规定的 $v(n)$,该章程规定持有股数在10股以下的股东的投票权是每股1票,然后每增加5股多得1票,

该公司总共持有 75 股股票。如图 1（A）所示，在超过持有股数 10 股的门槛之后，持有额外股票的股东每增加 1 股只能获得 1/5 的投票权，即一旦持有 10 股以上，其 $v(n)$ 的直线斜率就会从 1 下降到 1/5。

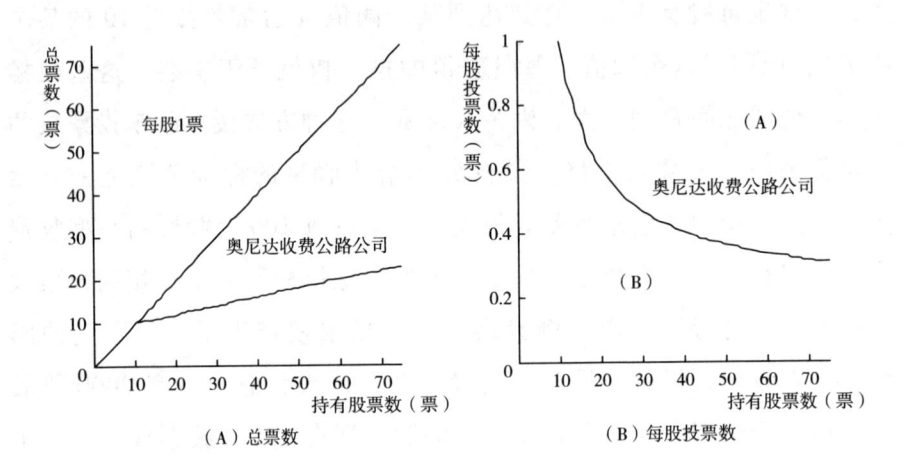

图 1 "分级投票权"示例

资料来源：Author's Calculations from Oneida Turnpike Company Charter, New York Laws, 1801, ch. 94.

图 1 中的（B）图绘制了该公司不同持股水平下的每股投票数，即 $v(n)/n$。任何持有不超过 10 股的股东都将有权获得每股 1 票的投票权。但持有超过 10 股的股东，其获得的每股投票数会随着持股数量的增加而减少。一个持有 20 股的投资者将获得 12/20 = 0.6 票，当投资者持有 50 股时将获得 18/50 = 0.4 票。而在每股 1 票的情况下，股东的平均投票权恒定，这在图中将用一条水平线表示，即每股投票票数为 1。

图 1 中的（B）图给出了一种简单的方法来量化给定的投票权配置方案可以减少授予大股东投票权的程度。如果绘制在同一张图上，一个在更大程度上减少大股东投票权的投票权配置方案将位于奥尼达

收费公路公司的线以下（对大股东授予更少的每股投票权），而对大股东授予更多的每股投票权的投票权配置方案将位于该线的上方。因此，线下的区域，即（B），将增加大股东有权获得的每股投票权。这表明，（B）占图中总面积的相对比例，即（B）/（A）+（B），其可以作为大股东投票权的指标。对于公司 i，投票权公式为 $v_i(n)$，股票总数为 N，则计算公式为：

$$V_i = \frac{1}{N} \sum_{n=1}^{N} \frac{v_i(n)}{n} \qquad (1)$$

该指数可以假定为 0 到 1 之间的任何值，并衡量投资者在从 1 股到所有股票的所有持股水平上所享有的每股平均投票数。该指数的值越高，大股东获得的每股投票权的比例就越大。因此，该指数是衡量大股东投票权的一种方法，当公司提供每股投票权时，该指数的值为 1。

不同公司的投票权指数数值差异很大。图 2 绘制了纽约银行、奥尼达收费公路公司和奥尔巴尼水务公司每股投票权与所持股票比例的关系，并包括每个公司的投票权指数值。相对于其他公司，奥尼达收费公路公司章程规定的投票权对大股东更有利，该指数的值是纽约银行的 2 倍多。与许多公司一样，奥尔巴尼水务公司的章程中规定的投票权包括一项条款，即无论持有多少股票，任何股东的投票权都不得超过 40 票。该公司提供给投资者的每股投票权与纽约银行几乎相同，直到投资者持有 11% 的股份为止，届时其将无法获得额外的投票权。

如果一家公司选择一个低指数的投票权配置方案，那么就会激励投资者以除自己以外的多种名义持有股票，以获得更多的投票权。虽然第二美国银行的股东有过该行为，但大股东以这种方式规避其他商业公司投票权配置方案影响的程度尚不清楚，这将在后文的实证分析中进行研究。

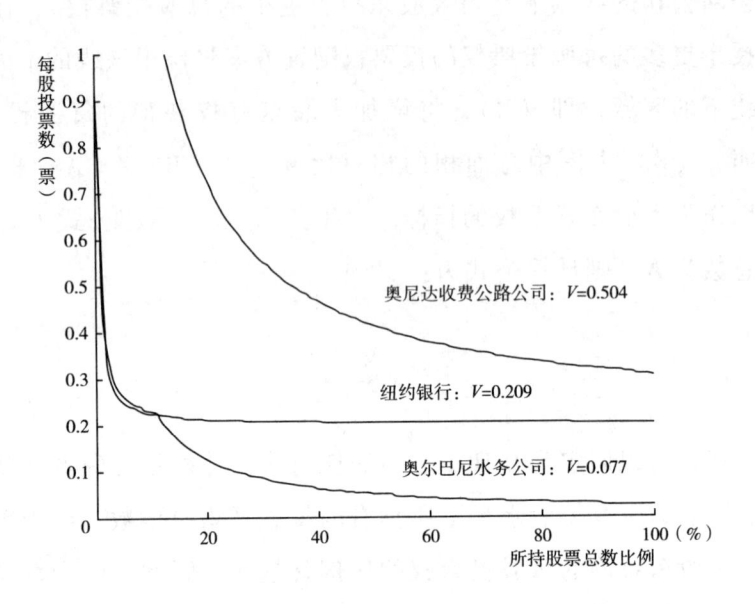

图 2　投票权的指标值示例

资料来源：*Author's Calculations from the Charters of the Oneida Turnpike Company, Bank of New York, and Albany Water Works*, New York Laws, 1801, ch. 94; 1791, ch. 37; and 1802, ch. 7.

（二）公司章程中有关公司治理的规定

从 1790 年到 1825 年，纽约州共成立了 812 家公司，其中包括根据 1811 年一般注册法案创建的 153 家制造业公司。表 1 是 1790~1825 年来自各行业的公司治理条款数据，概述了投票权的规范，以及其他公司的治理规定。如表 1 所示，在大约 80% 的公司章程中，董事会选举中的代理投票权都得到了保障。当时，代理投票（与其他投票一样）也是亲自投票，因此希望通过代理人投票的股东可以派另一个人代替他/她。

公司章程中有时还包含其他规范董事会组成或行动的条款。例如，董事通常（78% 的情况）被要求持有公司的股票，更罕见的情况（4% 的情况）下会对部分或所有董事施加特定的当地居住要求。大约 40% 的公司章程要求董事会将所有利润作为股息发放，董事会没有保留收益的自由裁量权。最后，14%的公司章程要求公司管理层在股东年度会议上或在向州政府提交的文件中提供年度财务报表。

股东的投票权一般都有明确的细节规定。在48%的公司章程中，无论股东持有多少股票，每股都有1票投票权；46%的公司章程采用了"分级投票权"制度；在2%的公司章程中，每个股东都有1票的投票权；只有4.7%的公司章程，没有对股东的投票权作出具体说明。在后一种情况下，由于公司章程中没有对股东的投票权作出规定，大多数公司可能会在公司章程中规定股东的投票规则；事实上，在那个时代的公司章程中，至少有一份规定了投票权必须落在哪个参数值范围之内。对于样本中所有给定股东投票权的公司，投票权指数V_i的平均值为0.63。

我们可以通过比较不同行业所选择的治理条款来了解公司章程背后的意图，如表1所示，该表提供了6个行业类别的汇总统计数据。表1中各栏数据显示，各行业在选择治理条款的风格上有很大的差异。例如，制造业公司几乎总是给予股东每股1票的投票权，很少要求其提供年度财务报表，也从未强制董事会将所有利润作为股息发放。制造业公司的董事会规模最小，董事持股比例也最低。正如我们看到的，这些治理条款反映了一种所有权结构，它与其他行业中常见的所有权结构完全不同。

表1 1790~1825年来自各行业的公司治理条款数据

	所有公司 1790~1825年 $N=812$	银行 $N=43$	桥梁公司 $N=86$	保险和金融公司 $N=74$	制造业公司 $N=221$	收费公路公司 $N=304$	其他公司 $N=84$
董事会选举							
代理投票	0.82	1	0.21	0.97	0.97	0.89	0.56
投票权类别							
每股1票	0.48	0.63	0.55	0.93	0.91	0.01	0.53

续表

	所有公司 1790~1825年 $N=812$	银行 $N=43$	桥梁公司 $N=86$	保险和 金融公司 $N=74$	制造业 公司 $N=221$	收费公 路公司 $N=304$	其他 公司 $N=84$
分级投票权	0.45	0.26	0.41	0.03	0.02	0.98	0.23
每位股东1票	0.02	0	0.01	0.01	0	0	0.18
未指定	0.05	0.12	0.03	0.03	0.07	0.02	0.07
投票权指数（V_i）	0.63	0.74	0.70	0.96	0.99	0.23	0.76
操作要求							
强制分红	0.40	0	0.20	0	0	0.98	0.13
年度财务报表	0.14	0.40	0.23	0.41	0.13	0.01	0.18
董事会组成							
董事会人数	9	13	6	20	5	8	8
当地居住比例	0.04	0.35	0.01	0.05	0.01	0.01	0.10
持股比例	0.78	0.93	0.88	0.90	0.46	0.99	0.61

注：银行包括所有允许发行纸币的机构，因此包括将部分资本投资于其他行业的公司。保险和金融公司包括所有保险公司，以及5家贷款或"伦巴德"公司，这些公司被允许提供抵押贷款，但被禁止发行钞票。由于保险公司也被允许发放贷款，在实际上，这些公司非常相似。其他类别包括28家水务公司、18家运河管理公司、4家共同储蓄银行、1家酒店、15家汽船或渡轮公司、2家贸易公司、4家天然气公司、1家金融交易所和11家矿业公司。

相比之下，银行与保险和金融公司的金融权利创造了大量的机会来欺骗投资者和债权人，并扰乱其支付系统，它们是唯二在公司章程中规定要定期提交年度财务报表的公司，但是这种要求也只有40%被强制执行。这类公司都有规模非常大的董事会，董事会从来没有被要求将所有利润作为股息发放。银行与保险和金融公司章程之间的主要区别在于其对投票权的规定：保险和金融公司的投票权指数平均值为0.96，而银行则为0.74，这反映了"分级投票权"制度的使用情况。

在收费公路公司以及较小的桥梁公司中，"分级投票权"制度被大量使用，董事会将所有利润作为股息发放的要求也被普遍运用。总体而言，投票权指数的最低值（反映了最有可能削弱大股东权利的投票权配置方案）出现在收费公路公司、桥梁公司和银行。人们可能会认为，这些公司的公司章程旨在通过向小投资者提供某种程度的保护，使其免受大股东的支配，从而吸引小投资者的参与。另外，立法机构可能认为这些公司的控制权，特别是大股东滥用控制权的可能性，是公众关注的问题，如收费公路的路线、桥梁的位置，当然还有银行发行的票据或贷款，都有可能以牺牲小投资者或社区的利益为代价，为占主导地位的股东创造获取私人利益的机会，而这些情况在制造业公司中是不太可能发生的。

（三）其他的公司治理法规

在此期间颁布的成文法（在有限范围内）补充了公司章程中规定的股东权利。但总的来说，公司的扩散速度和复杂化程度超过了立法机构和法院保护投资者利益的努力。例如，约束公司董事行为的法规仍然相对较少。此外，正如美国联邦最高法院 1819 年对达特茅斯学院的判决那样，公司章程是国家与公司之间不可损害的合同，这一概念使国家很难对那些公司章程中尚未包含此类条款或保留立法机构修改章程权利的公司施加诸如公布财务报表或检查等措施。

州政府执行其法规的能力也很有限，因为州政府只有几个基本的行政办公室。例如，许多保险公司违反国家的限制条例，也违反其章程，发行旨在作为银行票据流通的债券或票据，提供贴现贷款，并普遍拥有银行的权利。即使在限制性法规得到加强，随后法院判定其行为非法之后，纽约州议会参议院的财政委员会在 1825 年发现这些做法仍然相当普遍。即使在比较容易监测的事项上，例如，使用一般公司章程，也违反了法律对公司经营的强制性行业限制，而且几乎没有明显的后果。在其他情况下，保护措施或监管法规被规避。例如，大多数金融公司的章程都包括一项要求，即在公司开始运营之前必须缴纳最低金额的资本。这些规定似乎假定款项将以货币支付，但相反，这种款项几乎总是以各种票据或抵押证券的形式支付。

尽管有这些限制，该州还是在1825年颁布了一项非常重要的立法来保护股东和债权人的权利。该法案要求董事会将所有利润作为股息发放；限制任何公司可以承担的债务（相对于实收资本），要求董事对任何超过这一数额的债务承担个人责任，并对董事会选举的行为施加了规则，例如要求公开股票转让簿（列出有资格在董事会选举中投票的股东）以供查阅。作为回应，与董事会选举有关的大量判例法开始形成，法院会将其置于内部人试图剥夺其他股东投票权的不同做法背景下，对这些问题进行法律解释。

在19世纪早期的纽约，股东权利在许多方面相对薄弱。在董事会选举中的许多欺诈行为直到1825年颁布了法规才被定为非法，即使如此，法律的影响也需要时间来检验。大多数公司没有义务向投资者提供财务报表，政府也在努力控制那些违反政治敏感法律的公司，如颁布监管银行业务的法律。金融公司的董事经常"抵押"他们的股份，即用自己的股票作抵押向公司的债务人而非投资者借款。许多银行和保险公司的股票在纽约证券交易所进行交易，但当时交易所本身并没有上市要求，也没有为投资者提供有意义的安全保障。尽管如此，这一时期成立的许多公司还是成功地吸引了大量投资者的投资。

二 纽约的公司及其所有权
（1826~1827）

1823年，纽约州立法机构通过了一项法律，将对个人持有的股票免予征税改为对股份公司的实收资本征税，且由公司缴纳。公司的审计、股权和纳税分类账，以及公司提交的股东名单等资料，在纽约州的档案馆得以保存下来。

在审计办公室的资料中发现，1825 年或之前在纽约注册成立的 812 家公司中，只有 282 家在 1826 年或 1827 年仍在运营。表 2 列出了 1826 年或 1827 年在纽约州经营的公司的产业构成、地理位置和实收资本情况。

总的来说，所有在纽约州经营的公司的总资本约为 4800 万美元，在该州经营的 95 家银行与保险和金融公司的资本约为 3900 万美元，占总资本的 81%。还有 67 家制造业公司、63 家收费公路公司、36 家桥梁公司，以及少数其他行业的公司，如燃气照明、蒸汽船和自来水厂等。表 2 中的数据表明，各行业公司的平均规模存在显著差异，最大的公司是银行与保险和金融公司，而制造业公司、收费公路公司和桥梁公司的规模则小得多。

表 2　1826 年或 1827 年在纽约州经营的公司的产业构成、地理位置和实收资本情况

	注册成立公司总数（家）	经营公司总数（家）	在营公司占比	在营公司 平均资本（美元）	在营公司 总资本（美元）
所有公司	812	282	0.35	169687	47851576
行业组成					
银行	43	41	0.95	505835	20739240
桥梁公司	86	36	0.42	11480	413288
保险和金融公司	74	54	0.73	343058	18525168
制造业公司	221	67	0.30	57405	3846168
收费公路公司	304	63	0.21	34187	2173924
其他公司	84	21	0.25	103520	2153790
地理位置					
纽约市	121	74	0.61	462048	34191572
哈德逊河谷	254	91	0.36	72092	6560395
伊利运河所在县	153	45	0.29	72183	3248222

续表

	注册成立公司总数（家）	经营公司总数（家）	在营公司占比	在营公司 平均资本（美元）	在营公司 总资本（美元）
布鲁克林（国王县）	12	9	0.75	73778	664000
所有其他县	272	63	0.23	50593	3187388

注：该表显示了由纽约州审计办公室确定的在1826年或1827年经营的公司，以及按行业和地理位置划分的实收资本数额。注册成立公司总数是指被授予的特许状总数，以及根据1811年针对制造业公司的一般注册法案（1790~1825）注册成立的公司总数。在营公司占比是经营公司总数除以注册成立公司总数。哈德逊河谷包括奥尔巴尼县、伦斯勒县、格林县、哥伦比亚县、阿尔斯特县、达奇斯县、奥兰治县、普特南县、洛克兰县和威斯特县。伊利运河所在县包括伊利、尼亚格拉、门罗、韦恩、卡尤加、奥农达加、麦迪逊、奥奈达、赫尔基默、蒙哥马利和斯克内克塔迪。

表2的下半部分显示，在282家经营公司中有74家（约26%）位于纽约市。这些公司的总资本为3400多万美元，约占在营公司总资本的71%，这是因为纽约市的大多数公司是大型银行与保险和金融公司。总的来说，其余拥有大量公司的县要么位于哈德逊河谷，要么位于伊利运河所触及的州中部地区。

（一）所有权的分布情况

在282家运营1年以上的公司中，有132家拥有完整的股东名单，246家拥有按县划分的股份地理分布情况。大多数股东名单是1826年的，但也有一小部分是其他年份的。在1826年，有67家公司的股票在纽约证券交易所进行交易。除了1家以外，这些上市公司都是在纽约市运营的［1家在布鲁克林（国王县）运营］，除4家公司之外，其余的都是银行与保险和金融公司。几乎可以肯定，这个市场极大地促进了上市公司股份的扩散。

表3列出了不同行业的所有权结构情况。不同公司的所有权结构差异很大。股东的数量从560个（银行，资本200万美元）到只有3个（雅典收费公路公司，资本8000美元）不等。所有公司平均约有

74 名股东，这意味着至少有一些小的股份是共同持有的。股东的姓氏显示，亲属关系可能在股份分配中起到了重要作用，所有公司平均有 26% 的股东与该公司的另一个股东是同姓的。平均而言，所有公司的股票分布在 5 个县，其中 34% 在纽约市，10% 在纽约市以外的地方。当然，相当多股东的住所离他们投资的公司很远，很可能与这些公司的日常运营没有任何联系或参与。

表3 不同行业的所有权结构情况

指标	所有公司	银行	桥梁公司	保险和金融公司	制造业公司	收费公路公司	其他公司
股东[a]							
股东总数	74	252	59	132	17	69	59
同姓股东占比	0.26	0.33	0.27	0.24	0.27	0.30	0.22
其他公司持有比例	0.04	0.15	0	0.07	0.01	0	0.08
所有权集中度[b]							
前10%股东持有总股份比例							
所有权股份	0.48	0.61	0.49	0.46	0.42	0.54	0.55
投票权	0.44	0.55	0.45	0.44	0.42	0.37	0.50
持股基尼系数							
所有权股份	0.57	0.71	0.55	0.59	0.47	0.62	0.67
投票权	0.52	0.64	0.50	0.57	0.46	0.45	0.65
地理分布[c]							
持有股票的县	5	8	3	5	3	5	4
纽约市持股比例	0.34	0.37	0.08	0.76	0.23	0.12	0.44
纽约市外持股比例	0.10	0.16	0.08	0.10	0.07	0.09	0.08

注：a $N=132$；b $N=132$；c $N=246$。
同姓股东占比是指同一公司中有同姓股东的百分比。所有权股份的计量以公司股份的分配为基础，但投票权分配的计量是通过将公司章程（特许状）中规定的投票权制度应用于股权分配来计算的。

综观不同行业，那些拥有最大公司的行业，如银行与保险和金融公司，股东总数最多，它们的所有权在地理位置上也是最分散的。银行与保险和金融公司所有权的分散化，部分原因可能是这些经常持续盈利的公司股票对广大投资者具有吸引力，他们可以通过纽约证券交易所的经纪人交易股票。此外，公司规模显然不是所有权分散的唯一决定因素。制造业公司的平均规模远大于收费公路公司或桥梁公司，它们的股东数量迄今为止是最少的，但其所有权集中度非常高，几乎所有制造业公司都可以被认为是"封闭式公司"，其股票流动性非常差，很少交易，且由当地投资者大量持有。

表3还包括两个衡量所有权集中度的指标，即前10%股东持有总股份比例和持股基尼系数。这些衡量指标是针对所有权（所持股份的百分比）和投票权提出的，是根据公司章程或特许状中规定的投票权配置方案，从所有权的整体分配中进行计算的。平均而言，大多数公司都有几个非常大的股东，前10%的股东持有48%的股份。股份分配最平均的公司是制造业公司，而最不平均的公司是银行、收费公路公司和"其他"类别中的一些公司。通过比较所有权不平等与投票权不平等的情况可以看出，不同行业选择的投票权配置方案对大股东权利的影响不同。在大多数行业中，除制造业公司外，几乎所有的行业都选择了每股1票的投票权配置方案，大股东的投票权至少在某种程度上被削弱了。特别是在银行和收费公路公司，它们所选择的投票权配置方案大大削弱了大股东的权利。这一发现表明，许多投资者愿意持有的公司股份，远远超过他们将被授予的投票权。即使他们通过以多个名字持有股份的方式来规避公司投票权配置方案的影响，也不足以确保其投票权不被削弱。

（二）管理者所有权与企业控制权

理解这些公司的所有权结构以及所有权与控制权之间分离程度的

一个关键因素是管理层的所有权集中度。遗憾的是，提交给纽约州资本税管理部门的股东名单并没有确认公司的董事，只是由公司秘书或总裁签署的。因此，我们对当时报纸和城市名录进行了广泛的搜索，最终获得了51家公司的董事名单，并与股东名单相匹配。通过这种方法可以找到董事名单的公司，绝大多数位于纽约市（51家公司中有43家），而且往往是具有"公共"性质的公司，如保险公司、银行和大型制造业公司。

此外，与现代上市公司的委托书不同，在现代上市公司的委托书中，管理层"实际持有或控制的股份"是被明确列举出来的，19世纪20年代的股东名单并没有明确列出董事可能控制或有投票权但不直接持有的股票。例如，一些当时的描述提到了股东"将其代理人交给银行高管"的做法，或者基本上将其投票权委托给了管理层本身。由于股东名单上没有此类协议，因此无法知道此类投票协议有多普遍。同样，一些公司，特别是保险公司，在其他公司持有相对较多的股票，通常情况下，保险公司的董事也在公司中持有股票。在编制董事持股情况时，本文假设由任何股东担任董事的公司所持有的股票都将由该股东投票。

股东名单中常常出现信托基金，其中一名或多名董事是受托人。根据对公司持有股票的处理，以及当时的账目情况，假设董事会拥有这些股票的投票权。然而，在许多情况下，这些股票实际上是库存股或被从未支付认购金额的投资者没收的股票。原则上，这些股票不应赋予其受托人任何投票权。然而，当时判例法表明，此类信托中的股票（通常构成大部分，甚至多数股份）是由公司董事投票决定的。以商人保险公司为例，1825年公司成立之初，由7名投资者组成的小组认购了大部分股票，其中1人是新泽西州一家银行的总裁。这次收购是通过银行发行的"股票票据"融资的，即银行将股票作为抵押品，公司获得与该金额相等的存款信贷。当其他一些银行董事反对这笔交易，并拒绝接受其开出的支票时，这笔交易最终被撤销，股票被重新归还给该公司。但是董事们并没有承认这些股票实际上从未兑现过，而是将这些股票放在了一家信托公司中，由公司总裁和另外两名董事担任受托人。作为股票的名义持有者，他们享有这些股票的投票权。信托公司的股票占公司4000股总股票中的1582股，这些股票的投票权加上董事会成员直接持有的股票（511股），使他们获得了公司52%的投票权（公司章程规定每股1票）。然而，在大多数情况下，无法观察董事是否真的享有这些股票的投票权，因此，如果董事实际上没有享有这些股票的投票权，那么管理层所有权的数据可能会在一定程度上夸大了董事所持的股份。

不同行业的管理层投票权数据如表4所示。

表4 不同行业的管理层投票权数据

	所有公司	银行	保险和金融业公司	制造业公司	收费公路公司	其他公司
管理层的总持股比例	0.42	0.20	0.39	0.57	0.28	0.47
直接持有股份比例	0.28	0.11	0.22	0.56	0.27	0.21
间接持有股份比例	0.14	0.08	0.17	0.01	0.01	0.26
管理层的总投票权	0.39	0.18	0.38	0.57	0.19	0.40
外部大股东投票权	0.07	0.09	0.04	0.21	0.05	0.02
管理边际控制	0.32	0.10	0.34	0.36	0.14	0.38

注：可获得管理层的所有权数据的公司总数为51家，管理层的总持股数量包括董事会成员直接持有和间接持有的股份。间接持有的股份包括信托公司的股份、董事会成员兼董事的另一家公司持有的股份、董事兼董事的合伙企业持有的股份，以及以公司总裁或公司名义持有的股份。外部大股东投票权是指所有持有5%或以上股份的非董事会成员有权享有的投票权的总百分比。根据公司章程或特许状中规定的投票权配置方案，管理边际控制是指管理层的总投票权与外部大股东投票权之间的差额。

表4数据显示，平均而言，管理层的总持股比例极高，28%的股份是直接持有的，14%的股份是通过公司、合伙企业或信托公司间接持有的，总持股比例为42%。考虑到公司的投票权配置方案，这些

股票使管理层平均拥有其公司总投票权的39%。与1935年和1995年美国上市公司分别为约13%和21%的平均持股比例相比，19世纪20年代美国公司的管理层持股程度要高得多。这一时期的管理层持股水平与现代公司首次公开募股后第一年的水平38%相近。

为了评估管理层投票权的相对权利，本文还计算了非董事会成员、持有5%或以上股份的股东控制的所有投票权的百分比。由于这些大股东有最大的动机来监督管理层的表现，并行使他们的投票权，他们最有可能制衡管理层的权利。平均而言，这些大股东控制了公司7%的投票权，这意味着其对管理层的控制率为32%。许多公司可能被伯利和米恩斯定义为少数人控制型，因为内部股东持有的股票份额大到足以不受任何外部大股东的制约。

表4中的数据还表明，不同行业的公司管理层所有权程度存在很大差异。虽然制造业公司的管理层持有大量股份，共占64%[①]的股份，但由于股份的所有权平均分配在少数股东手中，外部大股东也持有大量股份，其总投票权为21%。这些公司可以被描述为"几乎完全由所有权控制"，所有权和控制权几乎没有任何分离。相反，相比之下，收费公路公司和银行的管理层持有的股份要少得多，并有权获得其公司约20%的投票权。保险和金融公司董事持有其公司39%的股份，其中近一半的股份是间接持有的。

尽管人们可能会倾向于将内部股东高度的所有权解释为与强大的管理激励和良好的治理相一致，但事实可能恰恰相反。19世纪初公司的董事们拥有广泛的权利，可以利用公司的资源为自己谋利，并进行自我交易。例如，银行董事通常是自己公司的最大借款人。内部股东对公司股份的轻松控制意味着这些公司是由不对外部大股东负责的经理经营的，他们也有权用公司的资源为自己谋利。

---

① 原文为64%，但据上下文及表格中各数值含义，应为57%，此处遵照原文。——译者注

三 所有权与公司治理的实证分析

不同的投票权对大股东或董事控制公司的程度有什么影响呢？通过研究行业之间和行业内部所有权结构和投票权配置方案的变化，可以更好地理解两者之间关系的性质。公司的所有权结构和治理制度很可能是内生的，因此下面给出的结果应该被解释为对数据中的因果关系的描述性分析，而非对因果关系的识别。然而，这些相关性为解释所有权结构和治理制度之间关系的性质提供了重要的线索。

如上所述，不同行业在所有权结构和治理制度方面的差异表明，股份所有权分配不均的行业往往会以削弱大股东权利的方式配置投票权。例如，制造业公司的股东相对较少，所有权分布最平均，管理层持股程度最高，基本上没有小投资者，不需要制作会计报表或将所有利润作为股息发放，也不用考虑"分级投票权"制度。相比之下，银行和收费公路公司的股东数量要多得多，所有权分配最不平等，管理层持股程度最低。这些行业的公司经常利用"分级投票权"制度，可能是为了给小投资者提供一些保护，使其免受大股东的影响。它们还有更大的董事会，也许是为了增加不同利益相关者在公司治理中的代表性。

这种跨行业的差异是有启发性的，但有些难以解释，因为这些行业的差异很大。就公司规模、盈利能力、感知风险能力、资本结构，以及其他特征而言，银行、收费公路公司和制造业公司往往是截然不同的。而这些其他特征可能最终会影响到公司所有权结构和治理制度。

为了更清楚地说明治理制度差异的影响，本文把重点放在行业内部的比较上。在这种情况下，同一行业中具有不同治理制度的公司将进行相互比较。虽然治理制度是公司内生性选择的结果，而由此发现的任何相关性都不会有因果解释,但这种行业内部的比较考察了这些措施在被相对相似的公司采用时的影响,而且在某种程度上更容易解释。

因此,所有权结构和治理制度之间的关系是在一个回归框架内加以分析的,这个框架包括公司特征的控制变量,以及行业固定效应。具体而言,对于企业 i,所有权的决定因素 s_i 被估计为:

$$s_i = \gamma_0 + \gamma_1 V_i + x_i\beta + \sum_k \phi_k industry_{ik} + \mu_i \tag{2}$$

上式中的 V_i 是投票权指数;x_i 是公司特征的向量,包括其他治理规定;$industry_{ik}$ 是样本中每个行业的 6 个指标变量系列。

回归中采用的公司特征包括公司年龄,这可能会影响股票的分散程度,这种分散程度可能会随着时间的推移而增加,也可能反映出公司成立时的政治状况,还可能反映公司章程中的治理条款。当然,公司规模也可能影响其所有权结构,因此公司的实收资本对数也包括在回归框架内。表 5 列出了关于公司所有权结构的回归统计分析结果。

表 5 关于公司所有权结构的回归统计分析结果

指标	前 10% 股东持股比例（平均数 0.48,标准差 0.17）			前 10% 股东投票权比例（平均数 0.44,标准差 0.18）		
	(1)	(2)	(3)	(4)	(5)	(6)
投票权指数（V_i）	-0.054 (0.041)	0.050 (0.061)	0.065 (0.054)	0.184*** (0.038)	0.306*** (0.050)	0.322*** (0.046)
强制股息		0.115* (0.069)	0.124 (0.136)		0.145*** (0.055)	0.148 (0.136)
年度报告		0.039 (0.042)	0.036 (0.043)		0.049 (0.041)	0.038 (0.044)

续表

指标	前10%股东持股比例 （平均数0.48，标准差0.17）			前10%股东投票权比例 （平均数0.44，标准差0.18）		
	（1）	（2）	（3）	（4）	（5）	（6）
董事会人数		-0.004*** （0.001）	-0.004*** （0.001）		-0.004*** （0.001）	-0.004*** （0.001）
一般公司法		-0.078 （0.049）	-0.012 （0.076）		-0.071 （0.048）	-0.001 （0.075）
实收资本对数		0.010 （0.013）	-0.004 （0.016）		0.014 （0.012）	0.014 （0.015）
公司年龄对数		-0.014 （0.017）	-0.011 （0.017）		-0.012 （0.017）	-0.013 （0.017）
行业影响	N	N	Y	N	N	Y
R^2	0.01	0.12	0.15	0.12	0.23	0.26
样本量	126	126	126	126	126	126

注：*** 表示显著性为1%；** 表示显著性为5%；* 表示显著性为10%。

第（1）列至第（3）列中的因变量是前10%股东持股比例，第（4）列至第（6）列的因变量为前10%股东投票权比例。括号中为稳健标准误差，还包括一个常数项（未显示）。

表5中的第（1）列至第（3）列，所有权集中度以前10%股东持股比例来衡量。无论是在回归中添加了额外的控制变量，还是添加了行业固定效应（将分析限制在行业内部变化），这些回归的结果都显示，投票权与所有权集中度之间没有关系。这表明，"分级投票权"制度并没有使股份所有权分配变得更加平等，也没有导致大股东通过多种名义持股来规避这一制度的影响。显然，投资者愿意持有足够多的股份，即使会受到"分级投票权"制度的影响。

表5中的第（4）列至第（6）列，前10%股东投票权比例（而不是所有权利益相关者）是因变量，因此随即可以得出：选择"分级投票权"制度的公司限制了大股东的权利，将其强加于本质上相同的所有权分配上，导致最大股东的控制程度较低。行业内部相关性

变量指标略强于行业间和行业内变化计算的相关性指标，如第（4）列和第（5）列所示，但结果非常相似。同样，对投票权指数正系数的解释是，指数值高的公司（或每股1票）在更大程度上受到大股东的控制。反之，当公司采用与较低的指数值相对应的投票权配置方案时，前10%股东的影响力就会降低。

表6是对于公司所有权结构的回归，研究了无论是以更多所有者的形式还是更广泛的股份地理位置分布的形式，较低的投票权指数是否与更分散的所有权有关。

表6 对于公司所有权结构的回归

指标	股东总数对数（平均数3.65，标准差1.24）		公司股票所属县级区划位于纽约的总数对数（平均数1.28，标准差0.75）		同姓股东百分比（平均数0.26，标准差0.18）	
	（1）	（2）	（3）	（4）	（5）	（6）
投票权指数（V_i）	-0.654***	-0.524**	-0.432***	-0.279*	-0.096**	-0.078**
	(0.246)	(0.241)	(0.148)	(0.147)	(0.039)	(0.037)
强制股息	-0.065	-0.056	-0.041	-0.136	-0.024	-0.050
	(0.251)	(0.245)	(0.138)	(0.179)	(0.047)	(0.053)
年度报告	0.086	-0.019	0.180	-0.126	-0.013	-0.001
	(0.177)	(0.161)	(0.118)	(0.121)	(0.037)	(0.043)
董事会人数	0.031**	0.026**	0.009**	0.013***	-0.001	-0.000
	(0.013)	(0.012)	(0.004)	(0.004)	(0.001)	(0.001)
一般公司法	-0.839***	-0.607**	-0.150	0.133	0.105*	0.124*
	(0.227)	(0.244)	(0.126)	(0.169)	(0.056)	(0.073)
实收资本对数	0.292***	0.071	0.231***	0.198***	0.019	0.027
	(0.078)	(0.096)	(0.030)	(0.041)	(0.012)	(0.021)
公司年龄对数	0.016	0.094	0.188***	0.171***	0.004	-0.002
	(0.079)	(0.081)	(0.046)	(0.046)	(0.018)	(0.021)

续表

指标	股东总数对数 （平均数 3.65, 标准差 1.24）		公司股票所属县级区划 位于纽约的总数对数 （平均数 1.28, 标准差 0.75）		同姓股东百分比 （平均数 0.26, 标准差 0.18）	
	(1)	(2)	(3)	(4)	(5)	(6)
行业影响	N	Y	N	Y	N	Y
R^2	0.6	0.66	0.41	0.46	0.03	0.08
样本量	126	126	233	233	126	126

注：*** 表示显著性为1%；** 表示显著性为5%；* 表示显著性为10%。
第（1）列和第（2）列中的因变量为股东总数对数；第（3）列和第（4）列中的因变量是公司股票所属县级区划位于纽约的总数对数；第（5）列和第（6）列中的因变量是同姓股东百分比。括号中为稳健标准误差，还包括一个常数项（未显示）。

在这两种情况下，较低的投票权指数似乎与更大程度的所有权分散有关；表6第（2）列和第（4）列中的估计系数表明，投票权指数下降一个标准差，股东总数和公司股票所属县级区划位于纽约的总数的对数增加，幅度相当于一个标准差的15%。这与规模较小、可能距离更远的股东表达对投票权指数较低公司的投资偏好是一致的，也与选择"分级投票权"制度时以多种名义持有股份的股东偏好是一致的。后者在第（6）列中可以找到更明确的证据，其中因变量是同姓股东百分比。如果投资者试图通过以他人名义持有股份来规避"分级投票权"制度的影响，那么以亲属名义持有股份会更方便。事实上，情况似乎确实如此，尽管影响非常小：参数估计表明，投票权指数每下降一个标准差，与同姓股东百分比的标准差就会增加3%。

在没有行业固定效应的回归中，公司的许多其他治理制度和公司特征，如资本存量的规模，都具有较大的统计学上的显著的影响，参见表6第（1）列、第（3）列和第（5）列的数据结果。然而，这些关系似乎是这些特征与特定行业具有强烈关联造成的。一旦将行业固定效应考虑在内，大多数估计值都会小得多，这意味着不存在行业内效应。但有趣的是，在每一次回归中，董事会人数与所有权分散程度之间都存在强关联性。显然，更大规模的董事会是为投资者数量更多、所有权不那么集中的公司特定的。在一项相关的调查中，根据1811年的一般注册法案而不是通过特别立法案获得特许状的制造业公司，其所有者较少，且有可能是同姓氏的。

管理者所有权和控制权的回归分析结果如表7所示。这些估计与表5中的估计略有不同。

表7 管理者所有权和控制权的回归分析

指标	董事会持有比例（平均值0.42，标准差0.24）	董事会投票权份额（平均值0.39，标准差0.24）	外部股东投票权份额（平均值0.07，标准差0.10）	董事会控制边际（平均值0.33，标准差0.25）
	(1)	(2)	(3)	(4)
投票权指数（V_i）	0.182**	0.286***	0.053*	0.232**
	(0.081)	(0.079)	(0.028)	(0.090)
年度报告	0.014	0.043	-0.029	0.072
	(0.076)	(0.077)	(0.029)	(0.089)
董事会人数	-0.002	-0.002	-0.001	-0.001
	(0.081)	(0.079)	(0.028)	(0.090)
公司资本对数	-0.068	-0.052	-0.049**	-0.003
	(0.081)	(0.079)	(0.028)	(0.090)
公司年龄对数	-0.032	-0.014	0.007	-0.021
	(0.081)	(0.079)	(0.028)	(0.090)
行业影响	Y	Y	Y	Y
R^2	0.34	0.33	0.5	0.2
样本量	51	51	51	51

注：*** 表示显著性为1%；** 表示显著性为5%；* 表示显著性为10%。
第（1）列至第（4）列中的因变量分别为董事会持有比例、董事会投票权份额、外部股东投票权份额，以及董事会控制边际。公司年龄是指公司成立以来的年数。括号中为稳健标准误差，还包括一个常数项（未显示）。

投票权指数的值越高，管理层所有权的集中程度越高，并放大了其所持股份的投票权。尽管持股超过5%的大股东也拥有更大的投票权，但投票权指数较高的公司，其管理控制权要大得多。因此，尽管所有权集中的总体程度并没有随着投票权指数的变化而变化，但管理层的所有权和控制程度确实发生了变化，而且变化非常大，即投票权指数每增加一个标准差，管理层投票权就会增加大约45%的标准差。

四 企业价值评估的实证分析

评估上述所有权和公司治理数据对小投资者或公司业绩的影响是比较困难的。数据集中的公司管理层或大股东很可能基本上不对其他投资者负责，而这些公司章程中规定的治理制度在决定内部股东与外部大股东的权利平衡程度方面发挥了一定影响。但最终令人感兴趣的问题是，这种权利平衡是如何影响公司业绩的？大多数公司都没有任何财务报表或会计数据，这无疑给解决这个问题带来挑战。

一个可供调查的途径是分析样本中公开交易公司的市场价值。1826年，也就是数据集中大多数股东名单出现的年份，67家纽约公司的股票在纽约证券交易所进行了定期的交易。这些股票都是普通股，尽管报纸直到1828年前后才报道交易量，但当时的会计账目表明，许多公司股票的市场流动性很好。因此，这些市场报告的价格数据可以合理地解释为市场对公司评估的信息。西拉（Sylla）、威尔逊（Wilson）和赖特（Wright）等人从当时的报纸上摘录了在纽约证券交易所定期交易的所有股票的每周价格，并将这些数据与数据集中对应的公司进行了匹配。

纽约证券交易所的价格数据对试图以这种方式使用它们的研究人员提出了至少两方面的挑战。首先，尽管大多数关于公司价值的现代研究都将托宾 Q 值作为分析的重点，但由于没有关于公司负债价值的可用数据,纽约证券交易所的数据不能用于 Q 值的构建。交易中报价和媒体报道的价格是以票面价值(或被视为股票账面价值)的百分比来表示的。因此,这些数据可以被解释为股权市场价值与账面价值之比的近似度量。

其次,许多股票交易不频繁。图3显示了4只流动性不同的股票价格的时间序列。对于商人银行和纽约煤气灯公司来说,大多数周都有交易记录,而对于纽约银行和安泰保险公司来说,在很大程度上,有很多个周,甚至整个月都没有股票交易记录。尽管如此,这些公司在一年中的平均值还是存在明显差异。下面的实证分析表明,与其关注每个公司价格逐月的小变化,不如计算全年的平均值,并在回归框架中进行分析。但为了解决一些公司只在特定月份有交易记录的问题,分析将包括交易发生月份的指标变量。

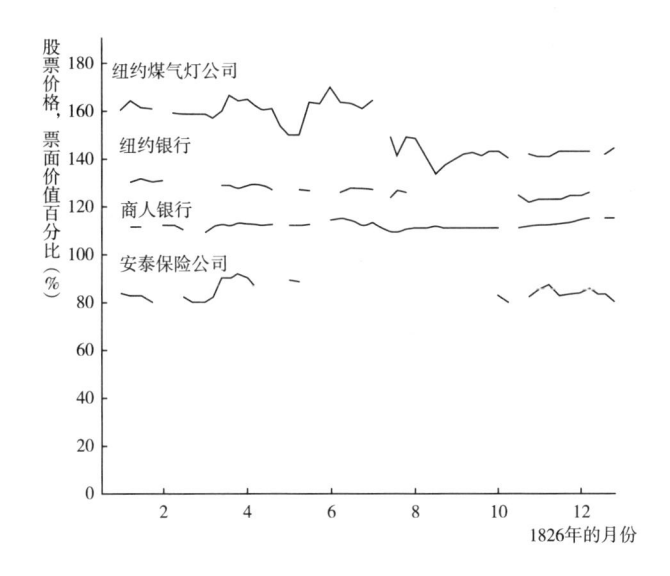

图3 4只流动性不同的股票价格的时间序列

资料来源:Data as Reported in Sylla, Wilson, and Wright, *Price Quotatio*.

公司的价值及其治理制度之间的关系,在以下简单的模型公式中进行分析，其公式如下：

$$MB_i = \alpha_0 + \alpha_1 V_i + x_i\beta + \sum_j \delta_j month_{ij} + \sum_k \emptyset_k industry_{ik} + \mu_i \quad (3)$$

上式中，MB_i 是 1826 年公司的平均市盈率；V_i 是公司的投票权指数；x_i 是公司特征，如公司的股本规模和公司年龄；$month_{ij}$ 是一系列的 12 个指标变量，相当于一年中至少有一笔每月交易记录；$industry_{ik}$ 是公司所在行业的一系列 6 个指标。在随后的规定中，所有权指标将取代回归中的投票权指数。

应该指出的是，不同的投票权配置方案对公司业绩或价值的影响可能是模糊的。一方面，它们显然削弱了大股东的权利，如果持有大量股份的内部股东对小投资者的征用是一个普遍问题，那么将权利平衡转向小投资者的投票权可能会提高公司在新投资者心中的价值，进而反映在市场价格中；另一方面，这些措施将使公司与其控制市场的力量相隔绝，特别是会使大股东对公司控制权的购买相当困难。研究结果如表 8 所示。

表 8 管理者所有权、公司治理制度与公司价值的回归分析

指标	（1）	（2）	（3）	（4）	（5）	（6）
投票权指数（V_i）	-16.619* (9.085)	-17.624** (8.350)				
前10%股东投票权比例			-38.662 (25.087)	-48.163 (30.836)		
管理层投票权					-33.978** (14.377)	-67.955** (28.308)
公司资本对数	2.211 (4.262)	-5.975 (7.028)	-0.379 (8.333)	-8.514 (13.924)	0.143 (7.103)	1.681 (11.475)
公司年龄对数	6.019** (2.978)	8.105** (3.241)	9.246* (5.494)	11.906** (6.335)	3.264 (4.078)	0.479 (6.529)

续表

指标	（1）	（2）	（3）	（4）	（5）	（6）
行业影响	N	Y	N	Y	N	Y
月份指标	Y	Y	Y	Y	Y	Y
R^2	0.33	0.4	0.38	0.49	0.56	0.68
样本量	62	62	41	41	37	37

注：*** 表示显著性为1%；** 表示显著性为5%；* 表示显著性为10%。

因变量是1826年市场价值与账面价值的平均比率（平均值为88.7，标准差为24.5），根据每周价格数据计算。由于一些公司在1826年的几个月内没有进行交易，因此公司股票交易年份中每个月的指标变量都包括在回归框架中，以控制市场状况。所有规范都包括行业固定效应。括号中为稳健标准误差，还包括一个常数项（未显示）。

尽管样本量很小，且当所有权变量包含在回归分析中时样本量会更小，但一些清晰的模式也出现了。首先，如第（1）列和第（2）列所示，限制大股东投票权的公司具有更高的价值；第（2）列中系数的大小表明，投票权指数每增加一个标准差将使公司的账面价值减少25%的标准差；在第（3）列至第（6）列中可以看出这种简化关系的原因，其中所有权的数据被包括在回归模型中，这两个指标都与公司价值负相关，管理层所有权与公司价值之间的这种关系更加显著。这与内部股东为了自己的目的控制公司、剥夺外部大股东并降低公司价值的结果是一致的。然而，这也可能是由于市场对公司资本质量的看法。如果投资者知道股本是使用股票票据或其他非流动性或风险较高的金融工具支付的，这将反映在公司的估值中。如果内部高层人士持股，或较高的投票权指数与投入资本的质量负相关，那么也可能产生同样的相关性。

最后应该强调的是，这些结果是从相对较少的公司在一年内的市场价值中获得的，关于这些研究发现的普遍性的任何确定结论都有待于在其他情况下复制验证。

结 论

在19世纪的前30年，公司组织形式被广泛地应用于各行各业。本文利用19世纪20年代纽约州资本税管理部门的现存记录来分析这些早期公司的所有权结构与治理制度问题。

从本文的实证研究结果可以得出的一个直接结论是，在伯利和米恩斯所描述的持有数万股东的大型分散控股企业出现之前，企业的所有权与控制权通常是分开的。与19世纪末的公司相比，19世纪20年代的公司规模要小得多，股东也少得多，但它们还是受到了这个问题的困扰。所有权与控制权分离的程度因行业而异，此外，伯利和米恩斯所说的"管理控制"，即所有权如此分散，以至于专业的领薪经理人实际上拥有不受约束的权利，可能是相当罕见的。但"少数人控制"，即公司由持有足够多股份的管理者经营，使其不必对其他股东负责，这是很普遍的。当时许多公司的治理制度设置都是为了帮助缓解这个问题。

19世纪初，公司利用各种手段为投资者提供保护，并使其股票对小投资者更具有吸引力。一些公司在其章程中规定了"分级投票权"，即股东有权享有的投票数随着其持有的股票数量增加而减少的设置。作为对降低大量股票的投票权的回应，大股东显然没有大量减持股票，而是持有投票权被严重削弱的股份。显然，为小投资者提供保护所获得的收益超过了成本。这种"分级投票权"制度与较低的管理层所有权集中度和较高的公司价值有关。

从本文的实证研究结果中得出的另一个结论是，公司的早期演变不是一个单一的过程，而是并行发生的几个历史过程。例如，银行和保险公司从广泛而分散的投资者中吸引了大量资本，其治理制度的设置就是为了促进这一发展进程；另外，制造业公司的持股人相当有限，少数当地投资者持有大量股份，实际上根本没有"小投资者"。在19世纪，随着大规模生产的兴起，更为一体化的股权市场和其他方面的发展，制造业公司的规模得到大幅扩张，其所有权和治理制度也在不断发展，而银行和其他金融公司的规模和活动范围仍然受到严格限制。

最后，根据本文的研究结果也提出了重要的问题，需要随着公司的不断发展而进行后期的研究。例如，按照现代标准来衡量，19世纪20年代公司的管理层的所有权集中度是极高的。那么管理层所有权集中度在何时开始下降？是什么发展导致了这一变化？同样，美国经常被认为是拥有世界上最好的投资者保护机制的国家之一，因此也是公司所有权集中度最低的国家。当然，19世纪初对投资者保护的水平不高，但这些保护是如何在各州并随着时间的推移而演变的，目前还远没有弄清楚。对这些问题的回答将有助于把本文的发现置于更大的历史背景之中。

【编者按】自从伯利和米恩斯的《现代公司与私有财产》于1932年问世以来，美国公司所有权分散、所有权与经营权分离等，就被视为"现代公司"有别于"传统企业"的基本特点。针对这些特点衍生的诸多公司治理问题，既是立法规制的出发点，也是学术研究的着眼点。然而，美国学者克利福德·G. 霍尔德内斯（Clifford G. Holderness）发表于2009年的这篇论文，以严谨的方法和雄辩的事实颠覆了被奉为"常识"的成说。其新发现足以促使人们对许多重大问题重新进行思考，其中尤为突出的是，围绕公司治理问题，大多数证券立法和大部分学术研究都集中在普通散户股东与管理人员之间的委托代理冲突上。鉴于大多数美国上市公司的所有权是高度集中的，公司治理或委托代理问题的实质，与其说是普通散户股东与管理人员之间的矛盾关系，不如说是大股东与高管之间，或大股东与小股东之间的矛盾关系。故本集刊不吝版面，以期完整展现这一重要成果。

美国上市公司：
所有权分散的神话

〔美〕克利福德·G. 霍尔德内斯　李　璇译[*]

【摘　要】长期以来，关于美国上市公司的所有权集中度

---

[*] 本文原文系美国学者克利福德·G. 霍尔德内斯所著，原文及出处：Clifford G. Holderness, "The Myth of Diffuse Ownership in the United States," *The Review of Financial Studies*, vol. 22, No. 4, 2009, pp. 1377-1408, https://www.jstor.org/stable/30225698；特华博士后科研工作站李璇博士对原文进行翻译并提炼了摘要和关键词；中国政法大学商学院巫云仙教授对全文进行译校。

流行两个观点，一是美国上市公司所有权分散，二是美国上市公司的所有权分散程度比其他经济体更高。本文通过运用大量美国上市公司代表性样本的实证数据并进行横向比较，研究结果对这两个流行观点提出有力挑战。在美国上市公司的代表性样本中，96%的公司拥有大股东，这些大股东总体上持有平均39%的普通股权。美国上市公司的所有权集中度与其他经济体同等规模的公司是相似的，且在某些方面来看集中度更高。这些研究发现挑战了当前对许多问题的看法，如国内公司代理冲突的性质、所有权集中度与全球投资者法律保护之间的关系等。由此看来，美国上市公司所有权分散的观点是一种"神话"。

【关 键 词】 美国上市公司　所有权　所有权分散　所有权集中度

引　言

关于上市公司所有权集中度的思考，有两个占主导地位的程式化事实。一是上市公司所有权通常是分散的；二是与其他地方的上市公司相比，美国上市公司的所有权更为分散。例如，梯诺尔（Tirole）认为美国上市公司的所有权是极为分散的；弗兰克斯（Franks）、迈耶（Mayer）和罗西（Rossi）也认为公司所有权最为明确的事实是，美国大型上市公司的所有权是分散的，而其他大多数国家的上市公司所有权更为集中。丹尼斯（Denis）和麦康内尔（McConnell）总结道，从国际上关于上市公司所有权的研究文献中可以得出许多结论，平均而言，所有权集中更多是在美国以外的地区，而不是在美国。同样地，贝西特（Becht）和德隆（DeLong）也曾问过这样的问题："为什么美国的大股东如此之少呢？"

认为美国上市公司所有权异乎寻常的分散这一观点影响着当代人对一系列问题的看法。如梯诺尔将美国所有权与经营权的分离视为过去 70 年来"公司治理和公司财务学术思考"的起点；赫尔维格（Helwege）、佩林斯基（Pirinsky）和史图斯（Stulz）提出，美国大公司的所有权比大多数其他国家类似公司的所有权更为分散，这类观点在现代公司财务中发挥着核心作用；史图斯认为所有权集中限制了经济增长、金融发展，以及一个国家利用金融全球化的能力。

虽然人们普遍认为美国上市公司所有权是分散的，但对这一论断的实证研究却少得惊人。大多数关于公司所有权的研究关注的是公司内部所有权，而鲜有研究涉及公司大股东的所有权（与公司内部所有权的不同在于，大股东不是公司的董事或高管）。关于大股东的实证研究较少，且通常只关注他们在某些特定情况下的角色和作用，例如吉尔森（Gilson）对破产公司大股东的研究。相较之下，关于大股东的理论研究则是非常多的，包括施莱费尔（Shleifer）和维什尼（Vishny）、格罗斯曼（Grossman）和哈特（Hart）、哈里斯（Harris）和拉维夫（Raviv）、别布丘克（Bebchuk）以及伯卡特（Burkart）、格龙布（Gromb）和帕农齐（Panunzi）等人的著名论文。

由于缺乏涵盖公司所有大股东的广泛实证研究，我们对美国上市公司所有权集中度的基本事实的了解相对较少。特别是我们不了解大股东在所有上市公司中的占比，以及每个公司大股东持有多少公司股份。对这些问题懵然无知的事实与美国上市公司所有权分散的"常识性"观点之间存在显而易见的矛盾。

本文通过分析 CRSP 和 Compustat 数据库中的 375 个上市公司的代表性研究样本数据，以及手动收集的数据，以弥补上述认知的不足。这些公司中有 96% 的股东至少持有公司 5% 的普通股（"大股东"），拥有大股东的公司是没有大股东公司的 3 倍。大股东平均持有公司 39% 的股份。尽管所有权集中度与公司规模呈反比关系，但即使在大型企业中，所有权集中度也意外的高，例如，89%的标准普尔500指数的样本公司中拥有大股东。

这些发现让人怀疑，美国上市公司的所有权是否真的比其他地方更为分散。同样，鉴于这一观点影响深远，对这类程式化的事实进行实证研究也不像人们可能认为的那样有力。现有研究只考虑来自美国和其他国家屈指可数的几家大公司。

所有权集中度通常是随着公司规模的扩大而降低的，但这些大公司不太可能代表来自同一国家的其他公司。此外，不同国家大公司的规模存在显著差异，尤其是与美国的大公司相比。

现有的研究很少细究这种规模差异，且从未重视影响所有权集中度的公司层面的其他差异性因素，如公司成立时间或所在行业。现有的研究还使用各国的平均值来分析公司所有权的集中度，这种研究方法忽视了所有国家的内部差异，从而人为地夸大了国与国之间的差异性。

为了纠正这些研究不足，本文将Compustat和CRSP数据库中的所有权数据与手动收集的22个欧洲国家和东亚国家7842个上市公司的数据进行比较。研究发现，美国上市公司所有权集中度与其他国家相似，从各国情况来看，美国居于中间位置。当把公司规模以及其他公司层面影响所有权集中度的决定因素纳入分析时，以上研究结果仍然成立。此外，当使用其他所有权集中度衡量标准时，以上研究结果也依然保持不变。

因此，本文的两个核心研究发现是：第一，美国大多数上市公司都有大股东，美国上市公司的所有权集中度与其他国家上市公司的所有权集中度相似；第二，这些不同寻常的证据促使人们重新思考美国上市公司代理冲突的性质、大股东是否在为世界各地薄弱的投资者保护法律制度买单等一系列问题。

一 世界各地的所有权集中度研究

(一) 美国的所有权集中度问题

所有权分散的根本问题在于，公司共同所有人，如企业经理或监督者，不会像单独所有者那样具有激励性。所有权越分散，"搭便车"的问题就越严重。在理想情况下，我们应该研究所有企业的所有权集中度，而不应仅限于公司和上市公司。但问题在于，只有在证券交易所上市的公司才有所有权的相关数据（除了少数例外）。因此本文的分析仅聚焦上市公司。话虽如此，我们应该记住，对所有权分散造成的"搭便车"问题的大多数担忧都是针对上市公司提出的。

为了更好地理解美国和世界各地证券交易所上市公司的所有权集中度问题，有关股东的研究范围应该扩大到各种公司的大股东，不仅要研究不同国家的大股东，而且要研究一国内部不同公司的大股东。如要缩小范围，只关注大公司或老公司，可能更适合于其他目的的研究。例如，如果我们对大股东对一个国家经济发展影响的问题感兴趣，那么根据大公司对经济有更大影响的理论，只研究大公司可能是有意义的。但这样一个取样范围比较小的研究样本不能为我们呈现大股东的总体情况。

由于政治原因（这些公司的股东可能拥有更多的政治权利）或财务原因（由于个人财富限制，大公司所有权可能不那么集中），一个经济体中最大公司的所有权集中度可能存在一些非典型的情况。如果这些国家在选择公司研究样本的维度上存在显著差异，那么小样本数据（如公司规模的数据）会使国际比较难以进行。

鉴于可靠的所有权数据必须依赖手动收集获取，收集各国全部公司的数据是不切实际的。因此，退而求其次的方法是对随机或具有代表性的公司样本的所有权情况进行调研。代表性样本使我们能够确定上市公司是否拥有大股东,以及所有权集中度如何随着公司规模的变化而变化。由于美国上市公司的规模往往比非美国上市公司的规模大得多,因此后者对国际比较而言是非常重要的。

为获得美国样本公司的随机数据,本文将1995年3月Compact Disclosure数据库所列的全部公司作为出发点(该数据涵盖在纽约证券交易所、美国证券交易所和纳斯达克上市的所有公司)。此外,后文对大股东的研究多基于1995年前后的全球数据。我从数据库中按字母顺序列出的前10家公司中随机选择1家;之后每隔10家公司就选择1家纳入研究样本,以此类推,这样就得到了由428家公司组成的样本公司列表。本文的研究样本涵盖了所有类型的公司,因此最终的样本公司列表中也包含金融公司和公用事业公司,同时还包括存在双层股权的公司,针对此类公司的研究将区分投票权和现金流量权。

在委托投票说明书(以下简称委托书)中手动收集大股东所有权数据可以保障数据的可靠性,通过查阅委托书可以纠正重复计算大股东所有权的问题。例如,将共有股权重复算在丈夫和妻子头上,再比如将优先股作为普通股。我能够从LaserDisclosure、美国证券交易委员会(SEC)的Edgar数据库,以及Lexis-Nexis的EdgarPlus数据库中获得428家样本公司中376家公司的委托书。本文的研究样本未涵盖的公司通常是小型国内公司或大型外国公司,而这些公司虽然在美国证券交易所上市,但不需要获取委托书。数据选择1995年或尽可能接近1995年的。为了避免样本中出现实际上没有上市的公司,本研究剔除了唯一一家大股东合计持有超过95%普通股投票权的公司,由此产生375家公司构成了本文研究的美国上市公司样本,这些公司的财务数据来源于CRSP和Compustat数据库,截止时间为1994年12月31日。

这个研究样本有两个显著特征:一是广泛性,二是代表CRSP和

Compustat 数据库来源公司。涵盖了各种各样的公司，从像美国运通公司（American Express）和麦当劳（McDonald's）这样的大型知名公司，到像鹰五金 & 花园（Eagle Hardware & Garden，这是美国西海岸的一家连锁店）和猎鹰产品公司（Falcon Products，这是美国一家商用家具制造商）这样的小型公司。最小的公司市值为 180 万美元（如 Armatron International，美国阿姆斯壮国际公司），最大的公司市值为 290 亿美元（如 Pepisco，百事可乐公司）。这个研究样本范围确保了在国际比较中，不会超出数据范围进行外推。

样本公司还代表了 CRSP 和 Compustat 数据库中上市公司的总体情况。通过对公司规模的衡量，如市场价值（11 亿美元）、资产账面价值（20 亿美元）和销售额（12 亿美元）等各种规模指标，样本公司的平均值在统计上与合并后的 CRSP 和 Compustat 数据库中并列的所有公司以相同衡量指标统计的平均值无异。许多非规模指标，包括杠杆率和支付股息的公司比例，在研究样本和合并后的 CRSP 和 Compustat 数据库之间同样没有差别。

本文从委托书中手动收集持有至少 5% 普通股股东的所有权数据。为保证准确性，所有数据都进行了两次检查。尽管在理论上公司必须报告持有 5% 及以上股份的所有股东，但有的公司没有报告持有 5% 到 10% 股份的外部股东（根据证券法，股东成为"受益所有人"，并承担额外的法律义务）。本文通过检查与委托书同时提交的 13d 和 13f 表格来确定这一点。如果 13d 和 13f 表格同时显示一个大股东被错误地排除在外时，则会在八类案例中包括这样的大股东持股情况。由于美国证券交易委员会的 Edgar 数据库在 20 世纪 90 年代中期对 13d 和 13f 表格的覆盖范围有限，因此本文中的数据可能低估了大股东的持股情况。

当一家公司拥有双重投票权股票时，本文记录每个股东持有的投票权和现金流量权，但本文主要对投票权进行分析。同时还记录了每个大股东在董事会中所拥有的代表人数,在此,本文的信息完全来自委托书中的数据。最后,本文记录了董事和高管的持股情况。董事和高管的所有权报告不仅限于5%的持股比例门槛。本文只在个别董事或高管的所有权达到5%以上时将其列入大股东总数中。

表1是随机选择的研究样本公司普通股所有权的统计情况(以未偿总投票权的百分比衡量)。该表提供的汇总统计数据,从公司最大范围的所有权集中度开始,以此缩小范围,统计每组人员的所有权集中度。这些研究发现大多是首次被报道,或与以往报道大不相同。

表1 随机选择的研究样本公司普通股所有权的统计情况
(以未偿总投票权的百分比衡量)

组别	百分比(%)
所有大股东、董事和高管的所有权	
所有权平均数	43
所有权中位数	43
所有权标准差	23
最大所有权	97
最小所有权	<1
所有大股东的所有权	
所有权平均数	39
所有权中位数	37
所有权标准差	23
最大所有权	95
最小所有权	0
所有董事和高管的所有权	
所有权平均数	24
所有权中位数	17
所有权标准差	23
最大所有权	87
最小所有权	<1
所有最大股东的所有权	
所有权平均数	26
所有权中位数	17

续表

组别	百分比（%）
所有权标准差	20
最大所有权	86
最小所有权	<5
拥有大股东公司的占比	96

注：大股东是那些至少持有5%普通股的股东；第二组包括因为没有大股东而被算作所有权集中度为0的公司；第三组报告是在委托书中总结的所有董事和高管的所有权；最后一组只包括360家拥有大股东的公司。数据来源于1995年的委托书。

第一组的数据显示，作为一个群体，所有大股东、董事和高管平均拥有随机选择的 CRSP 和 Compustat 数据库中上市公司43%的所有权。在某种程度上，人们认为公司决策是由大股东和公司内部股东共同作出的，这将是衡量所有权集中度的适当指标。对于其他国家的公司而言，这样的衡量标准并不可获取，因此在本文中不予考虑。

第二组数据包含本文重点讨论的一组总的统计数据，即所有大股东的所有权情况。数据显示，公司所有大股东平均持有39%的普通股（中位数为37%）。这包括因为没有大股东而被算作所有权集中度为0的公司，类似数据在同类文献中前所未见。

第三组数据反映了所有董事和高管的所有权情况，根据委托书所汇总得来的数据，该组所有权的平均数为24%（中位数为17%）。这是表1与其他研究数据的唯一一个近似的研究发现。如霍尔德内斯（Holderness）、克罗兹纳（Kroszner）和希恩（Sheehan）对纽约证券交易所、美国证券交易所和纳斯达克的数千家公司进行的抽样调查，结果显示所有权平均数为21%（中位数为14%）；迈克尔森（Mikkelson）和帕奇（Partch）研究了从纽约证券交易所和美国证券交易所随机抽样的手动收集数据，也等效得出所有权的平均数为20%（中位数为14%）。这些相似数据证实了安德森（Anderson）和李（Lee）的研究结论。

将表1的前三组数据进行比较，可以看出，所有权集中度比内部所有权更重要，其中有两个原因。一是所有董事和高管的所有权统计数据（第三组数据）不包含在董事会没有代表的大股东，从而排除了不在公司董事会上任职的或机构投资者。在同一个样本公司中，公司外部大股东持有67%的股份。平均而言，外部大股东持股比例为11%（中位数为7%）。二是所有董事和高管的所有权统计数据还有一个至今未被认识到的问题，即有些公司大股东拥有信托公司或其他公司法人机构。而这些公司实体拥有较大比例的所有权，这些大股东通常会指定代表担任董事或高管。

尽管这些信息通常以脚注的形式不可避免地会在委托书中披露，但公司在是否将此类较大比例的所有权包括在所有董事和高管所有权集中度的数据中还存在一定分歧。

一个极端的例子是瓦斯塔公司（Vastar Corporation）。1995年，ARCO公司（Atlantic Richfield Company，美国大西洋里奇公司）持有瓦斯塔公司82%的普通股。委托书中随处可见ARCO公司单方面控制瓦斯塔公司的声明；9名董事中有7名是ARCO公司的前任或现任员工（其中1名是ARCO公司的董事）。然而，ARCO公司的所有权并不归为担任瓦斯塔公司董事的代表所有。尽管董事们控制着82%的股份，但所有高管和董事的总所有权还不到1%。

为了弄清这个问题，我重新计算了董事和高管具有投票权的所有权情况。当大股东或指定代表担任董事会成员时，本文将大股东所有权归为董事会所有。通过这一调整，公司内部持股平均数升至32%（中位数为27%），而不是根据委托书数据算出的平均数为24%（中位数为17%）。

因为外部大股东和公司实体大股东在董事会有代表的这两个因素被忽略了，导致董事和高管的所有权统计数据均来自委托书，就低估了15%~20%的所有大股东的所有权（表1中的第二组数据）。董事和高管的所有权统计数据低估了 19%~26% 的所有大股东、董事和高管所有权集中度（表1中的第一组数据）。

表1的最后一组数据显示 96% 的公司都有大股东，这是本文中所使用的关于所有权集中度研究的第二个主要衡量指标。另一篇具有代表性的关于大股东出现频率的研究是贝希特的成果。他的研究成果表明，只有 56% 的在纽约证券交易所和纳斯达克上市的公司有大股东。如此，他得出的结论是，美国的公司治理并不是由持股 5% 以上的股东驱动的。由于本文的研究样本实际上是贝希特研究样本的一个随机子集，除了两个样本中有一个样本选取的数据不准确之外，很难找到结论中出现如此巨大差异的其他原因。本文手动收集数据并两次检查数据的准确性，而贝希特使用了 Disclosure 公司收集的全球研究人员数据库（Global Researcher Database）的电子数据。然而，出于准确性考量，其他研究人员没有使用 Disclosure 公司的大股东数据，而这次结论出现如此大的差异，也证实了 Disclosure 公司的股权数据存在问题。

表1最后一组数据显示了公司所有最大股东的所有权情况。与表1中其他组数据相比，这组数据只包括拥有大股东的公司。当一家公司至少有1个大股东时，也就是样本的 96%，最大股东所有权平均数为 26%（中位数为 17%）。唯一的另一篇研究具有代表性公司样本中最大股东数据的报告依然出自贝希特，该研究指出，在纽约证券交易所上市的公司最大股东的中位数是 5.4%，在纳斯达克上市的公司是 8.6%。从这些数据得出的结果，明显低于本文从手动收集数据得出的研究结果，因此本文认为这些数据并不是那么可靠。

与其他研究发现一样，本文的研究结果是，所有权集中度与公司规模之间呈反比关系；所有权集中度与公司年龄呈反比关系。然而，大多数大型的老牌公司也拥有大股东，如研究样本中有 37 家是标准普尔 500 指数的成分股公司。这些公司的平均市值为 75 亿美元（中位数为51亿美元),公司平均年龄为55年(中位数也是55年)。根据这两种衡量指标,这些公司通常都位列上市公司的前1/10。尽管如此,这些公司中有89%拥有大股东。这些大股东总共持有16%(中位数为12%)的股份,这组数据包括没有大股东的公司(计为0)。

(二)关于美国上市公司和其他国家上市公司所有权集中度比较

1. 其他国家上市公司所有权的数据

检验美国上市公司所有权异乎寻常的分散这一流行观点的理想方法,是将美国刚刚公布的数据与以同样方式收集的其他国家上市公司的数据进行比较。因此,本文构建了一个由拥有上市公司的国家组成的随机样本,即从每个国家随机选择上市公司,并从原始数据中手动收集所有持有5%或更多股票的股东所有权数据。按照挑选美国上市公司样本的程序,其他国家任何类型的上市公司都会被包含在内。当然,对于那些网上信息有限且语言不通的国家而言,重复以上程序是不切实际的。

相比之下,比较美国上市公司与其他国家上市公司所有权集中度最简单的方法就是使用Worldscope电子股权数据库,事实上,这将规避使用手动收集美国上市公司所有权数据的麻烦。但因为Worldscope电子股权数据库经常忽略公司外部股东的所有权,也没有妥善处理双重投票权结构的股票(这类股票约占美国上市公司的6%)从而使这个数据库数据缺乏准确性。其他研究人员发现,关于其他国家上市公司的所有权数据,Worldscope电子股权数据库提供的数据也是不准确的。

本文最终选择的数据来源有两个。一是法乔(Faccio)和朗(Lang)的股权数据库,包含13个欧洲国家,即奥地利、比利时、芬兰、法国、德国、爱尔兰、意大利、挪威、葡萄牙、西班牙、瑞典、瑞士和英国;二是克莱森斯(Claessens)、简科夫(Djankov)和朗的数据库，包含9个亚洲国家或地区，即中国香港、印度尼西亚、日本、韩国、马来西亚、菲律宾、新加坡、中国台湾、泰国。

与美国的数据库一样，这两个数据库都涉及手动收集的持有上市公司至少5%普通股的股东数据。法乔和朗的研究指出，数据库记录了所有持有至少5%普通股的股东。类似地，克莱森斯、简科夫和朗的研究表明，可以通过研究持有5%以上普通股的全部股东数据来分析公司的现金流和控制权。与美国的数据库一样，这两个数据库也包括不拥有大股东的公司，这将能够使我们研究验证美国上市公司不太可能拥有大股东的说法。

以上这两个数据库似乎也拥有目前可获得的最准确的外国所有权数据。事实上，这些数据库之所以精心构建，正是因为研究人员对所有权的电子数据不够满意，尤其是世界范围内的有关数据。这两个手动收集的数据库的准确性解释了为什么越来越多的研究人员使用它们。为了确认数据的准确性，我查看了日本上市公司的所有权数据，因为按照某些衡量标准，在被调查的23[①]个国家和地区中，日本上市公司的所有权是最不集中的（见图1）。

一些读者对此表示惊讶，因为他们认为基于相互持股形成的企业集团制度，日本上市公司的所有权应是集中的。本文从克莱森斯等人的数据库中随机抽取了一些日本上市公司的股权数据，并将其与《日本公司手册》(*Japan Company Handbook*)（该手册被认为拥有准确的股权数据，并被日本和其他地方的学者和从业者广泛使用，包括克莱森斯等人）中报告的同一批数据进行比较，发现这两个来源的数据之间的差别是微不足道的。

由此引发了一个有趣的问题，为什么许多人认为日本上市公司所有权是集中的？尽管人们普遍认为，在同一个企业集团中，公司之间

---

① 美国和其他22个国家或地区。——译者注

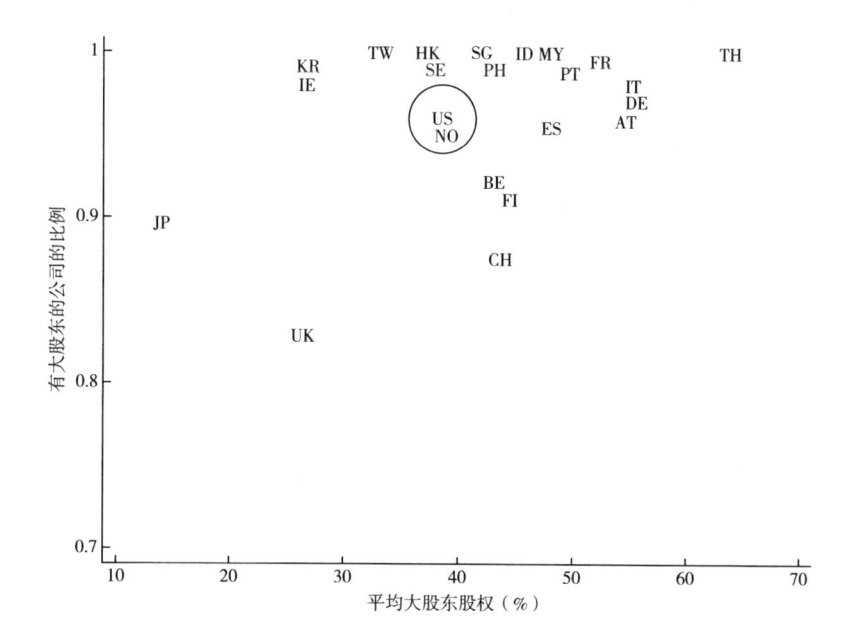

图1 美国和其他 22 个国家或地区上市公司的大股东的普通股股权散点图

注：x 轴是公司全部拥有至少 5%普通股投票权的股东普通股持股总百分比的全国平均值。如果某公司没有大股东，该公司将以"0"计入该国家或地区平均值。y 轴是给定国家或地区内有至少一位大股东的公司的比例。大股东是指持有至少 5%普通股投票权的股东。圈内是美国的散点。美国上市公司的股权数据来源包括 375 家 CRSP 和 Compustat 数据库上市公司的随机样本及 1995 年的委托书。非美国上市公司的股权数据涵盖了 22 个国家或地区的 7842 家公司及法乔和朗还有克莱森斯、简科夫和朗使用的数据库。变量定义见表 2。国家或地区缩写如下：US（美国）、AT（奥地利）、BE（比利时）、CH（瑞士）、DE（德国）、ES（西班牙）、FI（芬兰）、FR（法国）、HK（中国香港）、ID（印度尼西亚）、IE（爱尔兰）、IT（泰国）、JP（日本）、KR（韩国）、MY（马来西亚）、NO（挪威）、PH（菲律宾）、PT（葡萄牙）、SE（瑞典）、SG（新加坡）、TH（泰国）、TW（中国台湾）、UK（英国）。

存在大量的交叉持股，从而提高所有权集中度，但美和（Miwa）和拉姆塞耶（Ramseyer）的研究，通过令人信服的数据证明事实并非如此。他们研究发现，不管用什么定义来界定企业集团，集团内部的交叉持股都是微不足道的，即便在企业集团关系被认为是最紧密牢固的那些年份。他们认为，企业集团只是学术和新闻想象的产物，从一开始，它们的存在只是因为我们共同认为它理应如此。日本所有权相对分散的第二个原因是，董事和高管持股量较低。这可能部分反映了日本企业直到1997年5月才被允许授予股票期权的事实。

这两个数据库还有其他的优点，即涵盖了来自22个国家和地区的7500多家公司，从英国和日本等有着复杂和成熟的金融市场国家，到葡萄牙和马来西亚等发展中国家。样本公司的规模也存在巨大差异，从市值不到100万美元到近200亿美元不等，这将规避大多数现有的国际比较研究存在的问题，即通常仅限于少数规模差异较大的公司。

虽然这两个数据库有很多优点，但对于我们的目的来说，其数据并不完美。最值得注意的是，两个外国数据库中的国家和公司不是随机选择的。本文试图通过纳入公司层面的控制变量来弥补这一点，如公司规模和公司年龄等。因此，我们可以比较不同国家规模相同的公司。

美国上市公司的大部分股权数据来自1995年，而其他国家上市公司的股权数据来自1995年至1999年。这四年的时间跨度并不会带来太大的问题，因为在短时间内特定公司的股权往往是稳定的。本文通过原始数据来源（如委托书、13d和13f表格数据）来收集美国上市公司的股权数据；而外国数据库通常使用间接来源数据或第二手来源数据。这就引入了在将原始来源的数据转录到第二手来源数据时出现错误的可能性，但由此产生的偏差方向是不清楚的。

三个研究样本的数据收集都存在一些差异。其中一些差异倾向于低估美国上市公司的所有权集中度，而其他差异则倾向于高估美国上市公司的所有权集中度。外国的数据库中包含一些存款账户的数据，尽管作者努力将其排除在外，但一些持有普通股低于5%的亚洲公司的股东似乎也被四舍五入地纳入其中。而同时，样本不包含欧洲公司内持有普通股占比介于5%至10%但不是本公司的最大股东的数据。

因此，本文尝试通过分析最大股东的股权，然后仅考虑至少持有10%或20%股权的股东来消除这些差异。

2. 基本比较分析

用两种不同的衡量指标来比较美国和其他国家或地区上市公司所有权集中度。第一种是设立一个虚拟变量，如果一家上市公司至少有一个大股东，该变量的值为1，否则为0；第二种是所有大股东的总股票所有权，没有大股东的公司计为0。比较美国上市公司和非美国上市公司所有大股东的总股票所有权，这是本文的关键实证发现。美国上市公司的大股东（平均数为39%，中位数为37%）通常比非美国上市公司的大股东（平均数为36%，中位数为33%）拥有更多的普通股。均值检验和秩和检验的差异都是显著的（均值检验的 p 值为0.02，秩和检验的 p 值小于0.01）；同样，96%的美国上市公司拥有大股东，但只有93%的非美国上市公司拥有大股东，这种差异也很显著。虚拟变量是一个狭隘的衡量指标，因为它只询问公司是否有大股东。

虽然确定某人拥有多少股票可能很困难，但确定公司是否有大股东通常是很容易的。因此，这个指标的测量误差很小。总股票所有权是一个广泛的衡量指标，因为它包括所有大股东的所有股票。这个指标也避免了仅仅依赖虚拟变量的问题，这是许多关于所有权研究的特点，但可能会描绘出一幅误导性的画面。例如，总体衡量指标（而非虚拟变量）可以解释持股比例为45%的公司与持股比例为7%的公司差异的可能性。总体衡量指标也可以说明拥有3个持有20%股权的股东公司，可能与只有1个持有20%股权的股东公司差异的可能性。在稳健性检验中可以使用所有权集中度的替代度量指标。

从美国上市公司与非美国上市公司大股东所有权数据的比较来看，与人们普遍认为美国上市公司股权要比其他地方的上市公司股权更分散的观点并不一致。然而要注意的是，两个不同数据来源的上市公司可能没有可比性，即美国上市公司的样本是随机的，而非美国上市公司的样本不是随机的。非美国上市公司样本包含来自22个国家或地区的公司，不同国家或地区间的样本选择不尽相同，如法国有567家公司，而奥地利只有97家。美国资本市场比其他国家更发达，这意味着不同类型的公司可能在不同国家上市。长期以来有研究证据表明，公司规模与所有权集中度之间呈反比关系。

3. 全球范围内公司所有权集中度的深入探讨

当评论人士声称美国上市公司的所有权相对分散时，他们含蓄地（如果不是明确地）认为，与其他国家或地区具有相同规模、相同年龄、相同行业的上市公司相比，美国上市公司的所有权是更为分散的。因此，帮助我们比较各国类似公司的一种自然方法是控制公司特定的所有权集中度的决定因素。这些控制变量尤其重要，因为我们不确定是否选择非美国上市公司的标准。此外，如果回归分析忽略了各国之间差异显著且与所有权集中度相关的控制变量，则国家层面的控制变量与所有权集中度相关的系数将存在偏差。

虽然理论上包含控制变量的案例具有说服力，但在实际操作中，对美国上市公司所有权集中度的决定因素的研究十分有限，而对其他国家所有权集中度的决定因素几乎没有研究。尽管如此，本文还是利用了现有的研究来选择控制变量。表2是本文中使用的研究变量的描述和来源。

表2　本文中使用的研究变量的描述和来源

变量	描述	来源
大股东投票所有权	大股东股权区块是指合计持有至少5%普通股的所有股东的总投票权比例。如果一个公司没有大股东股权区块，该公司被包括在"0"区块内	美国上市公司：从年度尽可能接近1995年的委托书中手动收集 非美国上市公司：手动收集。针对欧洲国家上市公司的研究，使用法乔和朗的数据库；针对亚洲国家或地区上市公司的研究，使用克莱森斯、简科夫和朗的数据库

续表

变量	描述	来源
拥有大股东的公司	虚拟变量：如果公司至少有一个股东持有至少5%的股份，则虚拟变量等于1，否则等于0	美国上市公司：从年度尽可能接近1995年的委托书中手动收集 非美国上市公司：手动收集。针对欧洲国家上市公司的研究，使用法乔和朗的数据库；针对亚洲国家或地区上市公司的研究，使用克莱森斯、简科夫和朗的数据库
公司规模（log）	公司权益市值的自然对数	美国上市公司：Compustat 年度数据项目 24 乘以项目 25 非美国上市公司：Thomson 金融数据流
公司成立年数（log）	公司成立年数的自然对数	美国上市公司：Mergent 数据库或个别公司网站 非美国上市公司：Thomson 金融数据流
PPE/销售	有形的长期资产（房产、厂房和设备）与销售额的比率	美国上市公司：Compustat 的项目 8 除以项目 12 非美国上市公司：Thomson 金融数据流
资本支出/PPE	资本支出与长期资产（房产、厂房和设备）存量的比率	美国上市公司：Compustat 项目 128 除以项目 8 非美国上市公司：Thomson 金融数据流
净现金流	营业收入与销售额的比率。只使用非负比率	美国上市公司：Compustat 项目 18 除以项目 12 非美国上市公司：Thomson 金融数据流
波动性	公司过去 12 个月每周股价的标准差	Thomson 金融数据流
金融虚拟变量	如果公司的主要 SIC 代码在 6000 到 6999（含）之间，则变量等于 1，否则等于 0	美国上市公司：Compustat 数据 非美国上市公司：Thomson 金融数据流
效用虚拟变量	如果公司的主要 SIC 代码在 4900 到 4999（含）之间，则变量等于 1，否则等于 0	美国上市公司：Compustat 数据 非美国上市公司：Thomson 金融数据流
中位数虚拟变量	如果公司的主要 SIC 代码在 2700 到 2799（含）之间或 4830 到 4899（含）之间，则虚拟变量等于 1，否则为 0	美国上市公司：Compustat 数据 非美国上市公司：Thomson 金融数据流

与所有权集中度最明显（负）相关的两个变量是公司规模和公司成立年数。公认的理论依据是，所有权集中度与公司规模之间的负

相关关系被认为主要是个人的财富限制及大股东在公司变得越来越大时对公司的控制能力较弱所导致的。本文使用公司权益市值的自然对数来作为公司规模的控制变量。

虽然公司成立年数很少被用作控制变量，但有证据显示，在美国和英国，所有权集中度会在公司的生命周期内不断下降。导致这种现象的原因似乎是公司创始人出于多元化经营而逐步出售所持股份或是因为公司发行股票（通常是为了收购）推动的，从而稀释了现有股东的股权。本文用公司成立年数的自然对数来作为公司成立年数的控制变量。鉴于美国的IPO和收购市场比大多数国家和地区都更活跃，这是一项很重要的控制变量。

对于股票收益波动可能影响所有权集中度的原因，学界作出了两种解释。如希姆贝尔格博（Himmelberg）、哈伯德（Hubbard）和帕利亚（Palia）从风险规避的角度研究波动性。他们认为，由于大股东的大宗投资可能会导致风险分散不足，所以在其他条件不变的情况下，大股东持股的最优水平应随着波动性的增加而下降。德姆塞茨（Demsetz）和莱恩（Lehn）通过不同的推理路径获得了不同的预测。他们认为，企业环境越不稳定，外部人员监督管理层的难度就会越大，且获得内部股权的好处也就越大。理想情况下，应使用股票收益波动数据作为控制变量，然而无法获取非美国上市公司的这些数据，因此取而代之的是使用公司过去12个月每周股价的标准差。

法乔和朗研究发现，在欧洲国家，金融公司比非金融公司的所有权更加分散；德姆塞茨和莱恩认为，在美国，金融公司和公用事业公司的所有权集中度较低，相反，媒体公司的所有权集中度较高。本文使用这三个行业虚拟变量作为控制变量。

希姆贝尔格博、哈伯德和帕利亚提出，在固定资本投资可观察且更易监控的范围内，产出中具有更多固定或"硬"资本的公司，其管理层所有权的最优水平通常会较低。本文使用三项衡量指标，即可自由支配支出、资本与销售比率、资本支出与资本比率和营业收入与销售比率（净现金流）。本文没有使用另外两个度量标准，即研发支出和广告支出，因为无法获取非美国上市公司的这些数据。希姆贝尔格博、哈伯德和帕利亚研究发现，第一个衡量指标与内部股权呈负相关，而另外两个衡量指标与内部股权呈正相关。

（三）美国与世界其他国家或地区上市公司所有权集中度比较

原始数据的信息表明，经过对所有权集中度的可能决定因素加以控制后，美国上市公司与世界其他国家或地区的上市公司具有类似的所有权集中度，这一结论在表3中也得到了证实。

表3　美国上市公司与非美国上市公司大股东的普通股股权分析

变量	拥有大股东的公司				大股东的所有权			
	（1）	（2）	（3）	（4）	（5）	（6）	（7）	（8）
美国上市公司虚拟变量	0.04 (0.01)	0.04 (0.01)	0.06 (0.00)	0.07 (0.00)	2.79 (0.02)	3.51 (0.00)	4.69 (0.00)	6.74 (0.00)
公司规模（log）		-0.01 (0.00)	-0.02 (0.00)	-0.02 (0.00)		-3.12 (0.00)	-1.93 (0.00)	-2.44 (0.00)
公司成立年数（log）			-0.01 (0.27)	-0.01 (0.14)			-2.41 (0.00)	-2.37 (0.00)
PPE/销售				-0.00 (0.81)				-0.29 (0.16)
资本支出/PPE				0.03 (0.36)				0.47 (0.13)
净现金流				0.08 (0.04)				18.55 (0.00)
波动性				0.01 (0.00)				0.43 (0.00)
金融虚拟变量				-0.09 (0.00)				-4.44 (0.00)

续表

变量	拥有大股东的公司				大股东的所有权			
	（1）	（2）	（3）	（4）	（5）	（6）	（7）	（8）
效用虚拟变量				0.05 (0.02)				3.14 (0.36)
中位数虚拟变量				0.05 (0.00)				1.20 (0.67)
常数	0.17 (0.00)	0.23 (0.00)	0.27 (0.00)	0.19 (0.01)	35.84 (0.00)	51.24 (0.00)	50.62 (0.00)	48.83 (0.00)
研究的公司样本数	8076	6345	3189	2506	8076	6345	3189	2506
R^2	0.01	0.03	0.03	0.10	0.01	0.06	0.05	0.08

注：大股东是至少持有5%普通股投票权的股东。回归结果第（1）列至第（4）列是对数（logit）回归分析的边际效应，其中，如果1家公司至少有1个大股东，那么因变量的值为1，否则为0；第（5）列至第（8）列是最小二乘法（OLS）回归分析结果，其中因变量是大股东总共持有的普通股的比例（如果1家公司没有大股东，该公司被包括在"0"区块内）。美国上市公司样本来源于随机选择的 CRSP 和 Compustat 数据库。如果公司是美国的上市公司，则虚拟变量值为1，否则为0。非美国上市公司来自22个不同的国家或地区。变量定义见表2（p 值在括号中报告，并使用 Huber-White 稳健标准误差计算）。

表3的前四列是根据对数（logit）回归分析的边际效应，其中，如果1家公司至少拥有一个持有5%普通股投票权的大股东，则因变量取值为1，否则为0；系数说明美国上市公司拥有大股东的概率与另一国家上市公司拥有大股东的概率相比较的差异性。

后四列是最小二乘法（OLS）回归的结果，其中，因变量是公司中持有5%或更多普通股投票权的全部大股东的总所有权。由于对所有权集中度的决定因素没有共识，本文提供了 logit 和 OLS 回归的4个版本。因此，读者可以得出自己的结论。第（1）列的回归结果，只列了一个只有一个虚拟变量的回归结果来识别美国上市公司。第（2）列的回归结果，每个因变量都有公司规模这个控制变量。理想情况下，也会包括公司成立年数（公司年龄），因为标准化回归系数表明，对于所有权集中度而言，公司成立年数至少与公司规模同等重要。因为缺失许多其他国家或地区公司成立年数的相关数据，这将导致分析中观察到的数据量显著减少。第（3）列回归结果中的每个因变量都包括公司成立年数和公司规模。第（4）列回归结果包括所有的控制变量。

表3将来自美国以外的22个国家或地区的上市公司进行归类，该表显示，根据不同的规范标准，美国上市公司拥有大股东的可能性比其他国家或地区的上市公司要高4%[回归结果第（1）列和第（2）列]到7%[回归结果第（4）列]。同样，美国上市公司的总所有权比例也比其他国家或地区的上市公司高大约2个百分点[回归结果第（5）列]到6个百分点[回归结果第（8）列]。

表4以公司规模为条件比较了美国上市公司与非美国上市公司的大股东持股情况。本文指出其他国家或地区的上市公司存在大股东的概率和虚拟变量的系数，从而展示其他国家或地区上市公司大股东持股占比与美国上市公司大股东持股占比的比较。

表4 美国上市公司与非美国上市公司的大股东持股情况比较（根据公司规模）

拥有大股东公司的概率（基于公司规模）		大股东所有权占比（基于公司规模）（%）	
中国香港	1.00 ***	泰国	73 ***
印度尼西亚	1.00 ***	德国	66 ***
马来西亚	1.00 ***	意大利	65 ***
菲律宾	1.00 ***	奥地利	63 ***
新加坡	1.00 ***	法国	63 ***
中国台湾	1.00 ***	马来西亚	61 ***
泰国	1.00 ***	印度尼西亚	56 ***
瑞典	0.99 **	瑞士	54 *
韩国	0.99 **	芬兰	54 *
法国	0.99 ***	比利时	54 *

续表

拥有大股东公司的概率（基于公司规模）		大股东所有权占比（基于公司规模）(%)	
德国	0.98	新加坡	54 ***
意大利	0.98	菲律宾	52 *
爱尔兰	0.98	西班牙	52
挪威	0.97	挪威	50
美国	0.96	美国	50
西班牙	0.96	中国香港	49
奥地利	0.95	瑞典	48
比利时	0.95	中国台湾	46 ***
芬兰	0.92 **	爱尔兰	37 ***
日本	0.89 ***	韩国	37 ***
瑞士	0.86 ***	英国	36 ***
英国	0.81 ***	日本	27 ***

注：第一列数字包含 logit 回归的隐含概率，其中如果公司拥有持股 5% 或以上的股东，因变量的值为 1，否则为 0，自变量是股权和国家虚拟变量的市场价值的对数；第二列中的数字是基于回归的国家虚拟变量的系数，其中因变量是大股东的总投票所有权，并包括作为控制变量的股票市场价值的对数。美国上市公司的虚拟变量在两个回归分析中都省略了，所以所有报告的测量都是相对于美国的。美国上市公司的所有权数据来自 375 家 CRSP 和 Compustat 数据库上市公司的随机样本，以及来自 1995 年的委托书。非美国上市公司所有权数据来自包括 22 个国家或地区的 6033 家公司，以及来自法乔和朗以及克莱森、简科夫和朗使用的数据库（葡萄牙被排除在外，因为无法获得该国的财务数据）。变量定义见表 2，*** 表示 p 值小于 0.01；** 表示 p 值为 0.01~0.05（含）；* 表示 p 值为 0.05~0.10（含），与美国上市公司差异的 p 值采用 Huber-White 稳健标准误差计算。

表 4 显示，在控制公司规模的情况下，无论从拥有大股东公司的概率，还是从大股东所有权占比来看，美国上市公司都处于国家分布的中间位置。表 3 的分析（包括公司年龄或公司特定控制变量的全部数组）使用单个国家的虚拟变量而不是单个美国上市公司的虚拟变量（未报告）重复时，这种模式仍然存在。

重要的是要把所有权集中度的跨国差异放在背景中考虑。表 4 显示，21 个国家中有 10 个国家的大股东所有权占比与美国上市公司相差不到 5 个百分点。同样，19 个国家的上市公司拥有大股东的概率与美国上市公司相差不到5个百分点。因此，美国上市公司的所有权集中度，无论是在统计上，还是在经济意义上，都与其他国家或地区的上市公司的所有权集中度很相似。

然而，由于我们可能没有来自其他国家或地区上市公司的代表性样本，我们不应该得出结论说所有权集中度本身在美国和世界其他国家或地区是相似的。例如，美国有可能拥有更大的上市公司，因此所有权不是那么集中。但是数据支持的结论是，美国上市公司的所有权集中度与许多其他国家或地区同等规模上市公司的所有权集中度非常相似。

（四）稳健性检验和扩展分析

一是上市公司最大的股东。检验上市公司最大股东的所有权有两个原因，第一个原因是这些数据可能比其他股东的数据更准确；第二个原因是这三个数据库记录的是同一家上市公司最大股东的相同信息。表3和表4的回归分析已经专门关注到上市公司的最大股东，但是它们仅仅注意到上市公司的最大股东是否持有至少5%的普通股投票权。研究第一大股东的持股水平可以起到进一步检验的作用。一般来说，美国上市公司更有可能拥有大股东，但当一家上市公司拥有大股东时，其他国家或地区上市公司的最大股东通常持有更多的股权（是26%对29%）。然而如果我们将没有大股东的上市公司计为"0"，这一数据将缩小至25%对27%。这种差异在以公司规模和公司成立年数为控制变量或全部控制变量时变得不显著。因此，如果只看一家上市公司的最大股东情况，那么美国上市公司与世界其他国家或地区的上市公司是非常相似的。表5是上市公司最大股东的类别和所有权的统计数据。

表5 上市公司最大股东的类别和所有权的统计数据

	上市公司最大股东的类别				
	家族	金融机构	公司	国家	其他
美国上市公司					
上市公司占比（%）	53	29	11	0	7
此类上市公司平均所有权	0.32	0.12	0.39	NA	0.22
非美国上市公司					
上市公司占比（%）	59	25	6	6	4
此类上市公司平均所有权	0.36	0.17	0.31	0.36	0.30

注："上市公司占比"是有特定类型的投资者的美国上市公司或非美国上市公司的最大股东的百分比。"此类上市公司平均所有权"是该类别中大股东持有的普通股投票权比例的平均值，尽管表中每个股东都拥有至少5%的普通股投票权。"家族"包括个人股权；"金融机构"包括银行、共同基金和养老基金；"公司"包括公共和私人非金融公司；"国家"包括政府；"其他"包括非营利组织、利润分享计划和风险投资等。美国上市公司股权数据来自375家CRSP和Compustat数据库上市公司的随机样本及1995年的委托书。非美国上市公司股权数据包括22个国家或地区的7842家公司及法乔和朗与克莱森斯、简科夫和朗使用的数据库。

二是大股东的身份。大股东的身份是一个与本文主题"所有权集中度"相关但不相同的问题。不同类别的大股东可能有不同的动机和专业知识，从而对公司价值产生不同的影响。调查研究世界各地公司大股东的身份和影响是如何变化的，这就超出了本文的研究范围，部分原因是没有研究所需要的数据。不过，本文确实有数据可以进行两项初步调研，一项是公司最大股东的身份；另一项是大股东在董事会任职的频率。

非美国的数据库将上市公司最大股东分为五类，即家族（包括个人股权）、金融机构（包括银行、共同基金和养老基金）、公司（包括公共和私人非金融公司）、国家（政府）职员和其他（包括非营利组织、利润分享计划和风险投资等）。表5列出了上市公司最大股东的类别以及这五类最大股东的持股情况。在大多数方面看起来，美国上市公司的情况与非美国上市公司非常相似。如在家族持有人为最大股东的公司比例（美国上市公司为53%，非美国上市公司为59%），或家族持股平均所有权方面（美国上市公司为0.32，非美国上市公司为

0.36），都没有太大差异；与金融机构最大股东的情况也类似。一个显著的区别是，没有一个美国上市公司最大股东是国家（政府）的职员，相较之下，非美国上市公司中有6%的最大股东是国家（政府）的职员。

三是董事会成员作为大股东。另一个与所有权集中度不同但相关的问题是股东对公司事务的参与程度。大股东参与公司事务的程度各不相同，而这反过来又会以不同的方式影响公司的价值。这就自然而然地带来一个问题，即美国上市公司的大股东比其他国家或地区上市公司的大股东是更加活跃，还是更不活跃？这不是一个简单的问题。一个公开表现出消极态度的大股东，实际上可能是积极的幕后操手；而坐在董事会上的大股东，却也可能在"玩忽职守"。

根据现有数据可以进行的一项研究是，股东是否有董事会的代表。虽然本文研究包含关于美国上市公司股东董事会代表的详细信息，但现已知的唯一涉及非美国上市公司大股东的董事会代表信息的数据库来自林斯（Lins）。该数据库涵盖来自17个新兴市场国家或地区的1433家公司，这17个新兴市场国家或地区包括阿根廷、巴西、智利、中国香港、印度尼西亚、以色列、马来西亚、秘鲁、菲律宾、葡萄牙、新加坡、南非、韩国、斯里兰卡、中国台湾、泰国和土耳其。这些所有权数据的收集方式与本文所使用的其他数据的收集方式相似，但有一个重要差别。与法乔和朗以及克莱森斯、简科夫和朗等人一样，林斯从Worldscope入手，用来自不同国家或地区的手动收集的数据补充所有权数据。和其他人一样，林斯也记录了所有持有至少5%普通股股东的所有权（并区分了投票权和现金流量权）。一个主要的区别是林斯排除了没有大股东的公司，这就是该数据库没有在早期的研究分析中加以使用的原因。

林斯的研究包含有董事会成员中大股东所持有的普通股比例（但没有涵盖在董事会有代表的个别股东情况）。表6使用该数据并对美国上市公司和新兴市场国家或地区的上市公司进行比较分析。前两个回归分析中的因变量表示董事会所代表的大股东所有权比例。正如我们所看到的，美国上市公司董事会所代表的大股东所有权比例相较于其他国家或地区的上市公司略低（大约有4%的微小差异，p值为0.08或0.10）。具体而言，在一家具有代表性的美国上市公司中，57%（中位数为61%）的大股东拥有董事会代表；新兴市场国家或地区的上市公司，这一比例为61%（中位数为76%）。后两个回归分析的因变量是董事会内部大股东持有的股份比例。研究发现，美国上市公司内部人员拥有的股份略少（在1%~2%的范围内，但这种差异在统计上并不显著）。因此，美国上市公司的最大股东似乎与其他国家或地区上市公司的最大股东大致相同。同样，美国上市公司的大股东与新兴市场国家或地区上市公司的大股东拥有大致相同的董事会代表权。诚然，这些规律并不能反映大股东作出的决定具体是什么，或者这些决定如何影响公司价值，这些都是未来研究有待开拓的领域。

表6 公司董事会中大股东代表的回归结果
（董事会内部股东所持股份的比例）

	董事会所代表的大股东所有权比例		董事会内部大股东持有的股份比例	
美国上市公司虚拟变量	-0.04 (0.10)	-0.04 (0.08)	-1.44 (0.33)	-0.96 (0.51)
公司规模（log）		-0.05 (<0.01)		-3.24 (<0.01)
常数	0.61 (<0.01)	0.88 (<0.01)	29.36 (<0.01)	45.37 (<0.01)
R^2	0.01	0.05	0.01	0.05
观察值	1775	1439	1775	1439

注：前两个回归分析中的因变量是董事会所代表的大股东所有权比例。在最后两个回归分析中，因变量是董事会内部大股东持有的股份比例（大股东是至少持有5%普通股投票权的股东）。如果一家公司没有大股东，它就不包括在这些回归结果中。美国上市公司的所有权数据来自375家CRSP和Compustat数据库上市公司的随机样本，以及1995年的委托书。如果是美国上市公司，则美国的虚拟变量值为1；如果不是美国上市公司，则虚拟变量值为0。非美国上市公司所有权数据来自林斯，包括17个新兴市场国家或地区的上市公司。变量定义见表2（p值在括号内，是用Huber-White稳健标准误差计算的）。

四是新兴市场国家或地区的所有权集中度。林斯的数据还可用于比较新兴市场国家或地区上市公司与美国上市公司的所有权集中度情况。如前所述，林斯排除了164家没有持有至少5%普通股投票权的大股东的公司，考虑到这一因素，本文研究发现美国上市公司有大股东的可能性比其他新兴市场国家或地区的上市公司要高6%，同时新兴市场国家或地区上市公司大股东的总所有权要比美国上市公司高5%（但考虑到美国上市公司往往比新兴市场国家或地区的上市公司规模更大，这些差异可能会因为公司规模的控制变量发生变化）。无论如何，这些简单的比较表明，美国上市公司的所有权集中度与新兴市场国家或地区的上市公司所有权集中度大致相似。

五是备选的回归方法和标准误差。本文将大股东所有权作为因变量进行回归分析，来证明表3的最小二乘法（OLS）回归分析结果时（将有界测量转化为无界测量），美国上市公司的虚拟变量在所有四个标准中都保持正值且显著。当本文用表3的最小二乘法（OLS）回归模型来证明Tobit回归模型，以考虑数据在0和95%处的界限时，美国上市公司的虚拟变量始终为正值且显著。本文还重新计算了表3和表4标准误差以确保回归结果不是由异常值驱动的。计算得到的标准误差与表3和表4中使用的Huber-White稳健标准误差也非常相近。

六是备选控制变量和技术参数。本文使用不同自变量印证了表3的分析结果（以销售额的对数替代股本市值的对数；用公司成立年数而不是年数的对数；Fama-French产业虚拟变量代替金融、公用事业和媒体虚拟变量），得到的研究结果是保持一致的。本文使用销售额的对数替代股本市值的对数来印证表4中的国家特征分析，美国的排名略有上升。当使用一整套替代控制变量和国家虚拟变量时，也得到了同样的研究结果。

本研究还使用年技术参数进行稳健性检查。首先，在表3的对数

(logit)回归和最小二乘法（OLS）分析中，增加了公司规模平方的对数以解决所有权集中度与公司规模之间可能存在的非线性关系。其次，使用人均GDP的对数来控制经济发展对所有权集中度的可能影响。参考这些技术参数后，美国上市公司的系数变化很小，并保持显著。本文通过排除公司成立年数和某些会计指标（如净现金流），增加了研究样本量，进行更为简洁的回归分析，美国上市公司的虚拟变量仍然保持正值且显著。

七是可供选择的持股比例界限。尽管大多数研究使用5%的持股比例作为衡量大股东的界限，但仍有少数研究使用10%或20%的持股比例作为界限。本文认为基于以下几个原因，将5%作为界限是最合适的。

首先，没有理论说明10%或20%的持股比例是有意义的（当然，也没有理论表明5%的持股比例是有意义的，但这是股东通常被要求披露的持股比例）。由于缺乏公认的对大股东持股比例的理论基础，谨慎的做法是尽可能广泛地选取大股东的研究样本。其次，有证据表明5%～10%范围内的持股比例的重要性。例如，科克莱恩（Kirk Kerkorian）购买了通用汽车公司9.9%的流通股股票，此举引发了积极的股价反应。最后，有系统的经验证据证实5%～10%的持股比例在某些方面会影响公司价值。如莫克（Morck）、施莱费尔（Shleifer）和维什尼（Vishny）研究发现，内部所有权与Tobin's Q 变量之间的关系在该持股比例范围内有所不同。鉴于这些考虑且对大股东实际了解得很少，本文及大多数其他研究谨慎地使用了全部公开可用的数据。

然而，为了探索美国上市公司与其他国家或地区上市公司之间可能存在的差异，本文采用了更高持股比例作为界限进行分析。这些分析通常证实了美国上市公司更有可能拥有大股东而且更有可能拥有多个大股东，但大股东持股比例相对较小。本文使用一个虚拟变量来证明表 3 中的对数（logit）回归，如果一家公司至少拥有 10%（20%）的大股东，则该虚拟变量取值为 1，否则为 0（美国上市公司的虚拟变量总是正值且具有显著性）。当忽略所有持股比例低于 10%（20%）的大股东，并证明了表 3 中的最小二乘法（OLS）的回归分析时，美国上市公司的虚拟变量为负，范围为 -0.8% 至 -5.9%。例如，对具有所有控制变量的回归采用 10% 的持股比例界限时，美国上市公司的虚拟变量为 -2.2%（p 值为 0.14）；采用 20% 的持股比例界限时，美国上市公司的虚拟变量为 -0.8%（p 值为 0.59）。

八是现金流量权。到目前为止，所有的分析都是关于大股东的投票权。对大股东的现金流量权进行分析则可以挖掘衡量激励大股东的不同标准等有价值的信息。在法乔和朗对欧洲国家上市公司的研究中，32% 的上市公司的最大股东拥有比现金流量权更大比重的投票权（在克莱森斯等人对亚洲国家或地区上市公司的研究中，这一比例为 47%）。相比之下，在美国上市公司中，最大股东只在 6% 的上市公司中拥有更多投票权。

因此，任何关于现金流量权的分析，都显示出美国上市公司的现金流量权相对于投票权具有更高的集中度。例如，当使用最大股东的现金流量权作为因变量证明表 3 的对数（logit）回归分析时，在第一个最小二乘法（OLS）的回归分析中，美国上市公司虚拟变量是负值且不显著；在第二个最小二乘法（OLS）的回归分析中，该变量是正值且不显著。在所有四个对数，以及后两个最小二乘法（OLS）回归分析中，美国上市公司的虚拟变量是正值且显著。当使用 10% 或 20% 作为大股东的持股比例界限时，这些结果仍然成立。

（五）所有权集中度的新视角

这些数据指向两个广泛的结论：一是关于美国上市公司的所有权集中度，二是关于其他国家或地区上市公司的所有权集中度。对于原子股东模型是否适用于美国上市公司还存在意见分歧,考虑到CRSP和Compustat数据库中96%的代表性样本公司中有大股东,这些股东平均拥有39%的普通股(见表1)。现在已经很清楚,在美国,原子所有权是例外,而不是规律。

人们普遍认为美国上市公司的所有权集中度远不如其他国家或地区的上市公司。然而,证据表明事实恰恰相反,美国上市公司大股东占比比其他国家或地区要高出约6%,这取决于大股东股权的衡量指标以及控制变量。在许多情况下,这些差异在统计上并不显著。把统计显著性和控制问题放在一边,没有任何理论或经验证据表明,这种所有权集中度的微小差异具有重要的经济意义。

因此,总体而言,美国上市公司的所有权集中度与其他国家或地区类似规模公司的所有权集中度相当。在逐个国家或地区进行比较的基础上,美国上市公司不是所有权集中度的异常值,而是处于分布的中间值(见表4)。

二 为什么会存在对美国上市公司所有权集中度的误解

通过以上对美国上市公司和其他国家或地区上市公司数据的比较,我们不禁要问,为什么美国上市公司所有权分散的观点会被如此广泛地接受?这一观点在以下几个因素的共同推动下发展了70多年,而这些因素无论是从绝对意义上还是相较于其他国家或地区,都倾向于低估美国所有权的集中度。

(一)伯利和米恩斯的遗产

任何对所有权分散这一观点的分析都应追溯至伯利和米恩斯1932年出版的《现代公司与私有财产》(*The Modern Corporation and*

Private Property）一书。该书产生了极大的影响，至今仍在影响着人们对所有权集中度的思考。正如罗伊所说，关于美国上市公司所有权的主流见解，至今仍是 60 年前伯利和米恩斯所作的研究结论。他们提出了一个简单易懂、不容置疑的理论，即自资本主义诞生以来，大多数生产都在所有者兼任管理者的组织中进行。然而，随着工业革命的推进，技术创新导致许多公司的有效规模增加，从而导致个人、家族或管理者群体所拥有的财富不足以保持对公司的控制权。因此，公司变得越庞大，其所有权就越分散。

尽管伯利和米恩斯的研究中提供了大量的实验证据，但经过仔细审查后发现，这些证据并不像人们普遍认为的那样支持所有权分散的观点。在他们撰写这本书的时候，大多数公司还没有公开股东信息的法律义务，也很少有公司自愿披露这些敏感信息。因此，伯利和米恩斯不得不依靠各种来源获取大股东所有权的信息（包括可能不太准确的新闻报道）。至关重要的是，当他们找不到大股东持股情况的报告时，他们将一家公司归类为"被认为是广泛持有股份的（所有权分散）"。在许多分析中，如果一家公司的大股东同时是另一家公司的股东，他们将被持股公司归类为股权分散持有。尽管伯利和米恩斯有连续的股权数据（尽管其准确性十分可疑），但在大多数分析中，他们将该数据转化为一个离散变量，从而仅研究一家公司是否拥有持股包含或超过 20% 的股东（不幸的是，这种研究方式仍被沿用至今），从而使信息不够准确。

然而，我们不应过度批评伯利和米恩斯，并应对他们的研究贡献予以肯定。因为他们在实证分析并不常见的年代煞费苦心地收集了大量数据，同时他们自己也承认所使用的数据存在很多局限性（然而，在 1932 年这些局限性很显然并未被广泛地接受，而且至今仍未被广泛地接受）。如今被广为接受的观点是，美国上市公司的特点是股东是原子式的，很多股东持有相对较少的股份。这种观点影响了 1933

年《证券法》和 1934 年《证券交易法》的制定，法律试图在面对根深蒂固的管理层时，帮助并赋予自私自利的股东更多的权利。

(二) 20 世纪 70 年代所有权集中度研究的复兴

在接下来的几十年里关于所有权集中度的实证研究寥寥无几，这或许有助于巩固所有权分散的观点。随着 20 世纪 70 年代末和 80 年代初股票所有权数据库的商业化，兴起了关于公司所有权问题的研究热潮。时隔 50 年，第一批对公司所有权集中度进行研究的论文对美国上市公司的实际持股分散程度提出了质疑。如艾森伯格（Eisenberg）在一项重要但常被忽视的研究中指出，在大约 1/3 的最大非公用事业上市公司中，30 个最大股东持有超过 40% 的普通股，在大约 1/3 的大型工业公司中至少有 1 位持股等于或大于 10% 的股东；霍尔德内斯和希恩认为，有 114 家上市公司的控股股东持有大多数股份（超过 50%）；莫克、施莱费尔和维什尼发现，财富 500 强公司中有 31% 的公司其董事会成员拥有 10% 以上的公司股份；德姆塞茨和莱恩认为，财富 500 强公司的前五大股东平均持有 25% 的股份。

许多随后出现的实证研究也遵循了上述学者的观点，对所有权分散的观点提出了挑战。然而，所有权分散的观点在一些地区仍然存在。原因有以下几个方面。

首先，所有权集中度问题通常不是学术研究的主攻方向，而是作为分析公司价值的控制变量。对所有权集中度的全面性研究很少，其中大多数只研究了所有权的一部分，通常聚焦在特定角色或特定类型的公司大股东上，即对公司董事和高管持有股权等问题的研究。如前所述，这些研究低估了总所有权约 25% 的股东的影响力。

其次，很少有论文考虑大量公司样本中的所有大股东，而且这些研究都集中在历史悠久的大型公司上。虽然这些公司很重要，但由于公司规模和成立年数均与所有权集中度呈负相关，因此这些大型老牌公司的所有权情况并不能代表一般公司的所有权情况。

最后，即便是这些论文，其实也并不是真正关注公司所有权集中度，而是关注家族所有权与公司价值之间的关系，以及如何清理所有权的电子数据等问题。因此，这些论文都没有分析拥有大股东公司的百分比到底有多少。

（三）始于 20 世纪 90 年代末的国际比较

20 世纪 90 年代后期，两篇颇具影响力的论文对世界各国公司金融与法律之间的关系展开了研究，这为美国上市公司所有权分散这一观点开启了新的篇章。与对美国上市公司所有权研究不同的是，这两篇论文不仅局限于对内部股东的研究，而且为确保准确性，其数据均为手动收集。LLSV［拉·波塔（La Porta）、洛配兹·西拉内斯（Lopez-de-Silanes）、施莱佛（Shleifer）和维什尼（Vishny）］研究了 45 个国家和地区最大的 10 家非金融上市公司的前三大股东的所有权情况；LLS［拉·波塔（La Porta）、洛配兹·西拉内斯（Lopez-de-Silanes）、施莱佛（Shleifer）］研究了 27 个富裕国家或地区 20 家最大上市公司的最大股东的所有权情况。LLS 的研究并没有指出公司最大股东的实际所有权，而是确定最大股东是否拥有至少 10% 或 20% 以上具有投票权股票的虚拟变量。无论以何种标准衡量，LLSV 和 LLS 的研究都发现了美国上市公司并不是股权最分散的这一事实。这些研究有助于扭转人们对美国上市公司所有权分散程度异常的误解。

由于 LLSV 必须从大量国家或地区手动收集数据，因此他们关注每个经济体最大的上市公司是可以理解的。但这也带来了三个局限性。一是研究样本规模很小，每个经济体的研究样本只包括 10 家到 20 家公司；二是由于所有权集中度与公司规模之间呈负相关，因此数量有限的样本公司的所有权集中度并无法代表同一经济体的其他公司；三是这些公司的规模因国而异，有时差别巨大。例如，他们研究中的样本公司平均规模，巴西市值为 12 亿美元，印度市值为 42 亿美元，葡萄牙市值为 2.59 亿美元，斯里兰卡市值为 400 万美元，美国市值为 710 亿美元。因此，评论人士认为，人们从 LLSV 研究中得到的一个典型事实是，美国具有典型的分散所有权，但人们并没有考虑到这样一个事实，即美国最大的公司往往比其他国家最大的公司要大得多。没有研究试图让公司成立年数或所处行业等其他影响所有权集中度的因素保持恒定的情况。此外，LLSV 和 LLS 的数据仅使用国家或地区的平均值，这就消除了相当大的国家或地区内部异质性，从而夸大了所有权集中度的跨国差异。

  这些考虑因素相结合，造成了美国上市公司所有权分散的错误印象，这可以用 LLSV 关于 49 个经济体 10 家最大公司所有权集中度的数据来说明。这个数据库在 LLSV 的早期研究中发挥了核心作用，并且至今仍在研究中使用。当研究中的国家平均值在美国上市公司虚拟变量模型进行回归分析时，虚拟变量的系数表明，美国上市公司的大股东所有权比其他国家或地区的上市公司少 27%，这大约是其他经济体水平的一半。当我们检验公司层面的数据时（作者很好心地提供了这些数据），就会看到一幅全然不同的画面：在这 10 家美国上市公司中，有 6 家上市公司的股东合计持有超过 10%的股份，有 3 家上市公司的大股东持有超过 20%的股份，有 1 家公司（沃尔玛）的大股东拥有大多数股份。当 LLSV 根据公司规模和美国上市公司虚拟变量将公司所有权数据进行回归分析时，美国上市公司虚拟变量从 27%下降到 12%（p 值为 0.10）。当加入公司规模的平方来解释这个非常大的公司样本中的非线性关系时，美国上市公司虚拟变量下降到 7%（p 值为 0.45）。而当加入公司成立年数进行回归分析时，美国上市公司的虚拟变量变成了正值。

三 研究结论

本文关于美国上市公司所有权集中度的实证研究提供了两个挑战流行观点的研究发现。

首先,尽管许多人认为美国上市公司的所有权是分散的,但事实恰恰相反。在美国上市公司的代表性样本中,96%的上市公司拥有大股东。这些大股东总体上拥有平均39%的普通股。

其次,虽然几乎所有研究都笃定,美国上市公司的所有权分散程度比其他国家或地区上市公司更高。但证据表明,美国上市公司的所有权集中度与其他国家或地区同等规模的公司非常相似,且按国(地区)别计算,美国还位于中等水平。

自从伯利和米恩斯在1932年出版经典著作《现代公司与私有财产》以来,普通散户股东的"搭便车"的问题一直被视为现代上市公司治理的根本性问题。正如罗伊所说的,美国公司治理的核心分歧是所有权与控制权的分离,股东分散且管理层集中。因此,大多数主要的证券立法和大部分学术研究都集中在普通散户股东与管理人员之间的代理冲突上。鉴于大多数美国上市公司的所有权高度集中,大多数公司相关冲突,实际上是在大股东与高管之间,或大股东与小股东之间展开的。

本文的研究发现对"法与金融"文献中的一个关键理论提出疑虑,即人们普遍认为,在对投资者法律保护薄弱的经济体中,上市公司的所有权更为集中。这种解释最初是由LLSV提出的,现在被广为接受,即当投资者没有得到法律保护时,就需要一个大股东来监督公司的管理。而在美国这样一个拥有强有力的投资者保护法律的国家,大股东的普遍存在,使人们对这一理论的实证基础及其有效性产生怀疑。

尽管本文中的证据可能与传统论断相悖，但并不违背私有财产的基本原则。伯利和米恩斯的担忧是对的，所有权分散将"摧毁过去三个世纪以来经济秩序赖以生存的基础"。小股东理性地选择了被动投票，因为他们的个人行为产生不了什么影响（如在公司选举中投下决定性的一票）。然而，包括拥有被动所有者的上市公司，都不可能生存下去。相比之下，大股东之所以有行动动机只是因为他们更具影响力，从而更有可能有所作为。这无疑有助于解释为什么有如此多的上市公司拥有大股东。从这个角度来看，美国上市公司和世界其他国家或地区的上市公司在所有权问题上是没有什么区别的。

◎经营方略·管理理念◎

在俄国的法国工业企业：
全球视角下的大企业

〔斯洛伐克〕B. A. 库利科夫　李　丽译*

【摘　要】 历史学家普遍认为，法国企业未能把握住第二次工业革命带来的快速发展机遇。因此，19世纪末至20世纪初法国企业实力逊于美国、德国、英国企业。但历史学家只考察了大型国内企业，没有研究"国籍"模糊的跨国公司，导致对地区贸易发展的理解不全面，对国家企业发展水平的评价不客观，对工业资本主义发展的地区特征认识不准确。20世纪初，大部分法国直接投资和证券投资集中在俄国，如果将俄国的法国企业列入法国大工业企业名单，可以对法国企业实力及法国在西欧经济中的地位和在全球贸易中的"分量"作出客观判断，法国企业在全球大工业企业排名中的地位也将更高，其西欧工业企业"追赶者"的形象也将得到改观。

【关　键　词】 俄国　大企业　跨国公司　法国企业

---

* 本文系斯洛伐克马特伊贝尔大学人文系客座研究员 B. A. 库利科夫所著，原文及出处：B. A. Куликов, Французские промышленные предприятия в Российской империи: большой бизнес в глобальной перспективе // Экономическая история, 2020, Т. 16, № 4, С. 375-387；东北石油大学外国语学院助教李丽对原文进行翻译并提炼了摘要和关键词；吉林大学东北亚学院博士研究生赵万鑫对全文进行译校。

引　言

　　历史学家普遍认为，法国未能抓住第二次工业革命的历史机遇。因此，19世纪末至20世纪初的法国企业整体实力落后于英国企业、德国企业，尤其是美国企业。

　　既有研究成果只涉及国内企业，没有计入跨国公司，特别是独资公司的因素。从全球视野评价经济和企业发展具有重大意义，这是目前研究中所忽视的一个因素。国别企业史与全球企业史交叉研究不足，导致对企业区域性发展和企业发展成就的片面认识。俄国境内的法国企业活动和经营状况表明，20世纪初一些法国企业在实力和发展潜力上已处于优势地位，并不是西欧的"追赶者"。

　　研究法国企业在第二次工业革命期间跨境发展的成果较多，主要涉及法国对跨境基础设施发展的贡献和法国企业的境外活动史。如，麦凯（Маккей）对俄国境内法国企业活动进行了详细研究；鲍维金（Бовыкин）、奥里（Оль）和克里斯普（Крисп）深入分析了法国在俄国经济中的直接投资情况。目前，对在俄国境内的法国企业研究较少。

一　法国企业的国际地位

　　历史学家一直认为，法国不是一个工业企业大国。第一次世界大战前，法国是欧洲第四大经济体，但在探讨现代企业史时，法国企业经常被忽略。

　　现代企业史研究领域最具影响力的理论家钱德勒就忽略了法国工业企业的历史地位。他在《规模与范围：工业资本主义的原动力》(Scale and Scope: The Dynamics of Industrial Capitalism) 一书中指出，西方工业资本主义的多样性始于19世纪80年代。规模效应是提高劳动生产率和利润的关键环节。第二次工业革命时期，发挥规模效应需要加大生产投资和提高管理水平。法国企业在规模上不能与美国、德国和英国企业相提并论。因此，钱德勒在该书中并未论及法国企业，致使法国工业企业在全球商业史研究中被边缘化。《规模与范围：工业资本主义的原动力》出版后，钱德勒和曳野孝（Т. Хикино）在编纂《大企业与国民财富》（*Big Business and the Wealth of Nations*）文集时指出，法国企业处于西欧"追赶者"行列。法国与意大利、西班牙一样，属于北美和西欧国家中的"落后"经济体。

20世纪90年代末，企业史学家开始重新审视法国大企业的地位。如史密斯（Смит）通过分析资产负债表，编撰了1913年法国大企业名录。史密斯通过对比法国与其他世界主要经济体，发现在相似行业，法国超大型企业规模要小于美国、德国和英国企业。1880年至1914年，法国冶金企业与其他国家同行在组织结构、战略和经营方面相似。法国企业家注重技术创新、一体化和使用专业管理人才。经过对比分析，史密斯认为法国大企业在新技术研发和组织管理方面具有强大活力，驳斥了法国是第二次工业革命西欧经济"追赶者"的观点，法国企业相较于美国和德国企业虽不占优势，但钱德勒认为法国企业明显落后的观点并不客观。完全有理由认为，法国并不是西欧的"追赶者"，而是"领跑者"。

卡西斯（Кассис）将服务类企业加入大企业名录，弥补钱德勒的研究局限。卡西斯指出，截至1913年，许多法国企业达到了大企业的国际标准（固定资产在200万英镑以上，职工在1万人以上）。即便如此，法国大企业数量也少于英国和德国，且主要集中在服务业，只有2家工业企业资产达到200万英镑以上，而英国有41家，德国有16家。卡西斯的研究加深了对法国具有代表性大企业，特别是大工业企业的认识，但他的研究也有局限性，如汽车制造商雷诺公司、轮胎制造商米其林公司、纺织企业阿梅迪·普鲁沃斯特公司等很多法国实力雄厚的私营企业未被关注到。弗里登森（Фриденсон）在研究法国企业规模时指出，法国企业规模小于美国、德国和英国企业，原因是法国消费市场规模更小，国民消费水平更高，廉价商品需求更小。

史密斯和卡西斯发现，法国企业家在国外建立了很多大型工业企业。史密斯整理了1913年以前在法国注册的40家大型独资公司名单，其中8家独资公司的规模就相当于法国境内或其殖民地50家大型企业的规模。但是史密斯在分析法国大型工业企业的结构和战略时，并没有分析这8家独资公司的指标，也没有关注法国境外的企业情况。

将法国企业纳入钱德勒的企业史研究范畴开启了新的研究领域，提出了有关法国大企业国际"分量"的诸多问题。20世纪初，企业史研究的总体趋势发生变化，国家工业化的研究视角由"落后""不足"向"资本主义多样性"转变。研究人员开始关注中小企业、家族企业和国有企业史。历史学家认为，必须跳出钱德勒的研究范式，用其他企业史学家的研究方法取代大企业名录分析方法。

但是钱德勒研究范式具有巨大的认知潜力，大企业名录分析方法能够回答各国工业化和现代化的诸多问题。发展中国家的企业、跨国公司和独资公司值得进一步研究。对独资公司认识不足会影响到对国民经济和企业的认识，影响全球视角下对企业活动和经济指标的理解。如沃德利（Уордли）在其未发表的文章《第一次世界大战前夕大企业的国际评价：1912年企业规模和业绩》（Global Assessment of the Large Enterprise on the Eve of the First World War: Corporate Size and Performance in 1912）中首次尝试编制20世纪初全球大企业名录。根据1912年的企业市值和员工人数，有12家法国企业进入市值排行榜，8家法国企业进入人数排行榜，3家矿山和生产企业上榜，包括：

兰斯矿（1930万英镑）、布律埃矿业公司（1790万英镑）和施耐德公司（3.1万名职工）。苏伊士运河公司、荷兰皇家壳牌石油公司等跨国公司也进入名单。遗憾的是，沃德利并未具体分析独资公司。如果将独资公司纳入考察范围，将会改变我们对法国大企业生产经营实力的认识。

当前，修订20世纪初全球大企业名录是一项紧迫的研究任务，名录的编制有助于我们更全面地认识法国大企业的实力。

二 法国企业在俄国的经营活动

一项针对1913年俄国大企业的专项研究表明，俄国有大量法国跨国公司和独资公司。俄国市场吸引了众多大型的法国工业企业，俄国因此获得大量国外直接投资。截至1913年，40家法国大型独资公司中有19家在俄国开展业务。如果将这些大型独资公司列入法国企业100强名单，那么法国企业在全球大企业名录中的地位将更加突出。例如，在法国注册而在俄国经营的俄国矿业和冶金业联盟公司1913年的资产达到420万英镑，位居法国原矿加工企业第三位，造船冶金厂的资产是480万英镑，施耐德公司的资产也达到480万英镑。

1914年，俄国有262家境外注册企业，其中法国企业占22%，其资产占俄国所有外国企业总资产的28%。在这262家境外注册企业中，仅有3家超过卡西斯设置的国际大企业标准门槛，分别是美国国际收割机公司（总资产300万英镑），法国"联盟"公司（总资产240万英镑），新俄罗斯煤矿、铁路、钢轨生产公司（员工总数1.8万人）。俄国的法国企业平均规模大于英国和德国的公司，但小于美国的公司。

表1为1914年在俄国经营的外国企业及资本。很多企业为进一步扩大生产，进入俄国市场，以俄国公司命名，在俄国建立子公司。

表1 1914年在俄国经营的外国企业及资本

单位：个，英镑

注册地	企业数	总资本	每个企业资本
英国	69	18771	272
法国	57	18391	323
比利时	78	14478	186
美国	4	7854	1963
德国	33	3958	120
瑞士	9	1339	149
瑞典	3	848	283
奥地利	2	649	325
荷兰	4	155	39
意大利	2	75	38
丹麦	1	52	52
总计	262	66570	3750

资料来源：T. C. Owen, *Russian Corporate Capitalism from Peter the Great to Perestroika*, Oxford: Oxford University Press, 1995, p.259.

这些企业不在俄国注册的优势在于可以免受陈旧的俄国企业法约束。外国企业为俄国带来的经济利益可以打消民众和政府保守派对外国企业占据本国市场主导地位的担心和敌对情绪。外国企业的俄国子公司在建立过程中不同程度地使用外资，接受外国经理的监督管理，遵循俄国法律规章制度。

很难准确计算外国资本在俄国市场中的份额，只能大致了解。表2是1918年国有化前夕法国在俄投资企业情况。

表2 1918年国有化前夕法国在俄投资企业情况

行业类型	法国企业 数量（个）	法国企业 投资额（百万英镑）	其他国家企业和俄国企业 数量（个）	其他国家企业和俄国企业 投资额（百万英镑）
工业	37	17.2	227	32.8
石油开采和加工业	1	0.1	19	2.6

续表

行业类型	法国企业 数量（个）	法国企业 投资额（百万英镑）	其他国家企业和俄国企业 数量（个）	其他国家企业和俄国企业 投资额（百万英镑）
采煤业	6	4.2	28	6.8
采矿业	5	1.6	11	1.3
冶金业	6	5.7	18	8.9
金属加工和机器制造业	3	1.2	50	6.5
化工业	5	0.9	18	3.0
纺织业	9	3.2	23	2.6
食品加工业	0	0	32	0.7
其他工业	2	0.3	28	0.4
市政企业	7	1.8	17	1.7
水路运输业	0	0	3	0.1
商业	0	0	7	0.7
保险业	1	1.7	12	0.1
信贷业	1	0.4	11	8.3
总计①	46	21.1	277	43.5

资料来源：В. И. Бовыкин, Французское предпринимательство в России // Иностранное предпринима-тельство и заграничные инвестиции в России. -М.: РОССПЭН, 1997, С. 153-182.

大部分法国直接投资（82%）进入工业领域，主要集中在冶金、采煤、金属加工和机器制造行业。法国建立的采矿、冶金企业大多是资本密集型企业。法国投资的40%集中在冶金、采煤行业，这部分企业数量占法国在俄国建立独资企业的18%。

3家法国金融机构对俄国投资尤为积极。如法国兴业银行购买了顿巴斯和顿河地区的冶金和煤炭企业。19世纪90年代末，法国兴业银行旗下拥有10多家大型冶金和煤炭企业。1914年法国兴业银行拥有布良斯克冶金工厂61%的股权。当时布良斯克冶金工厂是欧洲最

---

① 表2各项数据与原文一致，但存在各项结果相加与总数不符的情况，此处遵照原文。——译者注

大的冶金工厂之一，资产 400 万英镑，员工 3.14 万名，超过施耐德公司（资产 100 万英镑，3.1 万名员工）。

罗斯柴尔德家族专注于俄国的石油开采和加工业，控制着 19 世纪 80 年代俄国 50%的煤油出口，拥有多家大型勘探和炼油公司，包括马祖特公司、里海—黑海公司和俄国标准公司。1912 年，里海—黑海公司被出售给荷兰皇家壳牌石油公司。

法国巴黎银行在俄国的很多大中型企业都有投资，其中对南俄第聂伯冶金公司的投资最成功（占股 24%）。法国巴黎银行控制 20 世纪初俄国最大的冶金工厂和一些大型工业企业。法国在俄国 14%的有价证券投资集中在俄国股份公司，其他有价证券投资则通过俄国商业银行完成。法国资本通过购买国债和国家担保铁路国债进入俄国市政、私人和国有工业企业。截至 1914 年，法国投资者掌握俄国 2/3 的国外债券和约 1/3 的国内证券，控制俄国股份公司 1/3 的外国股份和 1/7 的俄国定额股本。

在俄国 12 家资产在 200 万英镑以上的银行中，法国资本家持有其中 7 家的股票，拥有 3 家银行的控股权。表 3 是 1914 年俄国银行中的法国资本份额。

表 3　1914 年俄国银行中的法国资本份额

单位：千英镑，%

银行名称	固定资产	法国资本	法国资本份额
俄国亚洲银行	4500	3600	80
联合银行	3000	1800	60
圣彼得堡私人商业银行	4000	2280	57
莫斯科银行	2500	750	30
亚速—顿河商业银行	5000	1000	20
西伯利亚商业银行	2000	400	20
俄国工商银行	3500	400	11

续表

银行名称	固定资产	法国资本	法国资本份额
圣彼得堡国际商业银行	4800	100	2
俄国外贸银行	5000	—	—
俄国商业银行			
容克银行	2000	—	—
华沙商业银行	2000	—	—
彼得堡贴现信贷商业银行	2000	—	—
总计	40300	10330	26

资料来源：V. Kulikov, M. Kragh, "Big Business in the Russian Empire: A European Perspective," *Business History*, 2019, No. 61 (2), pp. 299-321; OI P. V, *Foreign Capital in Russia*, New York; London: Garland Publishing, Inc., 1983, p. 260.

其中，俄国亚洲银行（法国资本占80%）资产450万英镑，可以与里昂信贷银行（1000万英镑）、法国兴业银行（800万英镑）和法国巴黎银行（1000万英镑）等大型法国银行相媲美。

三 在俄国的法国企业组织结构

是否应将在俄国的法国大型企业列入法国大企业名录？确定企业"国籍"是一个非常重要且复杂的问题。决定企业"国籍"的因素包括：企业总部所在地、投资来源、大多数董事或职工的国籍、社会及企业本身的自我认同。此外，企业所有者、职员、客户情况也是影响企业"国籍"的因素。

20世纪初，在俄国的法国企业员工多为俄国公民。1913年，在第聂伯冶金厂的252名工人中，外国工人有13人；在马克耶夫卡冶金厂的204名工人中，外国工人有61人。管理层和工程师中外国人的比例更高。法国"联盟"公司的马克耶夫卡冶金厂由19名俄国工程师和14名法国工程师共同管理。拥有较多法国员工的法国企业在俄国并不多。20世纪初，罗兹毛纺织品生产联合公司有约40名法国工人。

董事会构成也是判断一个企业"国籍"属性的因素。1914年法国"联盟"公司的经理全部是法国籍。在俄国注册的法国企业董事会通常由不同国籍成员混合构成。布良斯克冶金工厂7位董事中有1位法国人，顿涅茨克-尤里耶夫冶金公司8位董事中有3位法国人。在全俄法资企业的5847位董事中，有111位是法国人。在俄法国银行主要由俄国经理负责管理，俄国金融家阿列克谢·普蒂洛夫（Алексей Путилов）受法国投资者全权委托管理俄国亚洲银行，制定重大战略决策。

企业注册名称也是影响企业"国籍"判定的因素，在俄国的57家法国企业中，有7家名称中出现"法国"字样，有9家名称中出现"俄国"或"俄罗斯帝国"字样。一些法属或在法国注册的企业认为，在公司名称中带有"俄国"字样对企业更有利。在巴黎注册的法国"联盟"公司全称是俄国矿业和冶金业联盟。

要确定有多国背景企业的"国籍"非常困难。这也是跨国公司和独资公司很少出现在某一国家大企业名录的原因之一。

结　语

以往的企业史研究认为，在19世纪末至20世纪初，法国大企业与美国、德国和英国相比，实力较弱，法国国内工业大企业名录也印证了这一观点。跨国公司和独资公司由于难以确定"国籍"，不能作为法国大企业来考量。但将跨国公司和独资公司排除在本国企业之外，不能准确反映国民经济和个别行业发展水平，也不能对全球范围内各国企业和经济指标进行准确判断，更不能正确认识资本主义工业的区域发展特征。

俄国境内有很多符合国际"大企业"标准的法属或由法国公司控股的企业，其中大部分注册为俄国公司，但由法国人出资和管理。因为这些企业在法国境外经营，所以没有编入法国大企业名录。第一次世界大战前夕，法国本土企业在世界大企业中的地位弱于法国跨国公司和独资公司。法国企业家在其他国家创办的企业比法国本土企业更成功。

法国企业并非西欧企业中的"追赶者"，而是"领跑者"。研究人员之所以认为法国是欧洲经济"追赶者"，主要原因是法国大工业企业起步时间较晚。法国国内大企业不多，但境外的法国企业却大获成功。在俄国的法国企业的成就说明，法国企业能够建立和管理大企业，只是它们并不像美国、德国企业那样追求扩大规模。

数字时代的新泰勒制：基于法德两国零售仓库的工作场所转型的分析

〔法〕杰罗姆·高蒂 〔德〕卡伦·杰林
〔法〕科拉莉·佩雷斯 仇江宁 译*

【摘　要】在零售物流公司案例研究的基础上，本文调查了低技能工作对当前技术变革的适应程度是否与文献中普遍讨论的工作场所的"新泰勒制"转型相一致，并试图确定那些有助于稳定或改变这一趋势的因素。通过关注企业层面的研究，可以了解到组织选择的作用以及员工重新联合和影响这些选择的方式。研究结果表明，在泰勒制的工作组织方面出现趋同的现象，而制度框架和集体谈判的影响有限。由于零售业供应链的长期"精益化"改造，员工代表能够调动其权利资源的能力受到其薄弱的结构性力量的制约。

【关　键　词】数字技术变革　新泰勒制　零售仓库　工作场所转型

---

* 本文原文系法国学者杰罗姆·高蒂、科拉莉·佩雷斯和德国学者卡伦·杰林所著，原文及出处：Jérôme Gautié, Karen Jaehrling and Coralie Perez, "Neo-Taylorism in the Digital Age: Workplace Transformations in French and German Retail Warehouses," *Relations Industrielles/Industrial Relations*, 2020, vol. 75, No. 4, pp. 774-795; 中国政法大学商学院硕士研究生仇江宁对原文进行翻译并提炼了摘要和关键词；中国政法大学商学院巫云仙教授对全文进行译校。

引　言

目前，关于经济"数字化"对劳动力市场的影响有很多争论，主要是关于机器替代常规任务造成的对就业的冲击程度和速度。然而，现有的一些统计数据显示，在过去的 10 年时间里，即使是在被认为是最容易受到计算机化影响的行业，如运输业和物流行业，也没有出现大规模的失业现象。在欧盟 28 国，运输和仓储行业的就业人数在 2012 年后强势回升，并在 2018 年超过 2007~2008 年金融危机前的水平，即使是在受技术变革影响较大的岗位，如工厂中的机器操作员也是如此。可以说，计算机化的全面发展对就业岗位的影响程度，即"位移"场景仍未完全到来，其延迟的原因是"持续存在抑制计算机化的工程瓶颈"或缺乏盈利能力。尽管如此，由于一些行业被机器替代的发展趋势较为缓慢，且预测的变化可能会延续相当长的时间，或者由于经济或技术原因永远不会完全被替代，因此需要一个新的分析视角。与其只关注工作岗位的数量和"位移"的情况，不如更多地关注其性质的变化，特别是其内容及与之相关的工作和就业条件的变化，因为许多工作岗位可能是被改造，而不是简单地被摧毁。

在这方面，从职业层面上可以想象到不同的场景。如果数字化是"取代常规任务的技术变革"，那么"工作升级"，特别是在任务丰富性和更高技能方面，则会出现工作岗位并不会被取代的另一种潜在的发展情况。但最近关于低技能工作变化的研究将人们的注意力转到了第三个不太乐观的场景，并指出了一个相反的发展方向，即出现了社会和职业上不受欢迎的"新泰勒制"。在这种情况下，数字技术允许对泰勒制工作过程的简化原则进行一定程度的优化，并控制了一些迄今为止无法实现的工作过程。

在此我们假设，一个特定场景的出现以及它转化为工作性质变化的方式并不一定是由技术变革驱动的。我们的目的是在现有经济和制度背景下，专门评估工人对抗或者至少是缓解"新泰勒制"场景的能力。

为了打开工作场所转型的"黑匣子"，我们将采用一种基于专家访谈和企业案例研究的定性方法。我们的经验证据来自两个非完全自由市场经济国家，即法国和德国。这种选择有助于填补实证研究的空白，因为迄今为止，关于仓库工作岗位的研究主要集中在自由市场经济国家，如澳大利亚、美国和英国。通过研究两个拥有更广泛工人代表权利的非完全自由市场经济国家，我们可以更好地评估数字化引起的工作场所转型如何以及在多大程度上受到国家制度背景的影响。

在下文中，我们将简要回顾近期和早期关于泰勒主义原则复兴的讨论，以确定文献中所论述的"新泰勒制"场景的主要特征和驱动力。然后介绍我们的分析框架，并根据现有的有关零售物流部门的经验证据进行回顾和分析，以确定我们的核心研究问题。之后将介绍和讨论我们的实证研究结果。

一 数字时代低技能工作的转型："新泰勒制"的场景

泰勒制的思想原则在福特制之后的持续存在并不是一个新的现象，已经被许多作者提及。如阿莫斯（Amossé）和库特洛特（Coutrot）基于调查的聚类分析，对1992年至2005年法国企业"社会生产模式"的变化进行研究，实证研究表明，所谓的"新泰勒制"模式不仅持续存在，且重要性是有所提高的。"新泰勒制"模式的特点是员工的自由裁量权水平较低、管理控制严格、员工参与度低，这与"丰田模式"形成鲜明对比。

同样，对于德国和其他地方的制造企业，不少作者认为，实际上,"新泰勒制"的特点不仅可以在所谓的后福特制的组织(如精益生产模式)中找到,而且还是通过信息技术来实现的。虽然后福特制可能更多地依赖于团队合作、工作轮换和正式员工的参与,但它往往将这些特征与严格的指示和监督结合起来。

最近对"新泰勒制"探讨的成果还强调,新的数字技术有可能提高打包类工作的效率和自动化程度,加强了绩效衡量和管理控制的潜力。这种反乌托邦式的场景经常会提到亚马逊或沃尔玛公司物流配送中心,在那里,可以运用手持设备和其他诸如"语音拣选"的"数字助理系统"来发现任何行为不当或效率低下的情况,以便立即实施精确的有针对性的修正。然而,如果过于狭隘地关注最新一代数字工具的潜力,我们可能会忽视鼓励或限制泰勒制原则扩张和强化的更广泛的政治和经济因素。在这方面,一些借鉴劳动过程理论的研究得出了令人信服的结论,即主要是经济的驱动力,如全球价值链的重组或经济金融化等因素,正在引导当前的转型,至少在某些行业,正在朝着数字化增强版的"新泰勒制"转变。这些数字化增强版的"新泰勒制"(或称"数字泰勒制")场景,正如这些运用更全面研究方法所发现的那样,可以理解为新的数字技术传播促进了泰勒制原则的复兴和强化,但这不是主因;相反,这是企业为适应不断变化的经济环境而采取的相应发展战略的结果。

总而言之,关于"新泰勒制"的探索将我们的注意力重新转移到工作场所转型的两个重要方面,即工作内容和绩效管理。实际上,新的数字技术可能产生反乌托邦式的结果。然而,正如取代低技能工作的技术潜力的提高并没有告诉我们公司会在多大程度上以及为什么会利用这种潜力一样,将低技能工作泰勒化的技术机会的增加也没有告诉我们公司可能会在多大程度上选择这条道路,其为什么会这样做,以及员工是否、如何能够抵制这种趋势。这些都是我们试图在本文分析中解决的核心问题。

二 供应链动能和工人权利：
阻止向新泰勒制的转变

如上所述，对"新泰勒制"问题更全面的研究表明，我们应该关注经济驱动力是如何协调工作的数字化转型的。

事实上，正如我们将在分析中阐述的那样，过去 30 年，零售供应链的转型为法国和德国物流公司在仓储和物流中强化泰勒制创造了强大的动力。为了避免以经济决定论取代技术决定论，我们的分析将用于阐明导致各国似乎趋同于数字增强版的"新泰勒制"组织选择的基本逻辑和偶然性。

为此，我们将借鉴多尔加斯特（Doellgast）、莉莉（Lillie）和普里尼亚诺（Pulignano）最近在"比较就业关系"标题下归类的文献，在其中汲取核心见解和概念工具，构建一个多层次的分析框架，不仅将工作场所的转型与经济环境相联系，而且也将其与技术和制度环境相联系。与旨在识别和解释国家层面的生产模式或资本主义多样化的方法相比，本文的研究链条更关注企业和工作场所出现的差异化，以及工人尤其是代表性工人的就业策略及其追求这些策略的权利，而这种权利来源于不同类型的资源，以及工人获取和调动这些资源的能力。

根据最近的一些研究，我们认为将工人权利的分析与供应链中企业之间的关系如何影响工作场所雇佣关系的研究更紧密地联系起来是有用的。许多关于物流业的实证研究特别强调了工人结构性权利变化的作用，即"工人在经济体系中的地位及其产生的权利"。他们的企业或商业机构在供应链中的地位是这种权利的关键决定因素。在过去的 30 年时间里，有三个趋势深刻地改变了零售行业的供应链。虽然数字化并没有引发这些趋势，但它肯定促进了其中的一些趋势发展。

第一个趋势是由供给端驱动的供应链向需求端驱动的供应链转变。这一转变始于20世纪80年代中期,当时零售商通过自己的"配送中心"输送越来越多的供应品,而不是依赖从制造商到零售店的直接配送,从而控制了物流服务。这就是本文所关注的不同国家和地区企业实体的物流配送中心种的转型,其目的是降低库存成本和"压缩"物流运输时间。从20世纪90年代末开始,"精益物流"原则的采用进一步强化了这种趋势。

第二个趋势是通过非核心业务的私有化,增加独立"第三方物流"供应商的市场份额,从而实现更大范围的垂直非一体化。通过基于软件的供应链整合,数字化在其中发挥了重要作用,促进了零售商、供应商和物流服务提供商之间的协调和信息交流。业务外包的威胁进一步增加了零售商对内部配送中心的压力。除了业务外包外,企业也开始将仓库转移到更"理想的地理位置"来优化其物流网络。

第三个趋势来自电子商务。它加剧了人们对更短交货时间的追求,从而进一步"压缩"物流运输时间。

综合来看,上述三个趋势对仓储成本产生了巨大的压力,并促成了零售商与其物流服务提供商之间的结构性不对称关系。

然而,这对工人的结构性权利的影响并不明确。一方面,物流服务提供商的弱势地位无疑限制了他们与零售商的议价能力,从而限制了其转移日益增加的成本压力,以及对仓库施加的其他不利条款和条件的能力。这意味着仓库管理人员和工人的地位比较低、权利比较弱。另一方面,一些作者强调,全球供应链日益一体化的本质赋予了物流工人拥有强大的"经纪地位"(结构性权利),因为他们有能力将仓库或港口变成全球供应链中的"瓶颈"。然而,实证研究表明,工人利用这种权利的能力存在较大差异。许多研究表明,仓库的弱势地位在全球供应链中转化为更加强制,甚至"专制"版的泰勒制,其特点是运用全景式监视和控制系统、更强的纪律和措施,以及缺乏可以将冲突从车间转移到集体谈判桌上的规则和程序。

虽然大多数注意力都集中在供应链地位的经济压力上，但必须在仓库层面考虑工人权利的其他来源，以了解处于全球供应链同一环节中的不同企业实体之间的潜在差异。结构性权利的另一个来源是当地劳动力市场的条件，即工人在供给紧张的劳动力市场中具有更强的议价地位。同样重要的是工人的联合力量，即工人的集体组织和动员能力，这是基于不同类型的资源，如工人的团结，无论是内部资源（特别是具有凝聚力的集体身份）还是外部资源（工会、社区内部和社区之间的横向和纵向联系），以及"叙述资源"（特别是作为聚合利益和框架议程的手段）等形成的力量。

通过使用较长的业务分包链、大量的临时工、单个的自雇劳动者，前文所述垂直非一体化的发展趋势会进一步减少集体工作的劳动力，从而削弱工人的联合力量，这一点在关于美国仓储行业的研究中得到证明。

结构性权利和联合力量是相互联系的。特别是有些研究已经强调了联合力量的关键作用是激活工人的结构性权利，以及作为平衡结构性权利下降的重要杠杆。虽然业务外包趋势往往会阻碍传统的以企业为中心的工人动员战略，但研究表明，物流工人的结构性权利是通过超越企业组织边界，甚至跨越供应链不同环节的创新战略所"激活"的。还有一种权利来源引起的关注较少，即制度权利，它是指来自制度资源的议价能力，如法定劳动标准，特别是就业保护、集体谈判权和福利国家支持等。虽然许多研究强调了工人动员的新形式的重要性，即联合力量，但迄今为止鲜有关于制度权利作用的研究文献，特别是作为"激活"结构性权利的杠杆的制度权利。这就是我们可以解决的一个研究空白。

通过关注德国和法国的仓储部门，我们的实证分析可以阐明，在两个非自由市场经济国家中，有组织的劳工的制度权利资源是否可以使工人比自由市场经济国家中的同行更有效地利用其"潜在的"结构性权利资源,从而改变走向数字加强版和"专制"的新泰勒制的路径。我们将通过关注作为"新泰勒制"研讨的核心工作场所转型的两个维度,即工作内容和绩效管理,来仔细研究这个问题。

三 实证方法与企业案例概述

我们研究的重点是那些核心业务是为零售公司经营仓库的公司或企业实体。研究工作于2016年和2017年在法国和德国进行。研究工作主要基于对每个国家现有资源(学术文献、行政和咨询报告、行业期刊、数据库)的利用,对行业专家(工会、雇主组织、研究机构)的采访,以及行业发展、数字技术传播和工作场所转型趋势进行深度研究的行业报告。

行业报告被用来定义公司案例的选择标准,并根据这些标准评估我们可以获得的代表性案例。因此,从零售业的食品和非食品行业选择案例要特别谨慎,目的是涵盖该行业中普遍存在的两种不同类型的仓库,即在非食品零售行业,半自动化仓库比较典型;而在食品零售行业,传统仓库仍然占主导地位。出于技术障碍和经济考虑(需要大规模投资),完全自动化的仓库仍然很少。因此,不同的因素减缓了工作岗位的流失,这与弗雷(Frey)和奥斯本(Osborne)提到的"由于持续存在的工程瓶颈抑制计算机化,计算机代替劳动力的速度将随之放缓"相呼应。在半自动化仓库中,各种流程中只有部分是自动化的,相当一部分仍然是手工操作;在传统仓库中,大多数任务是在叉车和其他电动车,以及一系列拣选技术的支持下手动完成的。

选定的企业实体包括几个物流配送中心,每个配送中心雇用100到2000多名工人,表1是案例研究企业的主要特点。

表 1 案例研究企业的主要特点

名称	产品分类	物流实体法律地位	在研企业的仓库特征
非食品行业			
德国-时尚业	服装，其他非食品产品	电子商务控股公司的子公司	1个物流配送中心（DC），半自动化，配送给个人客户（电子商务）（大于1000名员工）；1个退货中心（RC），半自动化（大于1000名员工）
法国-流媒体	文化和电子产品	零售连锁企业的子公司	1个半自动化的物流配送中心，向商店供货（500~1000名员工）；1个半自动化的物流配送中心，向个人客户送货（电子商务）（100~250名员工）
食品零售行业/快消商品（FMCG）			
德国-食品业	食品杂货店	连锁超市的子公司	1个传统的物流配送中心，为商店供货（250~500名员工）
德国-快消业	杂货店和药店	零售连锁店的内部物流部门	1个半自动化配送中心，为商店供货（大于1000名员工）
法国-食品业	杂货店	零售连锁店的内部物流部门	4个传统配送中心，1个半自动化配送中心；都为商店供货（每个配送中心的员工为100~500名）

资料来源：作者根据调查研究结果制作。

表1中，仓库物流配送中心的人员规模情况反映了德国、法国这两个国家的零售业市场高度集中的趋势。此外，所有这些企业实体都是由零售商拥有的，因此，它们是内部或"准内部"企业实体（法律上独立的子公司）。调研所选择的企业实体是具有悠久发展史的零售商，总部设在德国或法国，因此，它们不是随着电子商务的兴起而进入市场的新参与者的子公司。由于这三个因素（规模大、垂直一体化、公司年龄），这些公司都被一系列管理雇佣关系的国家特定机构所覆盖，其中最重要的是集体协议和公司层面的工人代表机构，特别是德国的工人委员会和工会代表，以及法国的卫生健康和安全委

员会。

所选研究样本只能被视为零售物流市场中一个特定但重要的部分（为大型传统零售公司提供服务的大型、准内部实体）的典型企业。尽管如此，也能使我们准确地研究这样一个问题，即为员工提供相对有利的条件以减缓"新泰勒制"趋势，在这样的情况下会发生什么。这可以从以下两方面解释。

首先，与第三方物流供应商经营的仓库相比，假设零售商仓库的垂直一体化可以加强工人的结构性权利。在这种情况下，零售商可能不太愿意在发生中断的情况下"退出"与内部服务提供商的长期合同。其次，德国和法国这两个国家的立法框架为公司层面的工人代表提供了包括绩效管理和工作内容在内的否决权、共同决定权和咨询权。对此我们将在下文中详细说明。因此，从表面上看，与自由市场经济国家的工人相比，非完全自由市场经济国家为他们提供了更多的制度资源。

除了对行业专家进行访谈外，2016年和2017年研究者在5家公司共进行了44次访谈（现场采访、在工会大厅采访或在少数情况下通过电话采访），主要是对公司和仓库的管理层、员工代表进行访谈，在有用和可能的情况下也会对其他员工进行访谈。

四 研究发现：数字化与工作内容和绩效管理

在接下来的两个部分中，我们将分析所研究的5家公司在工作组织的两个方面的选择。分拣打包工作相应地降低了任务自由裁量权和绩效管理。每个小节的第一个标题将涉及工作组织领域的变化，第二个标题将涉及在这些发展变化之后出现的劳资纠纷问题。

（一）为机器人铺路？更少的自主权、任务自由裁量权和一般技能

一是操作员是自动化过程的附属品。我们研究的5家公司的经验证据表明，新技术的实施遵循了上述的泰勒主义的原则，尤其是降低了任务的复杂性和随意性。正如马克思所言，尽管方式有所不同，但显而易见的是，仓库工人往往都沦为"机器的附属品"。

在传统仓库中，工人的自主性和主动性已经被过去15年至20年引入的仓库管理系统有关的新拣选系统大大降低了。拣选技术已经逐渐从"纸质拣选"，即操作员根据计算机生成的清单拣选物品，发展到其他技术拣选，如"语音拣选"，这也是我们在研究这些企业案例时使用的最普遍的技术，即拣选员戴着耳机与软件系统进行口头交流，以接收和确认拣选任务。

在引入该技术之前，拣货员有更多的任务自由裁量权来优化他们的工作活动，尽量减少和缩短他们在仓库中花费的时间和距离。当拣货变成软件管理时，这些知识和工艺技能往往会消失，但是在不同的企业中，消失的程度和速度不同。即便某些公司（在我们的研究样本中，德国的时尚业企业和法国的流媒体企业）仍在使用纸质拣选方法，拣选人员也会按照计算机设计的轨迹在仓库中穿梭拣货。

语音拣选系统只是这个软件发展中的一个阶段。拣选活动现在是持续的，是完全由软件决定的，它口头上准确地告诉拣选者去哪里，拣选什么物品来完成一个订单。拣货员甚至不需要知道他们要拣的是什么物品，因为这些物品都被简化为条形码。在我们研究的公司中，法国食品业企业自主权的丧失尤为明显，该公司在2008年至2014年引入了语音拣选系统。正如该公司的一位工会代表所指出的：在（引入语音拣选系统）之前，你必须是你所在行业的专家，现在你只需要知道如何使用这个工具就可以了。事实上，它甚至不再是一个交易活动了,当你开始工作时你要插上电,在一天工作结束时,你就把电源拔掉,就是这样。过去员工对工作过程的优化基于在职培训获得的隐性知识,而现在则完全是由一个算法来完成的,这就是"新泰勒制"最引人注目的例证。由此产生的去技能化可以通过减少培训的估计时间来得到证明,如在法国的食品业的新系统中,培训时间从两三周减少到只有两三天了。

在半自动化的仓库里,生产过程让人想起更经典形式的泰勒制,与制造业的传统流水线非常相似。工作任务的变化甚至比人工拣选还要少,工作也变得更加具有重复性。剩下的由人类完成的工作不是复杂的任务,而是目前成本太高而无法实现自动化的常规任务。法国食品业和流媒体的半自动化仓库提供了最极端的例证说明。在法国食品业中,人工拣选已经被一个自动分拣系统所取代。每件商品都被包装在一个带有条形码的纸箱里,并被放在一个分拣传送带上;条形码被扫描,包装被引导到众多滑道中的一个,以便组装成完整的库存订单托盘,这项技术已经在非食品产品上使用多年了。拣货员已经被两种新的工人所取代,一是"送货员","他们"从特定商品的托盘上拣选包裹,并将它们放在分拣传送带上;二是"码垛员","他们"从滑道上收集包裹,并将它们放在用于特定销售点订单的托盘上。这两项工作都是非常具有重复性和密集性的。一个类似的分拣系统已经在法国流媒体企业实施,并产生了同样的结果。

在一个不那么极端的情况下,德国企业引入的半自动化系统也导致了常规任务种类的减少和去技能化。如,在德国时尚业的企业中,退货中心引入自动分拣机是为了简化不同类型的退货商品在不同工作场所的分配,从而迫使员工只专注于检查一种类型的产品(鞋、纺织品或珠宝)。一些公司最近引入了轮岗制度,这通常被认为是实行了泰勒制后更高绩效的工作实践。但在我们的研究案例中,轮岗制度主要是应对日益增长的泰勒化的策略,特别是避免高度重复性工作所诱发的肌肉骨骼疾病，而不是促进工作内容丰富化或扩大化的平衡策略。

二是在关系到工作内容和工作条件的技术组织选择方面，工人的影响是有限的。在我们的案例中，总体趋势是指向泰勒制型的工作系统，即常规任务工作的增加和相应的去技能化。这一趋势可能表明，在没有完全自动化的仓库中，数字化进程偏向于支持常规性任务，而不是替代常规性任务。然而，这里并不存在技术决定论。在公司或仓库层面上的经济选择（就成本效率而言）至少与一般技术限制一样多。潜在的"半自动化"仓库的类型和范围很广，根据哪些任务是自动化的，哪些是留给人类的，以及后一种仓库的设计方式而有所不同，有些设计对工作内容和相关技能要求以及工作条件有很大影响。例如在法国流媒体和德国快消业的企业中，根据工会或管理人员的说法，工作流程设计显然是技术和组织的选择，以便于雇用技能非常低的工人（详见下文）。但对工作条件的总体影响是模糊的，因为重复性工作的增加伴随着重物搬运工作的减少。

可以预期的是，工人在工作场所的制度权利将使他们及其代表对这些选择产生一定的影响。事实上，在法国和德国，任何影响工作条件的变化都必须通过制度化的机构与雇员代表协商。这两个机构是德国的工人委员会和法国的卫生健康和安全委员会（雇员人数在50人以上的商业机构是强制性的）。尽管这些机构在我们所有的研究案例中都存在，但在采用更"以人为本"的替代方案时，它们对管理层的技术和组织选择的影响有限，但在短期内的经济效率或成本效益可能是较低的。根据法国流媒体的工会代表的说法，管理层无视工会对一些新技术对工作场所人体工程学负面影响的反对意见，而这种无视与仓库管理层对零售商强加的关键绩效指标的强烈关注是一致的，这些指标是为了在短期内最大限度地减少运营成本，即使从长远来看可能会产生人力和社会成本。同样，德国时尚业的企业管理层和工人委员会都指出，他们的主要客户和所有者（零售控股公司）对投资施加了某些限制。德国食品业的企业工会主席提到，他们曾试图说服连锁零售企业提供必要的资源来投资可以减少痛苦的手势和姿势的机器和工具（如包装机或自动卷帘机），但没有成功。

在法国和德国的企业案例中，这种失败不仅反映了雇员代表有限的制度权利（只有协商权）。这也反映了仓库在供应链中的弱势地位（弱结构性权利），这往往会抑制而不是刺激工人对替代性权利资源的调动。在我们所有的案例中，仓库级别的管理层或多或少地明确承认，他们的操控空间是非常有限的。在这种情况下，工会发挥了关键作用，他们优先考虑就业条件（保持就业和应对灵活性要求的增加，即将营业时间延长至夜间和周末、每日或每周工作时间的暂时波动、增加非全日制工作或临时代理工作）而不是工作内容和工作条件。但是要理解工会的议程，就不能脱离其结构性权利和联合力量。

特别是在我们的法国企业案例中，工会的权利被劳动力分割而削弱。一方面，在一个给定的企业内，具有完全不同技术（传统仓库与半自动化仓库）的企业实体是共存的。这种多样性限制了员工在公司层面表达自己利益的能力，如果仓库是独立的设施，有自己的委员会代表（健康、安全和工作条件委员会）和员工代表，情况就更是如此了。另一方面，劳动力分割源于去技能化过程本身，这为雇用低技能、无经验的临时工提供了便利条件。据法国食品业企业的负责人所说，把没有经验的年轻临时工整合进来，比所有的指示都要写在纸上要简单得多、容易得多。事实上，在一些仓库里，临时工的比例已经增加了（达到劳动力总数的20%），高级工人表示他们害怕被临时工取代，而不是被机器人所取代。

在法国流媒体中，半自动化仓库的新工作特点使企业能够雇用更多低技能的移民妇女和年轻人。据几位接受采访的工会代表说，与经历过以前的工作组织类型的高级（男性）工人相比，他们不太可能抱怨重复性任务。在法国，不同工会之间的竞争加快了联合力量的削弱（这是与德国企业的一个关键区别）。在两个国家的企业案例中，有多达5个不同的工会。总的来说，当工作条件严重恶化时，个人退出策略在法国似乎占了上风，因为集体谈判的效力有限，法国食品业企业新落成的半自动化仓库的劳动力流动大幅增加就说明了这一点。在德国的企业案例中，员工代表对被淘汰和替代的恐惧与动员工人反对"新泰勒制"转型的有限尝试，与其说是由于劳动力的分割，不如说是由于离岸外包的威胁，反映出工会结构性权利被削弱了。

在德国食品业和时尚业的企业中，由于仓储业务被转移到德国境内地理条件更优越的地方，或者被转移到劳动力成本更低的东欧邻国的新仓库，工人委员会过去都经历过大规模的裁员或搬迁。正如德国时尚业企业的工作委员和一位业务经理所解释的那样，通过新技术提高生产力被认为是在其零售商的物流网络中保持竞争力的唯一手段，从而避免进一步的企业裁员。

（二）绩效管理：是否走向全景式的电子监控

一是绩效管理的强化和政治化。许多对零售配送中心的实证研究显示，绩效管理的强制力越来越强。时间和动作研究被用来建立强制性绩效管理的努力水平，并通过"更严格和更普遍的监测和监督系统，以及更严格的纪律程序"来执行（如亚马逊的案例）。不过，同样的研究也指出了新的绩效管理方案实施过程中的一些组织差异，并揭示了国家干预或集体工作场所监管的一些范围。我们的研究结果也证实了这一点。因此，本文研究揭示了员工及其代表的权利资源是如何有助于限制（但不是完全阻止）向"全景式的电子监控"转变的。

绩效指标在所有被研究的仓库中都受到密切的监控，在某些情况下，还在与零售商签订的合同或"服务水平协议"中规定了这些指标，这是仓库自主权非常有限，以及由此导致当地行动者结构性权利薄弱的另一个症状。在企业内部，绩效指标被转化为工厂、团队或个人的预定目标，并与绩效薪酬计划联系起来，以激励工人达到或超过预期比率。但是除德国的快消业企业之外，所有被研究企业都有某种形式的奖金计划。在不同的系统中，对大多数员工来说，奖金相当于基本工资的7%至10%，相当于每年额外的月工资，这在法国的一些仓库甚至更多。

这种有点静态的概述掩盖了过去20年来改变绩效管理计划的一些动态因素。根据以往的研究结果，经济环境的变化和车间新技术的引入首先导致了绩效管理的强化。在这两家法国企业中，这种强化是通过"指标管理"的方式实现的。在法国食品业的企业中，2002年引入的仓库管理软件使该公司能够制定广泛的绩效指标，如缺勤率、工作事故数量、每个包裹的单位成本、错误率等。该系统还导致了管理层角色的改变。首先，比较传统的保证绩效的方式（由团队领导监督、直接互动）已经被削减，取而代之的是软件和管理人员在离车间更远的地方进行监控；其次，据一个仓库主管的说法，绩效管理系统也倾向于减少每个商业机构的管理人员的自主权，因为主要目标是使绩效指标最大化，例如"生产时间"与总工作时间的比率。员工在参加培训时被认为是没有"生产性"的，因此培训活动的回旋余地更小。在法国流媒体企业中，绩效指标更多的是以定期调查衡量的客户满意度（包括个人客户的满意度和商店的满意度）为导向的。

提高绩效指标不仅用于衡量绩效，而且用于衡量最大化的绩效。因此，本文所研究的企业都采取不同策略来提高员工的工作积极性。我们的研究结果并没有显示出"严格的纪律程序"的普遍趋势，但在各企业案例中绩效管理计划都有一个共同的发展趋势，即绩效管理计划变得更有争议性或政治化，也就是说，它们已经成为频繁争议的焦点，也是管理层与工人之间谈判的主题。与其说是绩效评估本身被政治化了，不如说是绩效评估与奖惩，特别是与薪酬挂钩的方式被政治化了。

二是关于奖惩的纠结。在所研究的企业中，可以发现员工及其代表对绩效薪酬制度的可取性和首选设计都有不同的看法。在几个法国仓库和德国快消业企业中，员工代表反对个性化方案，认为这种方案是为了在短期内获得更高的报酬，而牺牲了因工作强化而造成的长期健康问题。

与年轻工人或合同更不稳定的工人（兼职和临时工）相比，高级工人的工会化率更高，他们也更反对个人绩效工资，因为他们从绩效奖金中获得的收入占其总收入的比例更高（因为他们的基本工资较低），而且这种支付形式也可能更符合他们的公平准则。

然而，对个性化的薪酬计划有很大的法律限制。例如，法国法律禁止个人配额和负奖金，因为这将使总薪酬降低到集体协议规定的基本工资水平以下。在法国的食品业企业仓库中，高级工人很多，且劳动力市场比较紧张，工会已经成功地阻止了个性化绩效薪酬计划的采用。虽然到目前为止，法国流媒体还未引入个性化绩效薪酬计划，但管理层通过公布不同车间的平均绩效水平，以及向个人绩效较高的员工表示祝贺等方式，已经采取了非正式的个人激励计划。

除了使工人代表能够反对个性化薪酬计划外，德国和法国的体制框架还使他们能够影响集体薪酬方案的设计。本文的企业案例有一个共同的特点，即绩效和薪酬计划的重要方面必须在管理层和劳工之间进行谈判。在法国的企业案例中，是通过集体利润分享计划来完成的，这些计划是在法律规定的框架内，在公司层面上设计的，并依赖于仓库层面上的各种绩效指标。由于近年来基本工资增长普遍非常慢，工资谈判主要集中在利润分享计划的设计上。例如，在法国流媒体中，相关的年度奖金约为一个月的平均工资加15%（约1600欧元）。利润分享计划的年度奖金谈判在当地工会与雇员的合法性方面发挥了重要作用。然而，在这两家企业中，该计划的复杂性近年来有所增加，甚至我们的工会受访者也发现很难完全理解该计划。员工代表怀疑管理层在操纵标准以削减成本。例如，在法国食品业企业中，一些工厂的奖金大幅下降，因为高层管理者设定的目标变得越来越难实现。

在德国，法律还赋予工人委员会强有力的权利，以共同决定薪酬确定的原则，并引入可用于监督员工的技术。此外，其中一个案例说明了制度基础设施的作用，它支持公司寻求建立协作、高度信任的绩效衡量和薪酬系统。虽然时间和动作研究通常由外部公司（如法国食品业企业）进行，但德国时尚业企业系统是基于制造业工程师于20世纪20年代成立的德国企业管理协会（REFA）开发的认证程序建立的。REFA规定，每当工作过程出现重大的技术或组织变革时，就要定期更新。在公司层面的实施是一项由工人委员会和管理层共同承担的任务。例如，在德国时尚业企业中，工人委员会支持首席执行官的倡议，即通过为50岁以上的员工制订一个略有不同的激励计划，使他们在达到标准绩效水平的90%时有权获得奖金，从而使该制度与老龄化的劳动力相适应。管理层这样做的基本理由是劝阻老年员工不要离开（自愿）奖金计划，同时也要努力达到任何绩效目标。在德国食品业企业中，参与绩效薪酬计划也不是强制性的。因此，至少从理论上讲，那些觉得自己无法达到或超过标准的员工可以选择退出。

绩效薪酬计划的自愿性并不一定意味着对员工个人没有压力，因为一些员工和管理人员忽视或无视选择退出的权利。因此，一个人是否选择行使这一权利可能变得至关重要，德国时尚业企业正好说明了这一点。去年，退货中心的工人委员会分发了一份传单，告知员工们有权选择退出绩效薪酬计划。工人委员会表示，偶尔使用这一选项具有"治疗效果"。德国时尚业企业退货中心的工人委员会主席认为，一些主管不得不了解到，如果他想让一个员工达到比他平时更高的水平，那么我必须激励他而不是压迫他。相比之下，德国时尚业企业分销中心的工人委员会到目前为止都一直有意不主动提醒员工有权选择退出绩效薪酬计划。据工人委员会主席称，使用这些退出选择权意味着配送中心（内部）将无法满足与其客户在服务水平协议中约定的交货时间，而这些客户最近已经宣布计划将更多的流量转移到邻近的东欧国家的仓库中。这个故事表明，制度权利资源的激活可能取决于结构性权利。

除了在财政激励方面的否决权和共同决定权之外，还有一个主要因素，即对实施惩罚的限制，阻碍了向更具强制性的制度的普遍转变，而这些限制主要来自制度上的约束。在所研究的企业案例中，长期雇用的工人仍然占绝大多数，他们在德国和法国继续享有相当大的解雇保护权。

五　调查研究的结果判断

总的来说，被研究的企业似乎都在向单一的社会生产模式"新泰勒制"靠拢。在传统和半自动化的仓库里，去技能化导致了知识和自主权的丧失。数字化工具被用于优化任务，规定和监控工作内容。我们的研究结果表明，在法国和德国，就像在自由市场经济程度较高的国家一样，一个关键因素是供应链转型导致工人的结构性权利受到侵蚀。因此，与我们的研究假设相反，无论是作为内部化的一个企业实体还是作为业务外包的第三方物流，似乎并没有太大的区别。

在我们所有的研究案例中，管理层和工会都承受着来自零售商的巨大压力，并且实施了激烈的成本削减战略，这一点从近年来企业采取的各种形式的裁员和减薪中可见一斑。这种情况显然与工会的议程有关，即优先考虑保持就业，并试图应对灵活性要求的增加和相关的临时工。

然而,在这种大背景下,我们还是发现了一些与自由市场经济程度较高的国家的一些差异。在所研究的企业案例中,正如纽瑟姆(Newsome)等人在英国的一个物流仓库中发现的,或者在亚马逊仓库中广泛记录的,特别是在英语国家,管理层较少依赖"严格的纪律程序"。制度权利资源似乎在这里发挥了作用。事实上,与自由市场经济程度较高的国家的物流公司相比,法国和德国工会所具有的强大咨询权并不足以在工作内容和相关工作条件方面产生巨大差异。但个性化绩效薪酬计划不那么具有强制性,主要是因为劳动法和集体谈判权已经施加了保障措施。

然而,为了产生相应的结果,其中一些权利需要被"激活",正如一个德国企业案例中绩效薪酬计划的"退出选择权"所说明的那样。总的来说,充分利用制度权利资源的能力取决于结构性权利和联合力量。在仓库层面上,工会的联合力量的差异发挥了一些作用。随着工会的相互竞争和由此产生的叙述资源的分散,社会对话的质量降低,以及劳动力的高度分割和内部团结的破坏,在我们研究的法国企业案例中,争取更好的工作条件变得更加困难。在德国和法国,"新泰勒制"所引起的去技能化还促进了就业的临时化和低技能工人的雇用,从而进一步导致内部团结的破坏,因此也就削弱了工人委员会的权利资源。

除了权利资源薄弱的问题外,还有一个潜在的解释:工人及其代表动员起来争取其利益的能力有限,或者他们这样做的意愿有限。已成立的工会和职工代表有时尤其可能缺乏经验和技能,无法以最佳方式利用其权利资源来制定超越组织边界和延伸到整个供应链的包容性战略。本维格努(Benvegnú)等人在奥地利邮政业的案例研究中就提出了这一点。然而,在更加关注工会能力的同时,我们不应低估目前破坏工会结构性权利的经济转型所具有的非常重要的作用，以及一旦走上"新泰勒制"的道路，侵蚀其联合力量会进入恶性循环之中。

综上所述，在德国和法国，制度约束的有利影响（尽管是有限的）并没有完全阻止向"新泰勒制"转型，但它促成了"新泰勒制"的某种不那么强烈的形式。

尽管从长远来看，许多受影响的工作岗位的消失是一个漫长的过程。但这种结果仍然难以令人满意，我们不应该只是等待"机器人时代"的到来，而应该把低技能工作的人性化工作环境问题列入政府和公司的议程。这也是未来工作的一个重要项目。

结 论

本文分析了数字化与经济环境变化是如何影响物流业低技能工作的性质的，特别是工作内容以及与这些工作相关的工作和雇佣条件。在法国和德国零售仓库的专家访谈和企业案例研究基础上，作者调查了这些工作的适应性是否与文献中讨论的更具普遍性的"新泰勒制"工作场所转型相对应，并试图确定那些有助于稳定或改变这一趋势的因素。本文参考比较劳工关系相关文献，区分不同类型的工人权利资源，研究雇员及其代表如何以及在多大程度上重新谈判或影响技术和组织选择。通过关注总部设在法国和德国的企业，我们可以探究工会制度权利是否可以促进不同轨迹的发展，而非在自由市场经济程度较高的国家中出现的"新泰勒制"类型。

然而，研究结果表明，在数字化增强版的"新泰勒制"方面存在普遍的趋同现象，其特点是去技能化和强化绩效管理。有限的跨国差异在很大程度上可以解释为"精益"供应链转型以及业务外包和离岸外包的趋势对各国的影响非常相似，这对工人的结构性权利产生了负面影响。此外，联合力量也受到去技能化趋势的不利影响。同时，研究结果提供了一些证据，表明德国和法国的工人代表的制度权利产生了一定的积极影响，特别是否决权和共同决定绩效管理系统的权利。这些权利并没有完全阻止向"新泰勒制"的转变，但有助于在一定程度上降低"新泰勒制"的强度。

意大利和西班牙大企业的战略与结构（1950~2002）

〔美〕维罗妮卡·宾达 王 冉译*

【摘 要】 本文以阿尔弗雷德·钱德勒关于大企业的研究为出发点，探讨了20世纪下半叶意大利和西班牙的大企业是如何转变其战略和结构的。经验证据表明，与较先进的欧洲国家相比，直到20世纪后期，这两个南欧国家才部分地采用产品多元化战略或多部门结构。这两个国家通过组建大企业集团和专注型企业的方式提出了各自可行的替代方案，取代了起源于美国并在欧洲经济体中广泛流传的主导模式。

【关键词】 意大利 西班牙 大公司 企业战略 组织结构

引 言

自19世纪末期大型现代企业兴起以来，大企业的行为及其对经

---

* 本文原文系美国学者维罗妮卡·宾达所著，原文及出处：Veronica Binda, "Strategy and Structure in Large Italian and Spanish Firms, 1950-2002," *The Business History Review*, vol. 86, No. 3, 2012, pp. 503-525, https://www.jstor.org/stable/41720629；中国政法大学商学院硕士研究生王冉对原文进行翻译并提炼了摘要和关键词；中国政法大学商学院巫云仙教授对全文进行译校。

济发展的引领式影响一直是被研究的对象。阿尔弗雷德·钱德勒的研究在这一领域中影响最大。钱德勒对大企业研究的第一部系统性著作是《战略与结构》(Strategy and Structure),该书比较了杜邦、通用汽车、标准石油和西尔斯公司的管理演变和特点。钱德勒所著的《看得见的手》(The Visible Hand)则探讨了美国大型现代企业的起源和早期发展动态,分析了其在不同行业的行为。《规模与范围》(Scale and Scope)对20世纪上半叶美国、德国和英国最大的200家公司进行了比较,由此引发了学术争论。

钱德勒的研究著述启发了其他学者,他们也出版了许多关于欧洲发达国家大企业的著作。他们的研究目的往往是调研美国大企业战略和结构的扩散,正如钱德勒在上述提到的著作中所描述的,这些是利用第二次工业革命提供的机会的最有效渠道。《规模与范围》一书,虽然引起了其他学者的批评,但也激发了他们对钱德勒著作修订和扩展的兴趣。然而,即使经过几十年的研究,学界对钱德勒所描述的大企业扩散的结论仍然是莫衷一是的,我们对这个话题的了解仍然不完整。

一方面,许多研究表明,西方最发达国家的大企业之间存在相似之处。随着新千禧年的到来,美国、德国、英国和法国的大企业所采用的战略和结构似乎也是大同小异的。尽管它们的所有权和治理结构显示出相当大的差异,但大多数主要的欧洲发达国家大企业和美国大企业都采用了产品多元化战略和多部门结构。因此,它们继续遵循着近100年前美国大企业所选择的道路。

另一方面,还需要对西方最发达国家以外的大企业的历史行为作进一步研究。对于在美国、德国、英国和法国以外国家的大企业所采取的战略和结构仍然存在疑问。通过运用钱德勒的研究方法,并考虑到学界对他的研究结果的一些批评,本文主要研究意大利和西班牙的大企业。

本文将从三个方面来探讨这个问题。

首先，根据最近强调国家和政治经济对大企业行为影响的研究，本文希望说明，大企业的战略和组织选择并不完全建立在技术上，也不只关注降低成本。它们的发展在很大程度上受到其所在国家的政治和社会框架的影响。如果单从理论角度看，意大利和西班牙大企业作出的很多决策可能被认为是非理性的。但是，正如本文将说明的那样，这些企业的董事们所作的决定是非常理性的，因为他们不仅使企业生存了下来，而且还在他们所处的环境中取得了成功。

其次，一些研究已经证明，大企业在世界范围内遵循着不同的发展路径。规则、制度、市场和文化因国家而异，这导致了主要的所有权形式、企业控制和不同类型的治理实践、融资方法，以及某种程度上的部门专业化方面的异质性。对大企业组织的研究已经揭示了多种结构的存在。然而，在工业化进程起步较晚的国家中，这些大企业有几个不同于在美国和欧洲发达国家中所展现的共性特征。另一种组织结构，钱德勒没有研究但在世界范围内被采用的高度多元化的商业集团，正吸引着许多学者的关注。作为工业化的后来者，意大利和西班牙的经济都受到国家直接或间接作用的强烈影响，家族企业的主导使它们比最初出现大企业的国家更具国际代表性。

尽管如此，南欧在很大程度上被排除在关于大企业战略和结构的讨论之外。除了少数的例外，钱德勒式的多元化和多部门化大企业的扩散没有在对南欧大企业的研究中得到检验。即使是最近关于商业集团的研究文献也忽略了这些国家，留下了一个空白，本文将试图弥补这些研究的不足。

最后，本文将说明，为了理解美国以外国家的大企业在更长时间跨度中的行为，有关大企业的定义就必须重新考虑，要将近几十年来影响大企业变革的因素考虑进来。钱德勒认为，第二次工业革命中典型的大企业只出现在那些能够利用规模经济和范围经济，并建立高进入壁垒的行业。但如今，仅仅研究属于制造业的国内大企业是不够的。尽管这些大企业在20世纪60年代和70年代被认为是美国财富的支柱，但由于服务业在大企业全景中的比重越来越大，其代表性也越来越低。此外，特别是在后发国家，国内大企业几乎从一开始就面临来自跨国大企业的竞争。因此，有必要研究每个国家和行业中大企业的经营情况，以了解它们在每个国家的性质、作用和行为。

1950年后，意大利和西班牙走上了不同的经济和政治道路。第二次世界大战后，意大利成立了民主政府，并融入了欧洲和世界经济体系，而西班牙20世纪70年代中期仍由独裁者统治，直到20世纪80年代才完全融入欧洲和世界经济体系。尽管存在这些差异，但两国的历史都彰显了欧洲快速而稳定的发展。尽管两国在二战结束时都很贫穷，但随后它们的经济都有所增长。2008年金融危机爆发前夕，意大利的国内生产总值排名全球第七，而西班牙的国内生产总值排名全球第十。本文研究了西班牙和意大利在追赶更先进国家的过程中是否伴随着其大企业战略和结构的变化。

本文首先探讨的是，意大利和西班牙的大企业是否也像美国和欧洲其他发达国家的大企业一样，朝着多元化和多部门化的方向发展。然后，本文研究了与此相悖的替代战略和结构的扩散，并研究了这些大企业行为产生的原因。

在描述了研究方法、定义和资料来源后，本文将分析西班牙和意大利最大企业的战略和组织行为特征的发展趋势，并将它们与德国、法国和英国的对标企业进行比较，然后用三个部分来分析两国占主导地位的大企业的类型，包括现代大型企业、大企业集团和中小型大企业，最后在结论中总结研究发现。

一　方法、定义和资料来源

在第一部分，本文说明了定义多元化和组织结构类别的方法，并指出用以研究的资料来源。

为了寻找能够与美国大企业和欧洲其他发达国家大企业的研究结果相比较的数据，本文基于最初由钱德勒所启发，后来被参加"哈佛计划"的一个学者团队所采用的研究方法来进行研究，这个团队研究了20世纪70年代欧洲大企业的行为。最近，理查德·惠廷顿（Richard Whittington）和迈克尔·梅耶（Michael Mayer）重新开始了这项研究。

本文选择了三个基准年份来作为实证分析的基础，即1950年、1973年和2002年。1950年的数据展现了意大利参加第二次世界大战、西班牙发生内战以及两国战后重建对大企业发展的影响。对1973年数据进行分析能够揭示在"黄金时代"发展起来的大企业的情况，在这一时期它们的命运还没被石油危机所逆转。2002年的数据反映了20世纪80年代和90年代经济结构调整，以及欧洲和国际一体化对大企业身份和行为的转变所带来的影响。

根据这两个国家的大企业在1973年和2002年的销售额以及1950年的资产，选择了100家最大的非金融企业作为研究的样本。同时耗费很大精力来确定这些大企业中有哪些属于拥有共同的主要股东、采取单一战略和结构的正式的或者非正式的商业集团。

在确定纳入本文研究样本的标准时，笔者与"哈佛计划"学者团队研究范式所采取的研究方法有很大的偏差，在比较研究结果时应当考虑到这一点。鉴于之前的研究只涉及国内制造业企业，本文将在对意大利和西班牙大企业的研究中纳入外国企业和服务企业。作出这种调整是必要的，以便可以同时考虑外国企业和服务企业给这两个国家所带来的技术、资本和知识，以及几十年来非制造业企业发挥的重要作用。将外国企业和服务企业排除在数据集之外意味着会忽略一些大企业，而只是将相对较小的制造业企业与美国的大企业进行比较。

在确定选取的大企业研究样本后，笔者首先整理了这些大企业的大量基础信息，随后研究了这两个国家在三个基准年份中每家大企业的多元化战略和组织结构。根据它们所采用的四种理想战略和组织结构中的一种，将这些大企业进行分类，分类结果如表1和表2所示。

表1 多元化战略分类

分类	描述
单一业务的大企业	最少95%的收益集中在一个商业领域
有主导业务的大企业	70%~95%的收益集中在一个商业领域
相关多元化大企业	没有一个商业领域的收益达到70%，但不同的商业领域之间存在市场或技术上的关联
不相关多元化大企业	没有一个商业领域的收益达到70%，且除了特定的限制外，不同的商业领域之间不存在市场或技术上的关联

表2 组织结构分类

分类	描述
职能型	围绕主要职能进行组织，例如生产和销售
职能/控股型	有一个集中的核心和广泛的外围提供独立的业务
控股型	高度分散，缺乏对其活动的中央行政控制
多部门型	业务分散到明确界定的部门，而其中央总部通过系统的会计和计划机制控制战略和投资

表1、表2的分类，资料来源于国家统计年鉴中有关大企业的信息。1950年意大利大企业的分类，是根据意大利股份公司统计报告中列出的相关信息得出的，1973年和2002年的大企业分类是根据意大利统计年鉴中有关大企业的数据得出的。对于西班牙大企业的分类，1950年的资料来自西班牙政府和股份公司的财务年鉴记录的信

息，1973年和2002年的资料来自《西班牙最大的企业》(*The Largest Spanish Corporations*) 的年度出版物。

笔者从国有企业和证券交易所的年报和年鉴中提取了有关资产、销售额、利润、股本、市值和就业、所有权、企业战略和结构等信息的数据和资料。但是由于1950年涉及销售额的信息很少，因此本文以资产替换销售额对当年意大利和西班牙的100家最大企业进行排名。此外，由于无法从年度报告和年鉴中收集到研究需要的所有信息，尤其是第一个基准年份中家族企业、非上市企业、跨国公司的子公司的信息，我查找了其他信息来源，例如经济新闻稿、企业史和企业案例，以及企业家和管理者的传记，以便作出对大企业行为更可靠的估计。

二 多元化的战略模式

本文首先对意大利和西班牙大企业的生产策略进行描述性分析。根据钱德勒的说法，在美国，在第二次工业革命中诞生的大企业，为了确保新产品的持续生产、降低成本、提高效率，都采取了进入相关行业的战略。20世纪上半叶，美国最大的几家企业开始大规模实施相关多元化战略，并在二战后强化了这一战略。

为了跟随这一趋势，同时为了追赶美国的竞争优势，英国、德国和法国的大企业率先于20世纪50年代开始实施多元化战略，并在20世纪70年代巩固了这一战略的发展。30年后，惠廷顿和梅耶观察到这些大企业已经完成了多元化战略。他们据此宣称，欧洲大企业也正朝着"哈佛计划"学者团队预测的多元化战略方向发展，认为在20世纪90年代，欧洲大企业比以往任何时候都更具多元化。二战后最初几年，大企业一般都是实施一元化战略，但在德国、法国和英国，实施一元化战略的大企业有所减少。到20世纪末，欧洲大型经济体中的大企业至少有一半采取了相关多元化战略，意大利和西班牙大企业也追随了这一趋势，但实施多元化战略的程度有所不同。

尽管意大利从事单一业务的大企业数量有所下降，但这类大企业在西班牙仍然很重要。另外，在此期间，本文所研究的意大利和西班牙大企业中，约有1/3的大企业保留了有主导业务的战略。正如"哈佛计划"学者团队所预测的那样，两国越来越多的大企业都采取了相关多元化战略。这种形式在西班牙比在意大利传播得更广泛，但在这两个国家都没有达到它在欧洲其他国家所达到的渗透水平。2002年，在法国、德国和英国，半数以上的大企业都采取了多元化战略，而在意大利和西班牙只有大约40%的大企业采取了多元化战略。

与其他国家的发展经验形成鲜明对比的是，西班牙实施了不相关多元化战略，尤其是在弗朗西斯科·佛朗哥（Francisco Franco）独裁统治的头几年。但在20世纪60年代后，这种发展趋势有所减弱。在第一阶段，这一趋势主要与工业化早期几十年大型多元化企业集团的主导有关，但后来的半个世纪中，在意大利和西班牙，大企业都实施了典型的不相关多元化战略。

三 走向多部门的"M型"结构

战略一经实施，结构的选择就会随之而来。在这一部分，本文将对意大利和西班牙大企业组织结构的转变与美国大企业和欧洲其他发达国家大企业的变化进行比较。

根据钱德勒的观点，美国大企业在成长初期的第一个组织成就是采用了职能型组织结构。随着大企业产品的进一步多样化，这种组织结构不再适用。在20世纪20年代，一种新的组织结构，即"M型"结构（事业部制的组织结构，也称多部门型结构）开始出现在包括化工和汽车生产在内的行业中。由于其具备协调和管理的能力，以及多样化和国际化程度的加深，"M 型"结构最终在美国的大企业中占据了主导地位。

从 20 世纪 50 年代开始，"M 型"结构逐渐在欧洲最发达的国家中传播开来。德里克·钱农（Derek Channon）、加雷斯·戴斯（Gareth Dyas）和海因茨·森海塞（Heinz Thanheiser）的研究表明，这种结构于 1973 年已经扩散到英国、法国和德国。到 1993 年，"M 型"结构已成为欧洲最发达国家大企业最广泛采用的组织结构，在法国、德国和英国的 100 家大企业中分别占 76%、70% 和 89%。

观察 1950 年以来意大利和西班牙大企业的组织结构演变发现，这两个国家的大企业所采用的模式彼此相似，且不同于其他欧洲国家大企业采用的模式。然而，这两个国家的大企业实施这一模式的速度和程度并不相同。

在这两种情况下，职能型结构变得不那么重要了，而职能/控股型结构得到了广泛传播。但在意大利和西班牙，控股型企业所占比例却有所下降。在三个基准年份里，意大利控股型企业的比例稳定在 15% 至 20%，这一比例在西班牙大企业中更低。

最后，与钱德勒及其继任者的研究预测一致，"M 型"结构在意大利和西班牙得到广泛传播应用，但在两个国家中的传播速度和方式有所不同。在意大利，"M 型"结构的传播速度虽然缓慢，但却是持续不断的。西班牙大企业比美国大企业和欧洲其他发达国家的大企业更晚遇到这种组织结构，但它们都更明确地采用了这种组织结构。不过即便如此，相比于美国和欧洲其他发达国家，"M 型"结构在西班牙和意大利的传播是微不足道的。到 1993 年，法国、德国和英国有 70% 到 90% 的大型制造业企业采用了这种组织结构，而到 2002 年，意大利和西班牙只有不到 30% 的大企业采用了这种组织结构。将职能/控股型和控股型大企业的数量加起来可以发现，在意大利和西班牙，控股型是大企业的首选组织结构，紧随其后的是职能型组织结构。

1950年，意大利和西班牙的大企业所采用的战略和组织结构与欧洲其他发达国家相差不大。但在随后的几年时间里，受美国启发的大企业战略和组织结构对欧洲国家产生了不同程度的影响。意大利和西班牙的大企业则大多选择放弃多元化战略和多部门型结构，而这并非因其不合理或效率低下。在接下来的章节中，本文将对这些国家中钱德勒范式的大企业进行描述分析，然后再讨论大多数没有实行钱德勒范式的大企业，而这类大企业大致可分为大企业集团和专注型企业。

四 意大利和西班牙的现代大型企业

在这一部分，本文将分析钱德勒范式的"现代大型企业"，并描述其从美国到欧洲最发达国家的传播，其特点是采用相关多元化战略和多部门型结构。

1950年，这种形式的大企业在意大利和西班牙几乎不为人所知，这类大企业的第一个样本出现在1973年。虽然当时实施多元化战略和多部门型结构的大企业在意大利比在西班牙更普遍，但总体来看，1950年至1973年，这类大企业在这两个国家中都是很少见的，并且主要是在橡胶、食品、纺织品、电气设备和电器等制造业中运用。在某些情况下，出于对失去大企业控制的担心，家族会阻止大企业增长和其多元化进程。然而，大多数实施多元化战略并采用多部门型结构的西班牙和意大利大企业都是家族企业，如意大利的倍耐力公司（Pirelli，电缆和轮胎）、堡康利佩鲁吉纳公司（Industrie Buitoni Perugina，食品）和玛卓托公司（Marzotto，纺织品和服装）；西班牙的美利亚酒店集团（Meliá，旅游业）。在西班牙，一些跨国公司的子公司，如国际商业机器公司（IBM）、倍耐力公司和西门子

（Siemens）公司，也可以被归类为现代大型企业。

在 20 世纪 80 年代和 90 年代，实施多元化战略和多部门型结构的大企业在两国继续增多。1973 年，原本拥有这类大企业较少的西班牙终于超过了意大利。钱德勒预测，即使到 2002 年，除了西班牙电信公司（Telefonica）这一显著案例之外，相关多元化战略和多部门型结构主要由制造业的大企业实施。然而到 2002 年，实施这种模式的大企业的数量比 20 世纪 70 年代中期时要多得多。这种现象使这种战略和组织结构被主要股东和大企业所有者采纳的说法成为可能。意大利政府培育了实施多元化战略和多部门型结构的大企业，包括埃尼集团（ENI，石油和天然气）、芬梅卡尼卡集团（Finmeccanica，航空航天和国防）和欧洲汽车制造协会（Acea，能源和水），而西班牙政府资助了伊萨尔造船公司（Izar Construcciones Navales，造船）。此外，家族企业也遵循这一发展道路，如意大利的弗兰度集团（Fineldo，电器）、意大利 HDP 集团（HDP，出版印刷）、克雷莫尼尼公司（Cremonini，食品）等；西班牙海斯坦普公司（Corporación Gestamp，钢铁和汽车零部件）和乐家公司（Roca Corporación Empresarial，瓷砖和浴室用品），以及跨国公司的子公司，如意大利的艾波比公司（Asea Brown Boveri）和惠普公司（Hewlett Packard）、西班牙的雀巢公司（Nestlé España）和飞利浦公司（Philips Ibérica）。

在这两个国家，多元化战略比多部门型结构传播得更为广泛。增加新产品而不采用多部门型结构的大企业数量超过了采用多部门型结构的大企业数量。通过采用职能型、职能/控股型或控股型组织结构实现多元化战略的大企业比例不断提高，这不仅反映了意大利和西班牙这类大企业的总体增长率，也体现出这类大企业的活动不断扩展到新的领域，还表明了旧组织结构的持久性。

采用职能型、职能/控股型或控股型结构，在跨国公司子公司和家族企业尤为典型。跨国公司子公司在海外设立分支机构时往往部署较少的资源，当它们只从事其产品的批发或零售贸易时更是如此。在石油企业中，如美国埃索石油公司（Esso）、美孚石油公司（Mobil）和法国道达尔公司（Total）；在汽车企业中，如大众公司（Volkswagen）、雷诺公司（Renault）和标致公司（Peugeot Citroën）等，1973 年和 2002 年在意大利和西班牙都选择了这种方式。

另外，即使是家族企业，在这些时期也普遍通过各种控股型结构来管理多元化的企业。例如意大利的法尔克公司（Falck，钢铁）、格尔巴尼公司（Galbani，食品）和里佐利公司（Rizzoli，出版），以及西班牙的英格列斯百货公司（El Corte Inglés，分销）、乐家公司（Roca Radiadores，浴室用品）和安赛乐集团（José María Aristraín，钢铁）等，都在 1973 年采用了控股型结构。意大利的瑞瓦公司（Riva，钢铁）、意大利超市集团（Supermarkets Italiani，超市）和阿玛尼公司（Giorgio Armani，时装）等，以及西班牙的法罗里奥公司（Ferrovial，建筑）、印迪特集团（Inditex，纺织品和服装）和格罗巴利亚集团（Globalia，旅游）等，直到 2002 年仍在使用这种组织结构。

战略和结构之间的明显矛盾可以解释意大利和西班牙大企业缘何落后。然而，也有不少家族企业采用了多部门型结构，在某些情况下，采取家族成员担任各个部门的主管的方式来进行经营决策。

控股型结构符合这两国的法律和体制框架，因此采用这种结构有明显的优势。意大利财政立法支持这种控股型结构。控股型结构不仅为多元化战略的实施提供空间，而且使大企业能够通过使用"金字塔式"机制在市场上收集额外的财务资源，同时还能保留集中的所有权结构，因此能够在金融市场无效的国家中良好运行。在经济繁荣时期，当大企业被迅速买卖时，这种控股型结构可以成为管理混乱的多元化大企业的有用工具。意大利大型的农工和贸易公司费鲁齐集团（Ferruzzi）在 20 世纪 80 年代采用了这种控股型结构，前西班牙葡萄酒生产商鲁玛萨（Rumasa）在20世纪60年代和70年代也采用了这种结构。

在20世纪下半叶，虽然已经有一部分大企业通过实施多元化战略和多部门型或控股型结构而发展起来，但实施这样的战略和结构的大企业数量有限。1950年，意大利排名前100的大企业中有25家实施多部门型或控股型结构，而在西班牙只有4家。到2002年，意大利排名前100的大企业中有35家实施这种组织结构，而西班牙有53家。在这两个国家中，这些大企业的主要竞争对手是采取不相关多元化战略的大企业集团（主要是在20世纪50年代到70年代）和采取单一化战略或有主导业务的企业。

五　大企业集团

在意大利和西班牙，直到20世纪70年代，多元化的大企业集团还是最常见的公司形式。

以技术无关的市场投资组合为特征的大企业集团，在1950年和1973年的数据集中占据大多数。以公司资产、销售额和员工数量为排名标准，这些大企业集团都名列前茅。

在意大利和西班牙，国有控股的伊里集团（IRI）和伊尼集团（INI）占两国主要企业的1/5，是1950年和1973年最大的多元化大企业集团。在这两个国家的大商业环境中，伊里集团和伊尼集团都运营了很长一段时间。伊里集团的创建始于历史上的一个"灾难"，当时是为了救助意大利3家最大的银行及其工业股份而建立的。而伊尼集团则是作为西班牙总体工业化建设计划中一个明确的工具而出现的。直到20世纪的最后几十年，它们都是两国最大的企业集团。例如，意大利和西班牙的钢铁和机械工程工业中最大的那些企业仍然在国有控股企业的控制之下，因此它们往往无法决定企业的战略和结构。相比之下，美国、法国、德国和英国的大企业通常采取多部门型结构。从20世纪60年代开始，意大利和西班牙这些行业的战略越来越多地由政治和社会目标而不是经济目标来决定。1950年以后，伊里集团和伊尼集团直接或间接地救助了几家公司。1973年，伊尼集团控股的企业基本上属于石油、石化、天然气、电力、冶金、采矿、航空、服务、化学、食品工业和其他行业。当年百强企业23%的收入来自这个大型企业集团。同年，伊里集团控股意大利前100家最大企业中的20家，占总销售额的20%，涵盖了从金属到食品、机械工程到电视、高速公路到电信等一系列行业。

创建并扩大这些大企业集团的决定在当时无疑是有道理的。组建国有多元化大企业集团被认为是创建或管理大型国有企业的最佳策略，这种政治信念塑造了20世纪30年代后几十年的大企业格局。在二战后的"经济奇迹"时期，这些控股大企业集团的经济表现良好，但在20世纪70年代后，它们的经济表现变得越来越差，一旦这种趋势加速发展，这些大企业集团就会消失。伊里集团逐渐被政客们视为在意大利民众中建立共识并获得选票的工具，它所追求的短期战略无助于企业的经济绩效。西班牙的情况也好不到哪里去，由于缺乏民主辩论，部长们、其他政府管理当局和企业作出了糟糕的决定，甚至在经济衰落的情况下也继续维持这些决定。这些大企业集团刚成立时，其后来的表现是难以预见的。

在意大利和西班牙，大企业集团的扩张和重要性并不完全是由国家干预造成的。在意大利，许多大企业集团都是围绕家族建立起来的；在西班牙，则主要是围绕银行建立起来的。1950年大企业名单上的许多重要企业都是在私人企业集团的领域内运作的，如意大利的菲亚特公司（Fiat，汽车）、蒙特卡蒂尼公司（Montecatini，化学）和巴斯托吉公司（Bastogi，一家拥有多元化投资组合的金融控股公司），以及西班牙的大型银行集团、纳瓦若公司（Naviera Aznar，运输）和胡安·马尔奇基金会（Grupo Juan March，运输、电力和房地产）。除了新成立的公司外，还有意大利思尔集团（SIR，Società Italiana Resine，核心业务是化学制品）、意大利的蒙蒂集团（Gruppo Monti，石油）和意大利米勃利亚雷集团（Italmobiliare，水泥），以及西班牙的鲁玛萨集团（Rumasa，葡萄酒）等新企业，但1973年的大企业排行情况并没有太大的变化。

这些大企业集团具有异质性。一些由强大的中央政府部门管理；另一些则更接近于广泛的网络系统，其机制和普通股东的权利范围难以理解。其他一些类似于亚洲的大企业集团，高度多元化，有着相似的财务历史。但它们都不同于钱德勒所描述的"现代大型企业"。它们进入新领域的决定往往不是基于技术方面的考虑，钱德勒可能会怀疑它们无法有效地协调各种活动。随着时间的推移，这些大企业集团中有几个产生了严重的问题，其中大多数都消失了。尽管如此，在很长一段时间里，这些大企业集团仍然是这两个国家最富有、最赚钱的公司。

各种因素导致了这种企业形式在这两个国家的相对成功。首先，很少有普通公民有足够的财力进入第二次工业革命中诞生的资本密集型行业；其次，国内市场的规模相对较小，企业家们难以凭借自身经营的单一业务达到使他们能够成功经营的规模。与此同时，由于在工业化的前几十年中出现了许多投资机会，那些有资本投资的人往往选择进入不同的行业。

政府愿意保护新行业，这激励了它们作出这样的选择，并使它们能够在经营中盈利。例如，在意大利，特尔尼冶金公司（Terni）在20世纪30年代已经成为一个多元化的大企业集团。通过进入受国家保护或严格监管的金属、电力和化工等行业，特尔尼冶金公司获得了竞争优势。这种安排在佛朗哥统治下的西班牙显得更为重要，在西班牙，一些企业主依靠与佛朗哥政权的关系来维持其持续增长。胡安·

马尔奇就是一个很好的例子。胡安·马尔奇与佛朗哥关系密切,在内战期间和内战结束后,他都在经济上支持佛朗哥,于是马尔奇得以创建一个庞大的经济帝国。1950 年,他已经控制了西班牙主要的海运公司特拉斯梅迪特拉内亚(Compañia Trasmediterránea),以及巴塞罗那牵引电力集团(后来被称为 Fecsa)和房地产公司阿卡萨城堡(Inmobiliaria Alcázar)。

此外,在意大利和西班牙,几乎所有进入新行业的决定都与国家行动和政府政策间接相关。财政法律和发展政策促使大企业投资于较贫困地区或符合"国家利益"的行业,以便利用政府的激励措施。在这种环境下,大企业的扩张往往缺乏规划或远见,意大利化工企业意大利树脂公司(Società Italiana Resine)就是这种做法的一个很好的例子。通过利用政府对化工行业的兴趣及其在意大利南部投入的大量资金,该企业实现了快速而非凡的发展。在其他情况下,多元化战略是大企业顺应国家直接进入私营企业所扎根的行业所作出的选择。在意大利和西班牙,政府通过国有化进行干预的几乎每个案例中,向大企业提供的赔偿都高到足以说服企业修改其战略,并使其业务活动多样化。例如,在 1941 年的西班牙,银行开始购买工业企业股份,这是它们作为主要股东的铁路公司国有化,以及西班牙国家铁路公司 RENFE 成立而获得赔偿的结果。同样,在 1962 年的意大利,电力企业的国有化和意大利国家电力能源公司 ENEL 的成立,也为电力企业成为多元化企业铺平了道路。

马洛·吉兰(Mauro Guillén)的研究表明,佛朗哥的经济政策对大企业集团的出现产生了强烈的影响。在马洛·吉兰看来,大企业集团是一种企业家对贸易和投资机会的特殊不对称条件的反应,这种不对称条件阻止了或在很大程度上阻止了外国企业在西班牙独立行事。虽然西班牙的经济和技术相对落后,但该国的企业家和银行能够与政府以及外国投资者建立良好的关系,并与跨国公司结成伙伴关系,组成大企业集团，在许多经营活动中成功运作。西班牙大企业成功的关键是能够将国家给予的恩惠（优惠和保护）、国内市场和资产（劳动力、原材料），以及外部资源（外国资本和新技术）结合起来，使它们能够进入不同的产品市场。通过采用不相关多元化战略和控股型结构，它们能够抓住当地环境提供的机会，并获得高利润，至少在短期内是这样的。

大企业集团与政府之间的密切关系有时会导致其将不相关多元化战略视为一种责任，而不是一种战略选择。政府经常强迫大企业选择能够促进政治和社会发展的战略和结构，而不是选择促使经济效率或利润最大化的战略和结构。尤其是救助陷入困境的企业，这是大企业（尤其是国有企业）无法逃避的责任，而这样的任务往往迫使它们改变自身战略，将自己转变为实施不相关多元化战略的控股企业。然而，私营企业，如意大利家电公司扎努西（Zanussi），如果想继续得到国家的帮助和保护，也只能被迫救助濒临破产的企业。

最后，不相关多元化战略间接地受到前国有企业私有化的支持。例如，意大利纺织和服装企业贝纳通公司（Benetton）通过购买意大利和西班牙以前的国有企业，继续向不相关多元化战略的方向发展。例如，该公司收购了意大利高速公路公司（Autostrade）和西班牙机场零售分销公司阿尔迪萨（Aldeasa）。

六 中小型大企业

除了多部门型结构现代大型企业和大企业集团外，意大利和西班牙也有大量的中小型大企业，它们在三个基准年份中都有排名。

1950年，在法国、德国和英国，存在大量专注于单一业务并采用职能型或职能/控股型结构的规模相对较小的企业。这类企业大多数是家族企业，其所进入的领域既有传统行业，也有技术先进行业，包括纺织、食品、汽车、化工、造纸和建筑业。在20世纪末，意大利和西班牙的这类企业数量还特别多。

由于意大利和西班牙的经济体规模相对较小且国民收入较低，大企业缩减规模、经营单一的业务也是非常合理的，这可以解释为什么这类专注于单一业务的大企业在这两个国家中持续存在。

政府本身也可能间接导致这些大企业缩小规模。根据一些学者的说法，在内战后，伊尼集团的建立导致西班牙大企业规模缩小，且有充分的记录反映伊尼集团试图边缘化私营企业。

这些中小型大企业利用国家的保护，可以减少甚至消除国内市场上的外国竞争者。因此，这些大企业可以证明维持单一和主导的业务战略，以及采取职能型、职能/控股型和控股型结构是合理的。在美国和欧洲其他发达国家，日益激烈的竞争使单一化战略和结构失效，它们被多元化战略和多部门型结构所取代。然而，在意大利和西班牙，由于国内市场规模仍然很小，竞争不激烈，小规模的企业结构仍然有效，而这类规模小、实行单一业务战略的企业是不可能轻易地通过多元化战略筹集到增长所需的资本的，更不可能进入少数尚未被国有企业和跨国公司接管的行业。

此外，1973年意大利和西班牙顶级企业中存在众多跨国公司子公司，在2002年这类公司数量进一步增多，这能够解释数据集中许多中小型大企业的持久性问题。虽然跨国公司子公司有时采取相关多元化战略，特别是在西班牙，但在大多数情况下，它们集中于单一业务或集中于分销母公司的产品。因此，在意大利和西班牙，多元化战略和多部门型结构的大企业是作为单一业务和职能部门运作的，从而增加了这类大企业的数量。2002年，意大利的戴姆勒-克莱斯勒公司（DaimlerChrysler）、道达尔公司和葛兰素史克公司（GlaxoSmithKline）等，西班牙石油公司（CEPSA）、通用汽车公司（General Motors）和达能公司（Danone）等都采取这种战略。

最后，需要着重指出的是，越来越多的非制造业企业专注于单一或主导业务。正如钱德勒所声称的，多元化战略在很大程度上取决于技术激励，而这在服务部门可能是次要的。因此，意大利和西班牙相对较多的非制造业企业部分解释了单一或主导业务的大企业持续存在的原因，即许多服务行业的大企业之所以不选择多元化战略，只是因为这样做没有特别的优势。

结　论

长期以来，美国实施多元化战略、多部门型结构的大企业代表着发达国家似乎注定要向其靠拢的主要范式。尽管每个国家的历史和背景不同，但许多学者认为，推动公司追求"最有效"战略和结构的理性决策，解释了西方最大企业的趋同行为。

然而，意大利和西班牙的经验表明，在现代西方工业化国家，大企业并不总是采取与美国大企业相同的发展道路。虽然实施多元化战略和多部门型结构的大企业在这两个国家建立并扩大了它们的业务范围，但这类大企业出现的比较晚，而且从长期来看，其发展程度也不高。不同的企业组织形式，比如大企业集团和专注型企业，在西班牙和意大利都很常见，而且在发展的中期都是相对成功的。

本文的研究结果支持了这样一种观点，即大企业根据其所处的政治和社会背景来选择企业战略和结构，而不仅仅是受经济目标的驱动。虽然在意大利和西班牙大企业并不总是取得成功的，但考虑到它们所处的环境，它们为自己选择的发展战略和组织结构是"理性"的，从而保证了它们在工业化巩固时期和后期的生存发展。此外，导致这两个国家出现替代性战略和结构的动力并不是唯一的。

意大利和西班牙大企业所采取的路径实际上比美国、德国、英国和法国所采取的路径更具代表性，而美国、德国、英国和法国的大企业发展路径反而是例外的。工业化的延迟、国家干预，以及强大的家族企业和私人游说团体的存在等因素对意大利和西班牙多元化大企业集团的扩张产生了重要影响。许多其他工业化后发国家发生的事件，其特点与意大利和西班牙很相似，也值得系统分析。大企业集团不仅是大多数国家工业化第一阶段的特征，而且在许多国家是最普遍和最持久的组织形式，这一事实值得进一步进行实证调查。

最后，本文经验证据证明了近几十年来大企业组织形式发生的转变。对大企业的研究还必须包括非制造业企业和跨国公司子公司。服务业企业和跨国公司也是大企业的重要组成部分，但其行为很少受到关注。

民初精盐公司的兴起与产销一体化趋势

李健英　李　娟[*]

【摘　要】 民国北京政府时期的盐务改革开启了中国盐务近代化的历程。张謇、景本白等盐务改革派代表人物在试图对盐务制度进行改革的同时,先后创办制盐公司,改良盐质,改变盐业生产方式。其中,景本白联合范旭东等人成立了中国第一家精盐公司,久大精盐公司创办之后,一批精盐公司相继创办起来。这些精盐公司从挽回利权出发,随之进入通商口岸及重要商埠,进而与淮盐展开激烈竞争,并力图打开内地食盐市场,实现自由行销。精盐公司采用产运销一体化的运行模式,具有生产高效、管理科学、运输便捷、综合竞争力强等优势,打破了食盐领域长期以来一直延续的僵化、封闭的运行模式,改变了传统盐业内部产运销相互分割的局面。精盐业的发展可以视为盐业近代化的重要成就。

【关　键　词】 精盐　盐业生产　盐业近代化　食盐立法

---

[*] 李健英,三亚学院财经学院副教授,博士,研究方向为中国近代经济史;李娟,三亚学院财经学院讲师,研究方向为中国近代经济史。本文得到国家社科基金一般项目"南吴北范寡头垄断格局对近代中国化学工业技术创新和产业发展的影响研究"(20BJL011)的资助。

引 言

盐业有着自身的特殊性，历代封建政府都非常重视盐政管理。管仲"官山海"政策实行之后，长期以来，食盐一直都是国家专卖行业。历代封建政府在食盐运销领域的专卖政策略有分别，汉武帝时对盐铁进行官营，唐代的榷盐法、宋代的钞引盐制、明代的开中制和纲盐法，则是对国家专卖政策的进一步细化。

如果按照产、收、运和销等各个环节的情况进行划分，中国自古以来实行的盐专卖制度包含了以下几种重要的模式。其中，全部官专卖制系指产、收、运和销全部由官方统制；部分官专卖制表现为生产上采用民制，其他方面由官方控制；就场官专卖制则是在"收"的环节采用官收的形式，其他产、运、销环节实行民制、商运和商销，但政府仍具有十分强的控制力；如果是商专卖制，则产、收、运和销各环节官方均不插足，即采用民制、商收、商运以及商销的方式。①

在明后期盛行的商专卖制下，食盐由专门垄断运销的世袭专商所把持。这种制度在清代得以大范围的实施，清政府对专商行盐和销盐的区域进行划分，这种固定下来的区域即所谓的"岸"。专商纳税后，持准许贩运盐斤的引票（向政府缴纳一笔款项后，获得的相当于特种行业营业执照之类的证明），将盐运往已然视为"私人领地"的"岸"进行销售，即形成了专商引岸制度。这种制度体现为在"产盐"、"行盐"、"运盐"和"销盐"各个环节的严格限定。

盐政制度的落后可谓祸国害民。到了近代，盐政仍然存在诸多弊端，远未解决百姓高价购食劣质粗盐的问题。在民初，每张引票价值上万两白银，约可提 4000 担盐，成为盐商获得巨额垄断利润

---

① 张立杰：《南京国民政府"验票"新论》，《安徽师范大学学报》（人文社会科学版）2007年第 5 期，第 565~570 页。

的来源。[①] 在垄断的保护下，为了提升营业利润，盐商在盐中掺拌杂质的手段无所不用其极，商业伎俩上显得寡廉鲜耻，完全不讲任何的商业道德。对利益的无限追求，导致粗盐的品质极其低下。食盐行业呈现出明显的传统性与制度落后性，弊端丛生的食盐运销制度很显然是等待着被逐步淘汰的落后制度。民国北京政府时期的盐务改革由于洋人的参与，带来了较多的新思维和新气象。在此过程中，精盐业诞生，盐业生产技术方面的进步开始提速。本文将对这一问题的前因后果进行研究和解剖，以便总结出一些有用的经验和启示。

一 研究综述

"盐政"在民国北京政府初期的政治舞台上发挥了重要的作用。民国北京政府时期，经历了1912年上半年、1913年下半年开始的两次盐务改革。1913年下半年开始的盐务改革涉及盐务稽核所及洋人作用的评价等问题，相对来说成果数量多，研究较为深入。众多学者论述了此次改革的历史背景，改革的具体措施、主要内容及效果，并分析了丁恩主持的盐务改革的特点，认为此次改革着力于扩大税源，加强稽征考核，尤其在食盐中央集权征税制的建立方面取得了十分显著的成绩，显示了中国早期盐务管理改革层面取得的重要进展。如刘洪升认为民国北京政府时期进行的盐务改革实际上与当时特殊的历史条件密不可分。这一复杂的历史事件表现出多重特点，表现为国外势力以债权地位推动，却在客观上与当时国内的社会经济发展需要相符合，代表了盐务改革的方向，其进步性表现为开启了中国盐务近代化的艰难历程，因此，在中国盐业史上这是一次十分重大的历史事件，

---

① 李德成：《北洋政府时期的盐务管理》，《江西师范大学学报》（哲学社会科学版）2001年第1期，第76~81、105页。

此次改革的进步意义是明显的。①刘经华通过将税盐产量的统计数据确立为评估盐务改革绩效的首要指标，对1913年至1918年中国12个主要盐区如何进行盐务改革及其改革绩效等问题进行详细考察和评价，通过量化指标分析推进了研究的深度。盐务管理的复杂性使得在某一个盐区成功推行的政策可能无法在另一个盐区得到顺利的实施。但各盐区的改革在加强集中管理和扩大政府权力等方面基本上实现了全国一致性，各盐区的税盐数量大体上保持了增长的态势。另外，在市场开放及政府权力的收缩等方面，各大盐区的情形差别十分大。②

1913年至1918年的重要盐务改革由盐务稽核总所洋会办丁恩主持，因此，他在近代中国的盐务改革中发挥了特殊的作用。如在改革之前，各地盐务普遍存在偷盗成风及税制紊乱等突出问题，导致盐产量下降、盐税收入锐减。在丁恩的领导下，辅以盐务改革派的努力，民初盐务改革使上述弊端得以极大消除。如陈争平、林建宇、刘经华等学者通过将民初两次盐务改革进行比较，对盐务稽核总所洋会办丁恩的地位和作用进行了专门的探讨和评价，分析了丁恩和中国资产阶级盐务改革派的角色差异，以及双方在盐务改革中各自发挥的特殊作用。学界普遍认为，在近代中国，盐务稽核所的设立和洋人参与中国盐务管理是列强强取中国经济的手段和工具。此举虽然有损国家主权，然而其所推行的改革盐务体制的举措客观上开启了中国盐务近代化的历程。③

食盐运销走向自由贸易制度显然是大势所趋。在民国南京政府头

---

① 刘洪升：《北洋初期的盐务改革与中国盐务近代化的开端》，《历史教学》2005年第9期，第29~33页。
② 刘经华：《民国初期盐务改革思想论析》，《盐业史研究》2003年第4期，第20~28页。
③ 参见陈争平《民初盐务改革及洋会办丁恩》，《盐业史研究》1989年第2期，第41~53页；林建宇《盐务稽核所与中国盐务近代化》，《中国井矿盐》2004年第1期，第46~48页；刘经华《论洋会办丁恩在民国初期的盐务改革》，《厦门大学学报》（哲学社会科学版）1997年第1期，第105~110页；刘经华《民国初期建立食盐中央集权征税制述论》，《盐业史研究》2002年第3期，第3~11页。

— 177 —

十年（1927~1937年），食盐自由贸易制度和专商引岸制度之间展开了十分激烈的斗争。学界对民国南京政府时期盐务改革的研究主要集中在对1931年新《盐法》迟迟未能实施的原因探讨上，同时，这些研究往往与对民国南京政府财政状况的分析联系在一起。1927年尤其是1930年中原大战结束之后，国内政局相对稳定，民国南京政府虽面对难得的发展机遇，但没有及时跟上时代的步伐。众多学者（如张立杰、董振平等）对民国南京政府时期盐务改革的情况进行分析，从改革发生的背景、盐税整理的内容和措施、改革的实际效果评估和对社会民生福祉的影响等多个层面探讨了民国南京政府时期盐务改革及盐税整理方面的内容，并评价了其利弊得失。从效果和影响看，民国南京政府通过一系列的改革与整理盐税的举措，在增加税收和维护中央权威等方面取得了十分显著的成效。然而，民国南京政府一味追求财政收入的增长，最终导致此前改革食盐运销制度的努力陷于停滞，失去了盐务改革的大好机会，对国家的现代化进程的推进与社会民生福祉的提升造成了较为深刻的不利影响，这种局面对此后发生的抗日战争产生了负面影响。[①]

总体上看，民初盐务改革是一场关于食盐国家专卖与自由贸易制度的大争论，重点是食盐运销制度的变革。然而，学者们对盐业生产及技术方面的探索十分不足。精盐采用机器和化学方法生产出来，是盐业近代化的重要表现。精盐业产生于民国北京政府盐务改革时期，并成为民国南京政府盐务改革的有力"参与者"。但精盐在民初盐业产销中所占比重较小，因此被学界忽视。部分涉及精盐的论文，主要探讨近代中国盐业的近代化问题，对精盐业的专题研究十分罕见。其中，刘佛丁认为盐业的近代化包含盐业生产方法、生产关系、消费结

---

① 张立杰：《南京国民政府盐税整理与改革述论》，《民国档案》2008年第1期，第61~69页；董振平：《论1927~1937年国统区食盐专商制与自由贸易制之争》，《盐业史研究》2003年第4期，第14~19页。

构、商业销售、运输手段、税务稽征及管理系统等诸多方面。他在探讨清末及民初时期,盐务管理从传统模式向近代模式转变过程中取得的进步,以及食盐消费、运输及生产等方面的问题时,涉及精盐业的产生及生产技术的进步等话题。① 刘经华在《关于中国早期盐务现代化的几个问题》一文中,对精盐业的产量、销区等作了一定的研究。② 精盐代表着盐业发展的方向,已有的研究成果数量与其地位和状况不相符合。

本文对精盐业的产生背景以及精盐公司产销一体化的趋势作重点研究,并探讨在此过程中洋人所起的作用,同时论述在传统食盐产销领域中难以产生精盐公司的原因。

二 民初盐务改革及精盐业的诞生

1911年,辛亥革命爆发后,造成了盐务管理的瘫痪,食盐运销数量急剧减少,中央政府盐税难以征收。在这样的背景下,国内兴起了盐务改革的风潮。到了1912年上半年,部分南方省份开始发起盐务改革运动,民初第一次盐务改革就此开始。由于历史条件的限制,历次盐务改革均未触及根本,张謇等盐务改革派官员所主持的改革也不例外。这次改革盐制的努力最终还是不可避免地走向失败。然而,此后的形势发生了很大的改变。

1912年12月,在张謇与景本白等盐务改革派人士的倡议下,中国历史上首个全国性的专门从事盐政改革且为纯民间组织的团体"盐政讨论会"于北京成立,该组织吸收的会员多达数千人,除正副会长张謇和熊希龄之外,梁启超、张弧、左树珍均加入其中,通过在

---

① 刘佛丁:《论中国盐务管理的近代化》,《南开经济研究》1991年第4期,第44~51页。
② 刘经华:《关于中国早期盐务现代化的几个问题》,载曾凡英主编《盐文化研究论丛》第1辑,巴蜀书社,2005,第22页。

各省设立分支会，使盐务改革有了一个统一的组织。①"盐政讨论会"还创办了由景本白担任主编的刊物《盐政杂志》，此后该刊物成为盐务改革派宣传改革理念的重要媒介。而1914年11月，久大将筹办处设于"盐政讨论会"内，体现了盐务改革与精盐出现之间存在的紧密联系。②

民初第二次盐务改革始于1913年下半年。在此期间，盐政方面的一个巨大变迁是，中国盐政管理第一次有了外国人的身影和参与。盐务稽核所的设立，使"善后大借款"各债权国在中国重要的机关有了利益代表。此次盐务改革的主持人实际上是盐务稽核总所洋会办丁恩及中国本土的一众盐务改革派官员。

民初第二次盐务改革的进展主要表现在：统一盐务管理，建立起一个从中央到地方，具有权威性、独立性的盐务管理系统。本着尽量减轻消费者税负，同时使国家增收的目的，盐税征收体现出合理性、普遍性和公平性等公共财政原则。通过科学设置管理流程，改革使政府盐税收入得以快速增长，同时在税收分配上倾向于向中央政府集中。运销方面则开始大力实施就场征税制度，使食盐领域走向以竞争性价格为基础的自由贸易制的步伐大大加快。这些新提出的改革思想显然已经突破了传统盐务改革者的思路和框架。

盐质的提升反映了盐业生产技术的进步，因此，粗盐的退出与精盐的兴起是盐业近代化的重要标志之一。从15世纪开始，精盐业就已经在西方国家出现。到了19世纪下半叶，西方国家的民众主要食用精制盐。然而，到了民国初年，国内精盐生产仍属空白。相对于食盐运销领域的进展，丁恩主持的全国性盐务改革，在盐业的消费结

---

① 刘佛丁：《论中国盐务管理的近代化》，《南开经济研究》1991年第4期，第44~51页。
② 《久大第一次筹备会议事录》1914-12-19，原化工部久大永利公司历史档案：久大历年大事记略卷。

构、运输方式和生产技术的改变方面略显迟缓。① 在"善后大借款"的合同中，系以国内全部盐税收入为偿付的第一担保。为了保证盐税收入的稳定增长，需对国内盐务进行整顿。"善后大借款"的合同中，有《改革盐政》和《改良盐质》的附件。② 附件中载明盐务整顿的费用共为 200 万镑，折合国币约为 2000 万元。其中，计划设立机器制盐厂需款 300 万元，即从上述 2000 万元中支出。1914 年，范旭东曾奉派调查欧洲砖盐工厂，为民国北京政府创办精盐厂进行筹备和计划。③ 然而，丁恩却认为如果按照他的设想顺利推行运销领域的自由贸易制改革，那么中国食盐的质量自然会得到改善。而且在中国北方沿海区域分布的盐场十分适宜于晒盐，因此，设立近代化机制盐厂的紧迫性并不高。按照合同规定，新建的机制盐厂应是国营企业，丁恩对此也十分忌讳，因为政府直接卷入食盐生产领域，很容易造成盐务改革的倒退。在丁恩的坚持下，与"善后大借款"有关的设置近代化机制盐厂的计划被废除。

中国市面上最早出现的精盐，系从国外输入。海禁开放之前，并无外盐输入。海禁开放以后，来中国的外国人人数日益增多，他们常常指摘中国食盐品质过于低劣，极不卫生，并以此为由，要求清政府准许他们将洋盐运入中国。清政府当时虽然没有明文许可，但洋盐实际上能自由运入。此后，洋盐伴随大批工业品涌入中国境内。④

20 世纪初叶，通商大埠领风气之先，精盐价廉物美，国人也纷纷购买，商埠的消费层次面临一次显著的升级。除通商口岸外，内地

---

① 刘佛丁：《论中国盐务管理的近代化》，《南开经济研究》1991 年第 4 期，第 44~51 页。
② 《创办改组经过及资本变动情形》，原化工部久大永利公司历史档案：久大历年大事记略卷。
③ 《范旭东致中国银行总裁李伯芝函》1915，原化工部久大永利公司历史档案：范旭东与久大各厂处负责人的往来函件卷。
④ 《久大禀盐务署呈请立案文》1914-7，原化工部久大永利公司历史档案：制造类禀呈。

洋货铺中也开始出售洋盐。① 海关虽未将精盐列入册报，但洋盐实际进口数量逐年增加。对于晚清政府来说，这显然造成了利权外溢，国家税基受到侵蚀。凡是涉及中国盐业需提升盐质、希望政府允准创办精盐公司的呈文，对洋盐的进口替代、提升国库收入必是盐务改革派及创业者口中的重要理由。虽然丁恩未能成为推动中国精盐业创生的积极力量，但国外精盐充斥通商口岸的事实却成为国内设立精盐公司的重要推手。

1914年7月，范旭东决定与盐务改革派重要代表人物如景本白、梁启超及左树珍等进行合作，向财政部盐务署呈请成立精盐公司。1914年7月20日，财政部盐务署批准了上述申请。1915年6月7日，久大工厂在塘沽开始兴建；同年10月30日，工厂建设完成，久大工厂所在地靠近长芦盐场，因此粗盐的取给十分便利；同年12月1日，久大呈报开始制造精盐。由于产品畅销，该公司很快开始扩大规模。1917年11月30日，久大第二工厂建筑完成。②

久大作为中国的第一家精盐公司，意义可谓重大。久大建成之后，呈请设立精盐公司者越来越多。第二家精盐公司为通益精盐公司。通益精盐公司成立于1921年11月，精盐工厂设在烟台西沙旺大街，经理为林子忱，副经理为林镜汀，职员41人，工人180人，最初资本额为42万元，由股东龚贻德、孙养俭、林子有等召集。③

久大、通益之后，一批精盐公司顺势而起。据统计，当时向民国北京政府呈请立案以创设精盐公司的多达53家，获得政府批准的为21家，最后成功建立起来的共13家。④ 作为精盐业的跟进者，其他陆续创办的精盐公司壮大了精盐业的实力，精盐业于是成为中国当时

---

① 《久大精盐公司事件》，《盐政杂志》1915年第17期，第221~226页。
② 《久大盐业公司历年大事记略》，原化工部久大永利公司历史档案：久大历年大事记略卷。
③ 卞杰明：《我国之精盐事业》，《时事月报》1935年第4期，第241~250页。
④ 蒋静一编著《中国盐政问题》，正中书局，1936，第36页。

重要的新兴工业之一。这些新兴的公司设厂制造精盐，改变了传统盐业的生产和销售方式，它们集体亮相商界，以其独特的清新风采令世人耳目一新，让人寄托无限期盼。

从"善后大借款"附件内设立机器制盐厂的动议、国外精盐输入的冲击到国内精盐公司的纷纷设立，这一切都说明了中国盐业生产领域的近代化受到洋人的极大影响，这种影响在民国北京政府时期持续存在。如盐务稽核总所第二任洋会办甘溥（Gamble）对精盐业持支持态度，他认为精盐若能和粗盐在市场上实现自由竞争，显然是一件利国利民的事情。虽然在当时的情况下，自由贸易的目标一时难以实现，但精盐得以在通商口岸及部分商埠进行销售，与盐务稽核总所的态度有一定的关系。1925年2月2日，扬州淮商四岸公所致函财政部盐务署，称"盐务署顺从稽核总所洋员之意，多方设计，破坏引岸，最重大者为精盐倾销各省引岸"。上述盐务稽核总所"设计"之事，指的是1924年，财政部盐务署为了发行盐余公债，答应了盐务稽核总所会办韦礼敦的要求，将精盐纳税章程提交国务会议议决，并由法制院审核。[①] 对精盐业来说，精盐纳税章程的颁行是其地位合法化的重要证明，也是精盐走向自由行销的重要铺垫。精盐纳税章程的制定，显然也得到了洋人的大力支持。

民国北京政府时期，外国势力主张废除"专商引岸制"，而力主实行"自由贸易制"，对中国盐务进行改革、整顿，其目的无非保护其债权，维护自身在华的巨大利益。洋人对市场力量的依赖，客观上对精盐业的兴起与发展产生助益。

三 精盐公司产运销一体化的运营模式

民国初年，精盐公司普遍采用机制工厂进行生产、采取公司制组

---

① 周秋光编《熊希龄集7》，湖南人民出版社，2008，第677页。

织管理、使用铁路和轮船进行运输、利用现代营销方法进行销售,从而成为中国传统盐业近代化的重要体现。精盐公司采用不同于食盐领域长期以来存在的僵化、封闭的运行模式,改变了传统盐业内部产运销相互分割的局面。

精盐公司普遍采用新式的公司制组织方式。新兴公司制的较早出现,成为精盐业的重要特征。如久大的组织,公司内部设营业部和会计部,工厂方面则设制造部、管理部、人事部三个部门,每个部门均设置部长一名。制造部又分为盐煤处、监工处、原盐处、木工房、铁工房、电机房等;管理部包括工务处、采购处、包装处、库房、交际处、会计处、统计处、庶务处、滩务处、测绘处等;另外,工人室、工人住宅、医院和职工消费合作社等处则归人事部管辖。[①] 久大改变了中国早期所创工业常采用的工头包办制,公司聘请了一批留学生及国内大学生、专科生分别主持各部门工作。[②] 专业化岗位的设置及专业人才的使用,使公司做到了人尽其才,且尽得分工合作之效。

精盐的生产是一个连续的过程,设立工厂进行集中生产,能有效提升效率、降低成本。实际上,精盐的制造过程并不复杂,一般精盐制法分为以下几个步骤:第一步,将粗盐倒入化盐池内,用水溶化成卤,将卤水引入另外池中,去除泥沙等杂质,去除杂质的过程需要重复多次,以将泥沙等杂质除尽;第二步,用高压将卤池中的盐吹入打卤泵内,再经过铅管通入煎锅;第三步,将通入煎锅的盐卤煎成结晶块;第四步,将上述含有不少水分的结晶块放入仓中,蒸发水分,通过电筛,即制成洁白的精盐。[③] 其他精盐制造方法虽略有差异,但制造流程类似。因此,精盐公司普遍设立工厂进行连续性的生产。

在此之前,也有企业家尝试改变精盐生产方式。早在1903年,

---

① 卞杰明:《我国之精盐事业》,《时事月报》1935年第4期,第241~250页。
② 《久大三十年》,《海王》1944年第31期,第242~256页。
③ 塘沽久大精盐股份有限公司:《国货年刊》1934年,第196页。

张謇就集资 10 万银圆成立了同仁泰盐业公司，该公司尝试在淮南吕四场采用手工工场聚煎的方式生产食盐。同仁泰进行集中生产，且努力采用新式制盐方法，颇有近代化的意味。然而，由于同仁泰雇用的盐民嫌公司所发薪资过低，且平时无法经营副业，生产积极性很低。张謇在 1911 年终止雇工聚煎的尝试，不得不"回归"分散生产的传统方式。①

上述问题在 1914 年后出现的精盐公司内得以部分解决。如在 1927 年 3 月前，久大技术工人每天工作时间为 10 小时，普通工人则需工作 12 小时，但发放较为优厚的工资和享受较高的福利待遇。1927 年 3 月之后，久大采用 8 小时工作制。到了 20 世纪 30 年代初，久大新建第七厂时，需添招工人 10 余名，消息传出之后，各方面函荐工人的公私信件共计 200 余封，前来面试的大部分工人都经过舟车跋涉，远道而来。最后，久大只得用抽签的方法进行决定。② 在高工资下，精盐工厂工人的生产积极性显然比普通工厂更高。

在精盐工厂内，采用国外进口机器设备的情况十分普遍。以近代精盐业一家规模较小的公司——定海民生精盐股份有限公司为例，定海民生精盐股份有限公司于 1928 年 5 月成立，是全国第十家、浙江第一家精盐制造公司。该公司仅有职员 14 人，工厂工人 35 名，但所用技术设备却是从国外进口的。一开始，定海民生精盐股份有限公司引进美国制盐技术及设备，但因其设备笨重落后，后改用德国制盐技术及设备。③ 定海民生精盐股份有限公司成为舟山当地引进国外技术设备最早的工业企业。

由于设备精良，制造方法科学，精盐的盐质得到极大的提升。精

---

① 张荣生：《张謇——清末民初的盐务改革家》，《盐业史研究》1994 年第 1 期，第 44~53 页。
② 《由工业困难说到农业复兴》，《海王》1933 年第 8 期，第 113~114 页。
③ 《舟山文史资料》（二），浙江人民出版社，1992，第 217 页。

盐应市之后，克服了国内盐业长期存在的氯化钠成分过低、杂质过多的弊端。1929年，财政部盐务署曾对中国各精盐公司的产品进行抽检化验，结果显示通益的产品质量最佳，氯化钠含量达到了99.35%。通益产品质量如此上乘，并非无故。为了提升精盐质量水平，通益公司设立化验室，配备各种仪器及化学试剂，并延聘专家化验盐质。通益所用粗盐原料，系购自滩户手中。滩户将盐样送来之后，需先行化验；粗盐运到之后，随时开包检查，氯化钠含量较高、无泥沙和毒质方为合格。严把质量关，是通益出产的精盐洁净无比的根本原因。[①] 氯化钠含量第二高的是久大和民生，接着分别为永裕、裕华、通达、利源、华丰、五和，最差的是福海、奉天、洪源。但所有精盐公司的产品所含氯化钠均在91%以上。显然，这是一些让粗盐从业者感到汗颜的数据。采用先进设备由工厂生产出来的精盐，相对于粗盐来说具有十分明显的产品质量优势。

　　制造精盐所用的主要原料是粗盐。10斤原盐一经溶化提炼，除去杂质水分，只成7斤卤水。[②] 因此，作为一种精加工的过程，原料成本在精盐制造成本中所占的比重较大。久大精盐公司于1914年7月呈准财政部盐务署立案后，即开始与塘沽当地灶户接洽，购买粗盐，但这种原料供给方式对工厂化生产造成了一定的不便与困扰。为了避免原料受制于人并有效降低成本，精盐公司尝试自置盐滩，扩大企业的纵向边界。

　　久大盐滩分为自置和外租两大类。久大自置盐滩共五处，五处盐滩合计购置价洋21.78万元。久大外租盐滩共两处，两处外租盐滩面积合计1902亩，租价总额为6766元。[③] 而久大从国外购买发动机及

---

① 唐辰忱：《参观烟台通益精盐厂通讯》，《关声》1935年第11期，第625~649页。
② 《禀盐务署遵批陈明恳予立案文》1914-8，原化工部久大永利公司历史档案：税法类禀呈一。
③ 卞杰明：《我国之精盐事业》，《时事月报》1935年第4期，第241~250页。

锅炉，并在上海求新厂订制釜灶等设备，共花费不到 1 万银圆。① 因此，从投入看，原料供给领域的盐滩购置及租赁成本，远高于生产领域的设备投资。自置盐滩供给原料，实是极其重要的举措。公司愿意进行此类投资，在一定程度上是因为合同本身具有不完备性，这导致对剩余控制权等契约权利进行清晰界定十分困难。在这种情况下，将合作者由纵向一体化转化为内部机构，则可以减少甚至消除因剩余控制权引起的相应的机会主义行为，最终达到降低交易费用的目的。久大的情况即是如此。在购入盐滩之后，该公司"从此根本确定，可无再受人抑勒之虞"。接着，久大就滩建设起东厂，精盐产量进一步提升。久大还将剩余滩产，运销河南、山西等省，或转售给别家商号。②

各公司粗盐的来源情形略有差别。通益的工厂所用粗盐系向烟台本地的牟平、石岛等地采购而来，每担成本为 0.5 元。粗盐需用帆船运到烟台。通益每年所用粗盐最多达到 30 万担，最少 10 多万担。③ 而青岛永裕公司所需粗盐分为自制生盐与购买粗盐两种。其他精盐公司通常向附近盐场购买粗盐而获得生产原料。

精盐公司一般选择自建较为健全的销售组织，存在明显的产销一体化趋势。在全国各精盐公司中，久大以最悠久的生产历史、最庞大的产品行销网络，以及最多样的产品线，成为这一充满朝气的新兴领域中的样板企业。1916 年 9 月，久大在天津东马路设立总店。此后，久大精盐销售网络逐渐铺开，在上海、南京、芜湖、安庆、九江、汉口、岳州、长沙、常德、沙市等十余处重点城市设立支店或经理处，最早的精盐市场由此形成。久大经理处按营业状况及统属性质分为三

---

① 《第四次筹备会议事录》1915-3-21，原化工部久大永利公司历史档案：久大历年大事记略卷。
② 久大精盐公司等编《塘沽之化学工业》，久大精盐公司，1932，第 6 页。
③ 卞杰明：《我国之精盐事业》，《时事月报》1935 年第 4 期，第 241~250 页。

种：区经理处、直辖经理处及区辖经理处。即使是精盐承包商、特约分销商，往往也组织现代公司进行销售，如久大在江西销岸就曾由吴荫乡和郭步青等集资组织利和昌公司，在南昌、九江等地销售精盐。①

精盐在运输中广泛采用铁路与轮船等近代化、效率高的运输工具，有效地降低了食盐运输过程中的损耗，且运费低廉。精盐销售通路打开的过程十分复杂，与其所采用的运输工具也有一定的关系。久大等公司能够顺利进入长江流域一带的市场，是因为当时存在难得的市场空档期。1924年至1926年，江南各省连年战事不断，加上水旱灾害频发，往日在此地销售的淮盐、川盐，由于运输梗阻，食盐价格高企。而精盐则是由轮船运来，运输便利。精盐每百斤售价比淮盐、川盐要低五六角。九江、汉口一带，精盐销售尤为旺畅，市面上常常供不应求。在这种情况下，营口各精盐公司先后成立，正是因为在特殊历史背景下，通商口岸精盐的畅销。② 精盐公司通过及时补上粗盐市场出现的空缺，在市场层面有了较大的拓展。否则，在引商的势力范围内，食盐销售代理商不会轻易与精盐公司进行合作。

总体来看，精盐通过产销一体化，有效地提升了自身的市场竞争力。相对于粗盐来说，除质量优势外，精盐还具有综合性的成本优势。20世纪20年代，精盐销区拓展，生产规模扩大，面临难得的发展机遇期。

四 传统盐业产销分割与提升盐质动力的缺失

一如棉纺织工业，中国食盐产业总量巨大，却从来没有一个发达

---

① 《久大盐业公司股东名册、股数及办理股权登记经过》，原化工部久大永利公司历史档案：股务卷。
② 《全国精盐公司调查记》，《中行月刊》1933年第1~2期，第101~119页。

的、纯粹的、采用大工业生产方式的食盐工业。粗盐的生产都不集中在工厂里，而分散在无数的盐民手中，所以是典型的传统产业。采用小生产方式，以或晒或煎的手段，且以民制为主生产食盐，构成了中国几千年来食盐产业生产状况的总体面貌。这种状况一直到20世纪20年代初仍无明显改变。

长芦商人曾提出，如果政府认为精盐质量较优，而他们行销的粗盐质量不佳，"则当谕令灶户尽买机器，尽行熬盐，商等即买灶户之熬盐"①。那么疑问是，为什么近代长芦盐场的灶户一直未引进国外先进的制盐设备？规模庞大的食盐产业为何不主动改变落后的生产方式，利用工厂进行集中生产呢？

要解决上述疑问，首先需分析盐业领域的利润分配情况及盐业生产者的困境。政府在盐业领域内采用高度垄断的专商引岸制度，因此，盐业内部极高的利润一直被统治阶级所控制。与盐业有关的所有阶层，均视与政府核心权力之间关系的远近亲疏来对食盐领域的高额利润进行分配。一般来说，越接近核心权力圈的集团，其能够分享的利润就越多。盐民阶层分到的仅仅是其中很小的一部分，堪堪满足生活的基本需求。加上政府严格控制食盐生产，数量众多、直接从事食盐生产的手工业生产者（如盐民和灶丁等），在粗盐生产的各个环节为生计奔波，找寻自己的工作机会，获得有限的生存工资，他们显然不能通过发展生产以改善自己的处境和生活状况。因此，盐民和灶丁丧失了工厂化生产的能力。

在传统盐业领域，由于产销的分割，产生于运销领域的巨大利润，很少投资于生产领域，造成了产业链各环节的不匹配及产品质量的极度低下。盐业巨额利润沉积在运销领域，除了使旧商过着富比王侯的奢侈生活外，还产生了政商各个环节高额的寻租费用。因此，引

---

① 《长芦盐商呈长芦盐运使呈》1920-10-16，原化工部久大永利公司历史档案：盐务交涉卷之一。

商背靠垄断优势，缺乏改进产品质量的动力，不愿在提高食盐质量上付出无谓的成本。改进生产方式动力的缺失，造成能够提升盐质、极大提高劳动生产率的技术和设备难以引入传统盐业之内。如在自贡、犍乐等地，盐场在20世纪40年代以后才最终实现分工扩大，并进行初步的工厂化运营。[1]

精盐出现之后，对淮盐造成了一定的冲击。旧盐商"积极以肆行破坏，席其祖先剥削之雄资，利用特殊势力之荫庇，限制平民购食，阻遏改革新机，无所不用其极。官商依倚，深相给托"[2]。他们通过军阀势力等，向民国北京政府施压，并以多种理由屡屡提起诉讼。他们还派代表赴财政部盐务署，要求取缔"久大精盐"。鉴于当时盐政改革呼声正浓，上述提议并未获得财政部盐务署的采纳。

抵制久大精盐未成，旧商又很快作出反应。对形势明了的旧盐商，为保全自己的营业，模仿久大，推出精盐制造计划，作为抵制精盐公司的手段。为此，淮商组建了乐群公司，鲁商则创办了鲁裕公司，长芦、两浙盐商也有组织精盐公司的提议。[3]

1917年3月，淮南四岸运商清吉昌等致电财政部盐务署，"以淮盐引地，商等世业所在，拟公筹资本，购机设厂，制炼精盐，专销四岸通商口岸"[4]。与成立乐群公司方案一块提出的，则是另一个"允许代销"的计划：淮商每年为久大在淮南四岸代销，等到他们自己所办的精盐厂出产之后，即停止代销。

1918年，财政部盐务署核准乐群公司在济南场燕尾港设立工厂，制造精盐。财政部盐务署核准乐群公司每年产精盐数额为3万担，此数在精盐业中属较小规模。相对于淮盐庞大的产量来说，乐群公司的

---

[1] 李华：《近代四川盐业生产关系的特点》，《盐业史研究》2011年第2期，第52~57页。
[2] 《精盐总会宣言》，《银行周报》1927年第21期，第51~53页。
[3] 景本白：《精盐之前途》，《盐政丛刊》1922年第2期，第19~22页。
[4] 南开大学经济研究所经济史研究室编《中国近代盐务史资料选辑》（第1卷），南开大学出版社，1985，第283~284页。

产能更可忽略不计。乐群公司一直到1920年才开始出货运销。乐群公司精盐的行销地方,与其他精盐公司一样,也是限定在通商口岸范围之内。乐群公司精盐应缴纳的税款,按照盐斤运销各通商口岸的现行税率,用4个月期票,在起运时预先缴清,这些都与精盐业的相关规定一致。① 因此,乐群公司的产运销等环节完全与精盐公司相同,而非与淮盐原专商引岸制相适应。

乐群公司的经营可谓极为不顺。1921年,乐群公司精盐曾尝试由南京旧商乙和祥代销,而乙和祥则为南京销市开放与否问题与精盐业大打官司,乐群公司与旧引商的命运紧密结合在一块。② 该公司到1933年时,所设精盐工厂早已停制,经营方希望将所存精盐降作粒盐,归附近盐场进行统一配售。此呈获盐务稽核所同意。但乐群公司希望借"仓屋遭风,失修渗漏所致",要求每包按113斤秤放。这同旧盐商借卤耗之名请求加斤一样。此要求未获盐务稽核所允准。③ 这批存盐处理完之后,乐群公司就此终结。

出资30万银圆创办乐群公司,仿制精盐,这是淮商所能想得出来、也较为高明的一个重要应对举措,乐群公司的创立也不能简单地理解为旧盐商所作的最后挣扎。一个大疑问是,为什么旧盐商创办的精盐公司无法真正获得成功?除经营者能力之外,这与旧盐商创办精盐公司的动机有关。实际上,淮商创办乐群公司并非为了赚取更多的利润,而是为了狙击精盐公司,对精盐业造成破坏和冲击,内里有着一定"不赚钱"的冲动。

乐群公司的背后,是整个淮盐专商引岸制度的支撑,该有的报效和捐输等一样不少,而额外的资本支出和低于正常精盐公司的盈利能力则使该项目显得缺乏市场吸引力。这种带有特殊使命的公司,天然

---

① 林振翰编《淮盐纪要》,商务印书馆,1928,第22页。
② 《史代会办致潘总办函》1921-4-6,原化工部久大永利公司历史档案:盐务交涉卷之三。
③ 《民国二十二年盐务稽核所年报汇编》(上编),1933,第18页。

地区别于市场化企业的单一营利功能。由于缺少造血能力，其延续依赖于投资方的输血机制。这就决定了当补贴停止的时候，该公司的生命也就走到了尽头。林振翰在《淮盐纪要》中，以一种非常隐晦的语句结束对乐群公司的描述："规模虽小，要亦两淮破天荒之举。但该公司宗旨别有所在，未曾悉心经营，为可惜耳。"[①] 盐质改良的历史性任务，最终未能由传统盐业生产者和盐商来完成。

结　论

　　无论是食盐运销体系的改革也罢，精盐市场的发展也罢，或是在盐业基础上发育起来的新产业发展热潮也罢，唯有放到盐务改革这一大背景下才能更清晰地阐述和定位它们的真正意义。

　　就改革而言，近代盐业的改革之路在具备自身相当明显的独特性的同时，又具有很强的共性。民国北京政府时期，洋人推行的相关政策对中国盐政产生了一定的积极影响，在某种意义上促进了中国盐业的近代化。在清末民初的盐业近代化之路上，如果没有洋盐进入中国并盛行于通商口岸，中国精盐业的迅速出现将是一件不可想象的事情。改革常在一个意料不到的所在实现刚性制度约束的突破，这也许是改革始终令人感到意外和不可捉摸的奇妙所在。

　　精盐不仅没有拖盐业的后腿，而且为盐务改革提供了一个全新的出路。精盐产业有两大特点，一是较早地引入了现代企业制度，进行公司化运营；二是实现了食盐领域的产销融合。因此，这些精盐公司不是传统盐业市场的专商，它们也不是贫穷落后的盐民，它们更不是盐滩主，它们是中国近代盐业近代化的重要力量。

　　与粗盐从业者相比，精盐公司在生产设备、产品质量、经营管理

---

① 林振翰编《淮盐纪要》，商务印书馆，1928，第22页。

及产品综合成本等方面均具有十分明显的优势。到20世纪30年代初,精盐逐渐推广到安徽、湖南各口岸。总的来说,精盐公司在食盐市场狂飙突进的背后,是产品市场综合竞争力远超粗盐的结果。

在自由贸易制下,就产品质量、竞争能力而言,质优价廉的精盐具有先天的优势,传统粗盐及其专商恐怕难以匹敌,精盐业最终胜出的把握性很大。旧盐商正是认识到这一点,才对精盐公司进行亦步亦趋的模仿。但终因动机不纯,市场竞争力大打折扣,盐质改良及进一步推动盐务改革的重任仍需由新生力量来完成。

◎企业家·企业家精神◎

现代商业企业的起源：
欧洲企业家精神

〔德〕埃德加·萨林 张晓琳 译*

【摘　要】 以桑巴特对资本主义发展阶段的分类为研究线索，资本主义企业家呈现出早期、中期和晚期的不同特征，其形成有诸多原因。早期资本主义企业家呈现出艰苦创业的特点，面对封建制度的压迫和排斥，依然勤奋工作，促进经济社会不断发展；中期资本主义企业家呈现出对利益的极致追求，随着经济民主化的不断发展，企业联盟和股份公司应运而生；而晚期资本主义则呈现出经济民主化衰落及企业法西斯化崛起趋势，现代大型企业的不断发展和企业内部晋升制度的形成，造成企业家创业激情的退散，工业经济让生产活动失去活力。随着资本主义进一步衰落，人们将更愿追求稳定的收入而非创业的风险，企业家也将因为商业模式官僚化而失去信心，最终转向其他领域。

【关　键　词】 欧洲企业家　企业家精神　资本主义发展阶段

---

* 本文系德国经济学家埃德加·萨林所著，原文及出处：Edgar Salin, "Origins of Modern Business Enterprise: European Entrepreneurship," *The Journal of Economic History* 12, 1952, pp. 366-377, https://www.jstor.org/stable/2114065；东北师范大学美术学院硕士研究生张晓琳对原文进行翻译并提炼了摘要和关键词；吉林大学东北亚学院博士研究生赵万鑫对全文进行译校。

引　言

研究欧洲企业家精神研究领域的社会学变化并非易事，主要是由于缺少早期的历史数据和个人传记。因此，依照桑巴特（Sombart）划分的三个经济发展阶段理论，通过对比分析早期、中期（或称成熟期）和晚期资本主义企业家的不同特征，可以更加清晰地梳理出相关变化。

虽然将欧洲企业家归纳为单一类型，将会导致国家间的差异因素被忽略，但无须为此担心。笔者认为，国家间的差异性是源于时间差异，即资本主义发展阶段的不同。如对19世纪中叶英国企业家的特征描述与对19世纪末德国企业家的特征描述并无太大区别，完全可以通过二者归纳出中期资本主义企业家的共同特征。

一　"不拘一格"的早期资本主义企业家

首先，让我们从早期资本主义企业家着手分析。这一时期企业家的特征轮廓简单清晰，相较于其他社会中坚力量，诸如骑士、牧师、庄园主以及工匠等，他们因获得巨大成功而引人关注。诚然，其他群体也并不缺乏活力与激情，但是企业家却能将决心、毅力、勇敢等优秀品格与对物质的特殊渴望有机结合，注入富有创造性的组织驱动力，精打细算地对日常生活进行合理化改造，并通过记账等形式最终呈现出来。

天赋异禀的企业家们广泛分布于各民族和种族之中。他们之所以备受关注，是因为其对待生活的态度以及所处的社会地位不同寻常，或主动或被迫地偏离了当时的传统社会形式。因此，欧洲各国的企业家们被视为"异教徒"或"外星人"。"异教徒"本指那些信仰非本国主要宗教的信徒，如天主教国家里的新教徒，基督教国家里的阿拉伯人或犹太人，或者意大利等国家里的"开明"天主教徒。而此处的"异教徒"指的是那些没有严格执行禁止放高利贷法令的钱商，用最新学术观点来论证其资本主义行为合理性的资本家，以及那些希望通过资助教会来洗脱生前罪孽或者免于地狱折磨的垂死者。同时，充满活力的工匠和小商贩也加入类似的创业团体当中。

然而，封建社会依然展现出其强大的韧性。直到18世纪末，在意大利、德国、法国以及英国，一旦某个家族获得数额巨大且来源可靠的财富，那么这个被称为"新人"亦称"暴发户"的群体将会以被授封贵族头衔或者家族女性继承人与贵族联姻等方式，被封建体制所同化吸收。可以说，大部分英国贵族和乡绅都是富有的企业家或银行家（当时被称为高利贷者）的后裔。甚至几乎所有没落贵族都曾不止一次地因得到企业家女儿的丰厚嫁妆而摆脱经济困境。

在这种社会重组中，究竟是何种力量发挥了决定性作用？是宗教因素、政治因素还是单纯的物质因素？该问题难以回答，且答案并不是唯一的。在马克斯·韦伯（Max Weber）所著的《新教伦理与资本主义精神》（*The Protestant Ethic and the Spirit of Capitalism*）一书中，他借助清教徒崇尚劳动神圣性的概念，来类比企业家在物质方面获得的成功，以上帝对工业和贸易认可之名，消除了天主教对资本主义施加的一系列限制。英国研究人员却提出了相反的论断，认为资本主义的发展不仅违反了法律，同时也违背了教会的戒律。但是，他们并未驳斥韦伯的观点，因为这个伟大学者并没有限定答案。他只是试图抽离出一种研究思路给世人以启发，便于其他研究者遵循各自思路开展研究。

依我所见，早期资本主义企业家的典型特征主要源于异教和新教。之所以将新教作单独说明，是因为新教在当时已经发展成超越其他所有异教的独立宗教。我知道这种说法并不新颖，因为其他研究人员早就关注到这点。如伟大的经济学家、统计学家威廉·佩第（William Petty）于 1699 年就发表其观点，认为贸易并不局限于任何一种宗教，而是整体中的异化部分。通俗来讲，就是早期资本主义企业家和异教徒一样，都不墨守成规；他们拒绝传统的束缚，用崭新的技术和方法来探索获取金钱和接近上帝的道路。

然而，尽管在 18 世纪后半叶，企业家的数量显著增加，尤其在英国最为明显，但旧的封建社会制度在整个早期资本主义时代被完好无损地保存下来。社会进步的速度的确加快了，特别是在这些所谓异类被迫背井离乡、流浪四方的情况下，独立自主意识促进了新的生活方式形成以及新的生产技术诞生。这一切真实地发生在荷兰、普鲁士、瑞士、奥地利、英格兰，以及那些为胡格诺派教徒和犹太难民提供家园的地方。但工业技术的飞速发展并未触及旧的生活模式和经济理念。在乡村，封建主义经常以资本主义企业的新形式（庄园经济）存在；而在城镇，行会在管理过程中的主导地位从未改变，行会经济在形式上更加僵化。竞争依然受到大众质疑，机器的投入使用也不被人们所认可。直到 18 世纪中叶，我们依然会看到英国将廉价销售行为称为"可耻的勾当"，甚至像波斯莱斯维特（Postlethwayt）这样的大商人也抵制新发明，认为机器的使用让我们失去力量。

因此，早期资本主义企业家看起来更像那个时代的乡绅，并区别于他的继任者，即中期资本主义企业家。你只需要看看意大利的基尔兰达约（Ghirlandaio）或者荷兰的弗兰兹·哈尔斯（Franz Hals）等画家的肖像作品，就能观察到他们的胸有成竹和信心满怀，这些男男女女身姿挺拔，面带威严且步伐从容。阿尔贝蒂（Alberti）肯定了这种看法，认为勤奋工作的人从不慌里慌张。清教徒的格言也说道：以清醒的步调行走，别弄乱了你的步伐。18 世纪末的法国社会观察者梅尔西（Mercier）将这些商人的说话方式总结为"骄傲自大的腔调"。

二 "利益至上"的中期资本主义企业家

中期资本主义企业家与他们的先辈形成鲜明对比,将"时间就是金钱"作为人生信条,主张残酷竞争,质疑落后传统,认为科学进步将造福于人。他们唯利是图,不考虑是非曲直,也不在乎重要与否。那么,这种新型企业家由何而来,又将如何发展壮大?

从19世纪初到第一次世界大战期间,欧洲各国的宗教势力依然在中期资本主义阶段发挥巨大作用。在法国,虽然法国的柯尔贝尔(Colbert)和圣西门(Saint-Simon)成为新的商业推动者,而且"勤劳致富"的口号得到大量中产阶级的拥护,但法国在中期资本主义阶段的发展仍然落后于英国和德国。在德国,新教教徒占企业家人数的比重远高于其占总人口的比重。但这并非中期资本主义企业家崛起的原因,因为战争结束后,企业家之间的差异性逐渐消失。在个别欧洲国家,如奥地利和德国,反犹太主义的出现说明"虔诚信徒"和鄙视商人的群体都折服于金钱的诱惑。

至于企业家数量的增长,主要有两种解释。一方面,法国大革命以及在其他国家发生的类似改革,连同旧的社会形式和社会理想一同摧毁。人们不再崇尚贵族身份,而将财大气粗作为"绅士"形象的最新解读。这些"绅士"遵守商业准则,不论是在商业场所还是在休闲环境中,他们都穿着讲究,彰显他们作为新资本主义社会精英的荣耀地位。另一方面,席卷西欧的民主化浪潮给资本主义发展带来强烈冲击。资本所有权被进一步扩大,股份公司作为新的企业形式为经济领域的民主发展提供了契机,即使在普鲁士等政治民主化遭受重创的国家里,经济民主化也得以发展。在这种新的制度中,股份赋予每位股东同样的投票权,平等和自由成为游戏规则,股东大会可以任用或罢免企业管理人员,而"资产负债表"作为衡量参考,决定了企业和管理层的命运走向。

最初，由于股份公司是家族企业重组后演变出的新形态，股份公司的主管与独立企业家并无区别。在整个欧洲范围内，他们都呈现出共同特征，即富有想象力和创造力，为了抵御商业风险而不惜牺牲亲信、声誉甚至家庭，为了获得商业成功而不择手段，但所有行为都遵循商业道德准则。这些企业家将工人与机器完美融合，极大地发掘了工业社会探寻地球、自然和人类的生产潜力，通过不断评估现有生产力水平来提高生产效率，不仅为企业带来巨大经济收益，也为爆炸式的人口增长提供更好的生存条件。

尽管中期资本主义企业家取得了举世公认的非凡成就，但他们依然在两方面惨遭失败，而恰好这两方面关系着国家和社会的稳定，一直受到人们的高度关注。一方面，他们的经济天赋和社会地位不能永久世袭；另一方面，他们始终没有得到社会民众的广泛认同，也没有在欧洲社会等级制度中得到应有的地位。造成这种局面的因素有很多。正如托马斯·孟（Thomas Mann）所言，资产阶级是第一代建设，第二代巩固，第三代衰落，直到消失在社会舞台上。这种"宿命"在法国、德国和意大利不断应验，而在英国和瑞士也不罕见，像西门子和温德这样的大家族是极少数的例外。在瑞士，18世纪的贵族大多变成19世纪的商人，尽管他们已失去政治上或者商业生活中的主导地位，但至少依然存在。

总体上，在封建社会勉强维持几个世纪的创业激情，在现代追求经济利益的过程中崭露头角。但这种激情在欧洲普遍开始衰退，且并不局限于那些成功的企业家。人们不再追求冒险精神，也不愿为潜在的损失买单。于是企业联盟在各个商业领域出现并崛起，最初是在英格兰，而后是在德国和瑞士。一方面，企业联盟可以有效消除竞争压力；另一方面，企业联盟为商人提供经济担保，无须再为获得利润而面临巨大风险。这一变化始于一战前夕，由于保守派企业家在企业联盟中占据主导地位，最初人们并未意识到其根本性的变化。另外，德国斯廷思（Stinnes）和蒂森（Thyssen）这样的卓越企业家依然可以制衡各种企业联盟，不断扩大自己的企业。然而在一战后，特别是在1929年大萧条时期，一种新的企业家类型横扫欧洲，那就是晚期资本主义企业家。

三 "忘却初心"的晚期资本主义企业家

促使欧洲晚期资本主义发展的因素有很多，多数因素尚未在美国出现。

首先，欧洲劳工运动和阶级斗争的特点与社会大众政治革命的观点相结合，促使企业家建立了关系紧密的合作联盟。在类似德国的军事国家里，义务兵役制度强化了民众对组织力量的信任，雇主和工人受到中央集权和威权政府的影响而进一步加强团结，在成功企业家身后依附了众多文弱官僚。在其他国家，虽然这一进程发展缓慢，但是结果相同。

其次，我们将资本主义的民主化归结为中期资本主义阶段的主要特征，但在晚期资本主义阶段，虽然民主形式被保留下来，但是其精神实质已被大幅削弱。股份公司的规模越大，其配股发行越多，那么股份的投票权就越流于形式，变成一种名义上的权利而不再由股东掌控。同时，股东大会在名义上虽是掌权阶层，但实质上已经变成对公司管理层决定进行审批的机构。

最后，随着企业规模的不断扩大，尤其是股份公司规模的不断扩大，优秀人才的晋升机会逐渐减少，企业管理层缺乏拥有优秀企业家精神和品格的新鲜血液。19世纪中期白手起家的小企业家，在艰苦的竞争环境中得到提升与磨炼。而在20世纪的大型企业中，人们不再通过努力奋斗成为管理层，对公司长久且忠心的服务成为晋升的潜规则。所以，虽然人们依然追求高效，但此时奴性的特质被认为优于个性的力量，官僚组织的能力高于大胆创新的主动性，已成为不争的事实。一战爆发带来的通货膨胀和通货紧缩，摧毁了所有欧洲人的信心，他们开始质疑社会的进步、储蓄的意义，以及资本主义秩序下的货币价值。而此时的管理者除了继承先辈的企业家名号外，便一无所有。

在1929年的一次企业家论坛上，我首次提醒人们去关注术语方面的变化：业主企业家的称呼已经被董事企业家所取代。直到今天，在使用伯纳姆（Burnham）的"管理革命"一词时，也体现了这一变化。但是如果想进一步了解社会的发展演变，并澄清欧洲和美国之间的区别，仅关注"管理者"这个称呼是不够的。因为，正如美国所呈现的，管理者通过不断适应时代变化来提升企业家能力，而在欧洲，它实际上指代一种新的企业家类型，即晚期资本主义企业家。

在进行特征归纳前，我想再次强调，本文借助马克斯·韦伯定义的"理想类型"来展开论述，但并不会将其内涵尽数呈现。不仅因为所谓"理想化"的特殊用法，而且因为个体差异的真实存在。正如在经济学和文学中，新的类型出现并不意味着旧的类型消亡，不同风格往往长期共存。因此，当今欧洲仍然存在很多旧的类型的企业家，他们经营的中小型企业数量相对较多，但并未获得实际权力。在不同的欧洲国家里，他们试图联合小商人和工匠组成小型政党以避免被历史潮流淘汰。

为何晚期资本主义企业家与其先辈有所不同？表面上看，他们喜欢听到人们称呼其"经理"、"总经理"或者"董事长"，而他们的先辈将这些称呼视为一种侮辱，对于那些真正的、有地位的商人来说，他们只想被称为"商人"或"企业家"。众所周知，特别是在德语区，头衔被独立商人看作贬低的标志。直到今天，头衔已经和企业家建立稳定的依存关系，"经理"不仅是公司雇员，而且获得企业内部最高薪酬。这种欧洲企业家在经济、政治和心理方面遇到一个难题：他们还没有为这个新职位做好准备，因此在与同事的人际交往中，无法妥善处理沟通中存在的各种问题。恰恰相反，他们试图以经济或行政手段将自己的地位凌驾于其他雇员之上，并对他们进行绝对掌控。如晚期资本主义企业家在其企业中称王称霸，尽管由于个人性格或企业环境差异而有所不同，可能是绝对霸权、设置企业内部法令、纯粹威权或类似父权来行使其至高权力。另外，当前的资本主义企业家就像议会部长，接受过官僚教育和培训，在晋升到最高职位后便试图从企业民主制度中脱身，确保其职位不会遭受罢免，并可以独立于企业发展情况而决定个人薪酬高低，进而从"股份公司制度的法西斯化"过程中获取收益。

"股份公司制度的法西斯化"意味着曾经代表民主的股份公司制度走向衰落，民主规则不再被人遵守。通过银行或者律师行使的投票权不再用来表达业主意愿，而是用来维护管理层的统治地位。如果股份公司制存在打破统治地位的风险，那么欧洲各国最大的担忧就是创造了拥有多重投票权的股份，这些股份被友好型银行或组织接手；等级投票制度限制了普通股东的权利，并为董事建立了互惠保障制度。结果是，尽管企业管理层负责作出冒险决策，但是相应的风险并不由他们承担，而是完全落在没有发言权的股东身上，多数情况下最终由国家承担。

社会以一种近似荒诞的方式在不断发展，以至于鼓励垄断资本主义发展的国家在很多情况下，允许企业作出超过其自身权力地位的行为，尤其是在德国、意大利、法国和瑞士，当企业家的错误决策将威胁大型企业使其濒临破产时，国家将会挺身而出施以援手。因此，与先辈相比，晚期资本主义的欧洲企业家确信，企业规模越大，国家承担最终风险的可能性就越大。换言之，他们自称私营企业的捍卫者，却在企业亏损时率先求助于国家，然而他们却未意识到"风险社会化"最终将导致"利润社会化"。

意识形态和社会现实的差距在其他领域也表现得十分明显。晚期资本主义企业家在抱怨国家官僚机构扩大的同时，忽略了其权力的获得也是源于企业成长为一个庞大的官僚机器。在资本主义发展中期，一个工业雇员到政府部门工作鲜有人见。但在今天的欧洲，人们更愿意选择在国家官僚单位工作而非企业，稳定的工作和丰厚的养老金相较于独立与自由，更受人们欢迎。

因此，企业开始逃避作出冒险决策，在封建体制被摧毁后，资产阶级的心态和行为从内部逐渐瓦解。在目前实行新自由主义经济政策的西德，抵制竞争性经济体制的除了行会之外，还有企业家。如1952年春天，企业家抵制铁矿石价格放开，他们并不希望解散企业联盟。这进一步表明，没有欧洲企业家会拒绝在国有化企业中维持其原有地位。由于缺乏独立创新的意识和改善生活的意愿，人们对于在私企工作还是在国家机关工作表示无所谓。最后，在少数欧洲国家里，甚至连所谓的"资产阶级"政府都没有勇气解除战时或战前的股息限制。无论这种做法对政治或财政意义多么重大，最终仍导致19世纪的利益民主化消失殆尽。

二战结束后的重建情况也能证明这一观点。近年来，欧洲国家的重建基本依靠自筹，在一定程度上借助马歇尔计划的援助，但并未得到国内资本市场的支持，比如西德。过去企业家的成就和贡献基于广泛的中产阶级，可当前他们不再将这一社会阶层的利益作为奋斗目标，甚至背道而驰。他们更像是一种中立化的社会实验，人类作为其中的理性规划者，让工资、工薪阶层和消费者等元素参与其中，但最终还是由少数"资本家"来主导。因此，战后时期的巨大利润不再流向创业经济，而是转向合法贸易。如今，欧洲新富阶层更像是早期资本主义的商人和金融家，而区别于中期资本主义的企业家。

熊彼特（Schumpeter）谈到创业功能的过时。我不知道这是否适用于美国,但就欧洲而言,技术进步的趋势使生产过程表现出大众化和自动化的特点,并将生活的各个方面还原成具体数字来呈现。与董事会或理事会的集体行动相比,企业家个人行为变得不再重要。正如在现代战争中,总参谋部的工作远比基层的天才将领更重要,而指挥官必须通过人员协调能力和战略即兴发挥能力来证明其价值。在现代欧洲商业社会中,顾问、技术人员、工厂经理和会计组成的管理机制,通常比企业家的行为更有意义,而企业家行为不再是决定性因素,而变成选择性方案。

在法国,人们将股份公司称为匿名公司。当前正处于晚期资本主义的欧洲,企业家在很大程度上已经成为一群匿名者。如果这一情况继续发展,将势不可挡地对整个中产阶级产生不可估量的影响,因为中产阶级正是从这个活跃的商业领域获得赖以生存的利润和收入的。而当前企业家队伍的晋升,成为人们继续奋斗的一种可能性或目标,从而缓解了对辛勤工作、禁欲和节俭的倦怠。

结　语

对学者来说,很难基于以上研究对未来的发展趋势进行短期预测,历史一再告诫我们,国家和经济往往需要数十年时间才能以新的格式塔形式呈现社会基础结构的变化。但从长远来看,企业家伴随着创业前景的衰落将可能选择投入其他领域,因为他们的主观能动性和工作活力不会消亡,除非整个世界都变成一个被官僚化和合理化的巨大机器,让人们别无他选。当然,这并不是说资本主义作为一种经济制度而消亡,而是说它必将失去其主导地位,只有经济价值会成为现实生活的奋斗目标。

企业家精神与外部性的内部化

〔美〕詹姆斯·M. 布坎南　罗杰·L. 费思

周王心安 译[*]

【摘　要】 创业企业成立后,特定类型的经济活动可能会带来溢出效应,当不存在明显的权利界定时,外部性的内部化这一议题已超出传统的科斯定理的范畴,此时法律制度在提高经济的"动态效率"方面发挥了重要作用。财产规则和责任规则作为两种不同的内部化方式,在损害双方的议价地位、估计损失和实际损失之间的预测等方面存在差异,由此对企业家的创业活动及创业活动引起的经济发展产生不同影响。分析得出,与财产规则相比,责任规则对潜在受损方的保护较弱,从而为企业家的创业活动和经济增长提供了一个相对自由的法律环境。通过从企业创新和经济增长影响的角度对法律规则进行比较,本文将为寻找"内部化"的制度手段提供建议。

【关键词】 企业家精神　外部性　内部化　责任规则　财产规则

---

[*] 本文原文系美国学者詹姆斯·M. 布坎南和罗杰·L. 费思所著,原文及出处:James M. Buchanan, Roger L. Faith, "Entrepreneurship and the Internalization of Externalities," *The Journal of Law & Economics*, 1981, vol. 24, No. 1, pp. 95-111;中国政法大学商学院硕士研究生周王心安对原文进行翻译并提炼了摘要和关键词;中国政法大学商学院巫云仙教授对全文进行译校。

引 言

在一个理想化的市场运作环境中,将生产—贸易过程本身理解为需要把潜在的相关外部性进行内部化,不免有些刻意和多此一举。然而,如果我们想超越经济学家的理想化结构,进入正统意义上的"外部性"可能存在的环境,那么用这种术语来思考市场的一般化运作也不无道理。在这种情况下,贸易只是"外部性的内部化"的几种制度安排之一。本文认为,对于创业企业成立后产生的特定类型的经济互动,一个运作良好的法律结构所体现的内部化可能优于贸易或公开的政治安排。本文旨在通过对潜在外部性进行"内部化"的不同手段的比较,分析不同"内部化"方式对企业家活动的影响及其对经济发展速度的影响。

回想科斯(R. H. Coase)在他那篇关于社会成本的经典论文中提到的一个我们所熟悉的涉及甲乙双方利益的例子。从基本层面上分析,牧牛人与麦农之间的互动与任何两个普通商人之间的互动并无不同。事实上,这一点也正是科斯定理的基础。在某种程度上,当"外部性"达到帕累托改进效果时,交易就会发生,从而达到"内部化"的效果,并保证交易结果的有效性。尽管科斯的许多讨论集中在"损害赔偿责任"方面,但其分析的隐含模型假设所有产权都是明确界定并执行的,因此是可交易的模型。卡拉布雷西-梅拉梅德(Calabresi-Melamed)模型的观点认为,科斯的基本分析是假定权利受到财产规则的保护,这就确保了在没有交易成本的情况下,市场的运作能够有效地将潜在的外部性内部化。本文将比较财产规则与责任规则运作的异同,这两者都假定在不涉及明确的"内部化"集体努力的制度中运作。

科斯定理分析的核心问题是权利或比较权利不同分配的结果,但这不是本文的主要议题。相反，我们关注的是在不同制度安排下保护或执行特定权利分配的可选结果的差异。在这方面，本文分析的第一部分是卡拉布雷西-梅拉梅德模型讨论的延伸，而不是科斯定理本身。我们也并不是直接关注这两种制度的静态效率特性，这是弗伦奇（Frech）分析的核心问题，在很大程度上也是波林斯基（Polinsky）分析的核心问题。从更广泛的意义上说，我们关注的是所研究的可选择方案"动态效率"的特征问题。

我们主要关注的是不稳定的项目或企业，而不是已存在的活动边际的延伸。我们重点关注的是开展一个新的创业项目所带来的预期收益和预期损失。虽然一些关于项目内部"生产率"等的预测一旦开始，就必须为整个企业损益的任何估计提供信息，但内部调整幅度（这几乎是所有外部性分析的核心关注点）与我们的研究主题没有直接关系。我们分析的适当范围是开始创业与不开始创业之间的差别。

对财产规则和责任规则的影响所作的比较，集中于参与者在名义权利的不同可选保护手段下所面临的战略环境差异上。在责任规则下，潜在可能受损的一方可以提出可执行的事后索赔，这些索赔将由第三方仲裁人裁决；而在财产规则下，必须事先获得可能受到潜在损害的一方的许可，受损方的议价地位要比在责任规则保护下强得多。即使所有各方，无论是内部的还是外部的，都预测在创业企业成立后会造成相同程度的损害，这两种规则下的议价能力也会存在差异。

然而，本文的重点并不在直接强调会对经济行为以及预计结果造成影响的规则所产生的战略效应上，而是在主观层面上，特别是潜在估计损失与实际损失之间可能存在的可预测差异。我们将论证，在某些限制条件下，仅仅这些因素就会在财产规则和责任规则的影响之间产生可预测的差异。我们在此所强调的这种影响正在逐渐增强，甚至可能在重要性上超过那些可以追溯到的在两种理想化的法律环境下对行为所产生的战略性影响。

我们对法律规则的比较将为分析和研究共同的可选方案提供基础。随着制度层面"外部性的内部化"从严格地以法律运作为主，转变为依靠普遍集体意见作出发展决策的情况，我们可以预见，企业创新将受到抑制，乐观期望的实现机会变得渺茫，基于技术进步的持续甚至加速增长的前景不容乐观。

一 外部性的内部化：程式化法律规则的成本和收益

现在我们将更详细地研究这两种程式化的法律规则可能带来的成本和收益。对法律机构的实际运作的讨论将推迟到第三部分。在第四部分中，我们将介绍内部化过程中的明确集体化问题。

回到科斯的例子。假设有一个小麦种植者（农场主），他自己曾经是一位企业家，对自己的庄稼拥有权利，而这种权利受到严格的财产规则的保护。如果没有得到农场主的许可，任何人都不能损害这一权利。或者，一旦有人表示出这样的意图，农场主可以要求并获批一道能够有效地禁止所有不被允许的活动的禁令。假设现在有另一个企业家，他是一个牧场主，想要在与麦田毗邻的土地上放牧，这就面临牛群走失并破坏农作物的风险。我们没有理由认为双方对确有可能发生的农作物损害前景作出相同的预期价值估计。

假设牧场主对损失作出乐观估计，给出一个低值，而农场主则悲观地对损失作出较高的预期。相对乐观的牧场主认为，在其损失估计的大部分范围内，他的经营是有利可图的，但如果他被要求按照农场主估计的损失水平进行赔偿，他就不会有利可图。根据严格的财产规则，牧场主在放牧之前必须购买放牧权。在这种情况下，没有讨价还价的余地，因为正在生长的小麦附近的土地上是不允许出现放牧的牛群的。

如果农场主估计的损失价值低于牧场主的估计值，那么严格的财产规则将不会阻碍放牧行为，因为牧场主可以以预期的"低价"购买农场主的许可。然而，一般来说，我们会认为企业家们更倾向于作出乐观判断，无论是对生产活动可能产生的潜在利润还是对可能溢出的损害价值的预期。无论如何，严格的财产规则都会阻碍一些项目的开展。

现在我们假设农场主对其作物享有的权利受到严格的责任规则而非财产规则的保护。在这种情况下，尽管可能要赔偿农场主的损失，但如果牧场主认为经营有利可图，他就会在土地上放牛，农场主无法阻止这种业务行为。根据责任规则，如果牧场主的预期被证明是正确的，"开发"就会发生并在事后生效。在责任规则下，社会经济总产值将比在财产规则下更高。但是，如果企业家的估计过于乐观，新企业将无法覆盖成本，那么在责任规则下社会总产值可能低于财产规则下社会总产值的水平。然而，错误的代价是由企业家承担的，而不是那些可能遭受损失的人。从影响的净值上看，两种规则对总产值影响的差异是无法预测的，但对新项目开发来说，其影响的差异是显而易见的，相比于财产规则，在责任规则下会有更多的项目被推进。

需要强调的是，我们对这两种法律规则的比较仅限于对开始新项目的企业决策的影响。我们假设"企业家的视野"只限于特定活动产生的利润潜力。这一假设使我们能够排除合并的可选方案，即在对溢出损失的主观估计存在差异的情况下实现潜在的交易收益。在我们的例子中，如果牧场主估计的损失低于农场主的估计，且如果根据财产规则，直接购买允许牛群放牧的许可似乎是无利可图的，那么牧场主就有可能买断小麦种植业务，并有望管理联合或合并后的业务活动。然而，这一结果的出现隐含着一个前提，即牧场主的创业才能可以延伸到农业生产中。企业家专业化的假设排除了这种合并可选方案的可能性。

为了便于此处的讨论，我们还想排除订立应急合同的可能性，因为由于双方经济活动的相互依赖，涉及的不同价值估计具有不确定性，应急合同可能部分用于获取这种不确定性带来的共同收益。牧场主可以向农场主提供一份合同，承诺向农场主支付由第三方裁决的全部损失，并附加一些保险费。如果农场主认为第三方的裁决是合理准确的，他可以接受。通过这种方式，尽管负面影响仍然存在，但财产规则可能给经济活动带来一些减缓效应。在存在交易成本的情况下，这种应急合同的订立可能是困难的。更何况除了普通的交易成本外，在相互依存的价值远大于直接生产的价值的情况下，潜在破产风险也会抑制应急合同的订立。

卡拉布雷西和梅拉梅德认为，在某些情况下，责任规则可能更可取，因为严格的财产规则赋予了现有权利的持有人以拒付的权利。如上所述，我们的论证通过引入对损害的主观估计的预测差异，进一步增强了卡拉布雷西-梅拉梅德模型对责任规则的支持，在企业家倾向于比现有产权持有人更乐观地看待新资源组合的盈利能力的情况下，这种差异变得尤其重要。因为在静态经济中，根据定义，创业活动并不存在，因此在权利保护方面，有理由认为责任规则优于财产规则。对于一种生产率已知且使用权被明确界定的资源单位，如果这种权利受到严格的财产规则的保护，其价值将会更高。由于这适用于所有单位的资源，所以在一个普遍实行财产规则的经济体中，社会总产值将高于一个部分或全部使用责任规则来进行权利保护的经济体。

只有认识到经济过程的动态特性时，才会出现责任规则保护。尽管在财产规则的一般制度下，现有资源的价值往往会更高，但随着时间的推移，这一价值的增长率往往会大于只提供责任规则保护的制度，因为责任规则保护既定权利不受新的和未经许可的损害，而这些损害可能正是任何经济开发的最低要求。

如果名义上的权利都受到严格的财产规则的保护，那么经济几乎不可能持续增长和发展。这样的法律规则保护往往会造成几乎不可能改变的现状。新资源组合的潜在盈利能力和生产力只能在企业家的头脑中想象出来，而其他经济主体并不会认同这种愿景。此外，任何此类企业项目的启动必然涉及其总体效果的不确定性。而且似乎没有理由认为这种影响可以被包含在企业家责任制下严格界定的权利范围内加以控制（内部化）。溢出效应或外部性几乎必然伴随着任何发展或对现有状况的改变。

在某种程度上，只要企业家能预见这种影响，并根据责任规则对可能的损失负责，他们就能在不产生以某种事后意义来衡量的净"社会损失"的情况下继续进行。他们为自己的行动承担后果。如果他们错误地作出了过于乐观的判断，他们就要承担全部成本，除非破产程序允许他们逃脱。

二 法律与外部性

法律必然是在现实世界的动态经济中发展起来的。因此，法律没有完全精确地反映出经济分析中出现的程式化区别，这并不奇怪。但值得关注的是法律在提高经济"动态效率"方面所发挥的作用。实际上，在更大的范围内，普通法倾向于通过责任规则而不是财产规则来处理负外部性问题。对妨害法的解释似乎也包含了这样一种认识，即类似于严格的财产规则的限制性措施将阻碍技术发展。企业家一般不被要求在进行新的投资之前购买"产生外溢损害的权利"。特别是当承诺的预期收益超过了所造成的外溢损害赔偿时，法院一直不愿意对支付损害赔偿的要求作出新的规定。目前的趋势似乎是，只有在损失远大于收益的情况下，才会给予禁令救济。

对经济学家来说，似乎具有法律效力的责任规则的限制性更有意义。责任规则的保护范围已根据经济学家的效率标准或多或少地扩大了。损害赔偿责任往往局限于广义上"有形"的损害，而且这种赔偿的范围通常不包括通过投入和产出的市场价格传递的损害。

在这方面，可诉索赔的法律界限大致遵循"技术"和"金钱"（"价格"或"交易"）外部性之间的界限，这种区分一直是福利经济学理论用于提出纠正措施建议的传统标准。尽管对技术外部性和金钱（或价格）外部性进行精确区别的分析仍不完善，但对于政策中普遍忽视了后者这一现象，正统经济学论证的要点在于，市场力量的运作是为了确保潜在收益要超过潜在损失。显然，保护名义权利的一整套财产规则不可能区分两种类型的外溢损害。当然，纯粹的金钱损失自然可以通过金钱收益来抵消，但那些有可能获得收益的第三方，在直接行为方和受到损害威胁的各方之间的法律互动中可能并不受到法律保护。有趣且令人惊讶的是，即使是在责任规则保护的范围内，在个人权利保护领域已日趋完善的法律中，在划定损害赔偿责任范围时也应大致遵循技术—金钱的划分界限，显然不需要考虑任何"宏观"或"系统范围"层面的总影响。

通过需求价格或供给价格的外生变化而强加给个人或公司的金钱（或价格）外部性会产生"痛苦"和"损害"，从个人的角度来看，这种"痛苦"和"损害"与那些确实足以向"肇事者"提出的正当合法索赔的损害是难以区别的。法律未能保护这些"权利"，其局限性的根源是什么？基于本文动态效率的视角，我们可以惊喜地发现，随着法律的发展，它甚至没有把对金钱或市场传导的外部性纳入责任规则的保护范围。在一个对何种"权利"有资格受到保护进行烦琐定义的法律秩序中，创业活动的范围和幅度将非常狭窄，在这种秩序的存在下，我们可能仍然处于经济发展的"黑暗时代"。

三 财产规则下集体财产的制度化

前文并没有对不同法律规则的比较作出详尽的分析，但这一主题是经济学家和法学家认为值得进行更广泛探索的。尽管这部分占据一定篇幅，但在接下来我们就集体或政府明确地实现外部性的内部化所使用的工具展开讨论之前，它只作为一个引子。

我们假设在可能发生外溢损害的模糊领域，历史上存在某种近似责任规则的规定，在这些领域，在相应的相互依存关系出现之前，不可能出现可由类似于财产规则来保护的明确权利。在这种情况下，那些认为自己可能在实质上或经济上受到发展项目潜在损害的个人和团体，可能会努力寻求并确保内部化进程的公开集体化，从而有效地绕过法律的常规运作。政治经济学家强调了市场和集体部门之间转变的重要性，但似乎很少关注随之而来的作为冲突解决方案及其从法律到政治的转变。这里讨论的这种基本制度变化描述了 20 世纪 60 年代和 70 年代转向集体化监管控制的情景，当时许多的环境方面的场景都受到监控，无论是工作场所中的产品质量和种类，还是更普遍的生活"氛围"。在职业或产品安全、空气和水的质量，以及噪声污染防治等方面，不可能存在明确界定的权利。随着人们环境意识的觉醒，一些直接控制机构建立起来，但不是通过补救措施对传统的法律进行更有效的扩展和应用。从本质上讲，这些结果与我们分析所预测的一致，对创业发展前景具有影响，并体现了对非常严格的财产规则的集体化模拟。

直接控制机构没有明确区分技术和金钱（或价格）的外部性。相比之下，如前所述，法律在这方面一直都是歧视性的。例如对"权利"的法律保护范围从未扩展到将资本价值包括在内。当地麦当劳的特许经营商很难指望妨害法能保护它的资本价值，使其免受附近新开一家汉堡王带来的潜在损失。但是，如果外部性的内部化以一种明确的政治方式被制度化，那么不同来源的潜在损害之间就没有区别了。因"市场环境"变化（需求价格或供给价格的变化）而产生的私人成本与因"物理环境"变化带来的成本难以区分。在这两种情况下，受到潜在影响的个人或企业试图作出反应的动机是相同的。无论在哪种情况下，该企业都面临资本损失的威胁，并将试图影响政治执行结果。

考虑一个熟悉的情景。首先假设一个城市没有分区条例，企业家可以按照他们认为合适的方式开发土地，这相当于一个有效的责任规则。因开发而可能对财产造成的物理损害成为合法索赔的基础。而现在假设该城市的财产所有者们试图通过颁布分区条例来维持其权利的资本化市场价值。他们共同任命一名分区管理员，在开发任何偏离已知模式的项目之前，都必须事先获得他的批准。

假设在这种制度变革后，一个企业家看到了发展的前景，这种发展可能会对相邻的所有者造成一些溢出效应或外部性损害。这些潜在的损害可能有两种形式：一是影响附近个人或企业的生产函数或效用函数；二是不直接影响附近个人或企业的生产或效用函数，但会影响附近生产者或消费者的产出或投入的需求价格或供给价格。如前所述，在外部性内部化还没有成为明确制度时，妨碍法可能只在确保第一类损害的索赔得到支付时发挥作用。假设企业家，即开发商，充分考虑到第一种溢出损害，在开发之前就进行了主观估计并认为这是其项目成本的一部分。然后，他寻求分区管理员的批准，在我们的假设中，分区管理员严格代表潜在受损方的利益。此时，分区管理员对两种类型的预期外部损害完全不加区分。

分区管理员的职能可能会有所扩展，他可以作为所有各方的代理人，但不包括企业家——开发商，即那些可能受到损害的人和那些可能从溢出效应中受益的人。如果将后者包括在内，他们的预期收益将抵消分区管理员决策计算中的市场传导损失。因此分区管理员只能注意到没有被预期收益相抵消的那部分外溢损害。然而，潜在受损方和潜在受益方的损益情况是截然不同的。前者面临现有资本价值的潜在损失，无论这些损失是通过价格还是非货币渠道产生的。后者是当前尚不存在的资本价值增量的潜在接受者。因此，这些潜在受益方对代理人施加的影响几乎不可能与潜在受损方相当。

如果代理人不考虑企业家任何貌似合理的利益，显然，结果甚至比在没有政治化的情况下实施严格的财产规则对积极发展的抑制作用更大。在后一种情况下，开发商可以以某种价格"购买"允许其施加预期损害的权利，哪怕这个价格必须包含对现有权利所有者的货币和非货币损害两方面的主观估计。在财产规则保护下，由于纳入了市场传导效应和主观估计的差异，往往会出现效率低下的情况。然而，如果事先需要得到作为潜在受损方代理人的管理员批准，那么效率会更低。只要我们假设没有公开的腐败或贿赂，企业家就被禁止以任何价格购买施加预期损害的权利。无论企业家所设想的开发项目的潜在利润率如何，这种预期盈利的部分都不可能轻易地作为对可能受影响的人施加外部损害权利的"购买价格"被转让，这里并不存在标准意义上的合同或讨价还价的"协议"。在正常的制度安排下，分区管理员不能严格地充当潜在受损方的谈判代理人。他不能仅仅作为企业家及其"客户"之间的一个渠道，至少不能直接充当这一角色。在这种情况下，分区管理员将倾向于禁止任何项目的开发，即使是最小的预期溢出效应，无论是非货币的还是货币的，即使每个人都明白，对物质损害的索赔可能会在法庭上提起诉讼。

如果我们假设分区管理员是作为"整个社区"的代理人（包括企业家在内），而不仅是其他各方的代理人，上述严重受限的结果就可以得到修正。这样一个真正的"公共利益"管理者的合理性可能会受到质疑，但研究这种模式的逻辑含义将是有用的。如果管理者对成本和收益价值赋予相同的权重,无论这些成本和收益由谁承担或获得,他都会去评估一个拟议的项目在净值上是否有益。管理员往往会比提出项目开发的企业家作出更悲观的估计,原因很简单,因为后者是企业家而不是管理者。但这种差别可能并不大,而且与没有分区的责任规则相比,对社区发展速度的影响可能相对有限。然而,影响的方向仍将与以前一样。实际上,"公共利益"代理人成了修改后的"财产规则"的一种制度,出于决策的目的将除企业家以外的所有权利分配给他自己。如果他估计一个项目的净收益超过净成本,这种计算方法产生的结果完全类似于在财产规则下"购买"权利,唯一的区别是决策者不同,当然还有激励结构不同。这种"公共利益"的计算方法将把企业利润和专门资源租金的正向预期价值与现有权利租金和预期物质损失的负向预期价值进行抵消。如果净值为正,项目就会被批准。

只有当"公共利益"代理人或分区管理员站在潜在的企业家而不是潜在的受损方或"公众"的立场上行事时,潜在外部性的政策内部化的歧视性限制效应才有可能会被消除。在这种"捕获"的制度设置中,分区管理员代表企业家,即开发商的利益,事先批准的要求不再那么严格,而实际运作并生效的是责任规则。

四　从单方到多方的决策

当集体的决策权不是由一个人提出,而是根据特定的决策规则由委员会或董事会提出时,事先批准要求的差异性限制可能会增加或减少。比如,一个由3人组成的董事会,根据简单的多数投票规则行事,则任何拟议的开发项目获得批准都必须确保经过3名董事会成员的共同同意。

这里至少有两方面影响是值得注意的。在审议任何项目时,多数决定原则要求将决策权交给处于"乐观—悲观"尺度的中间位置的董事会或委员会成员。我们可以假设，提出新开发项目的企业家将比任何委员会成员对项目前景更为乐观。但董事会成员本身也可能是某种程度的"乐观—悲观"式的，至少按项目而言是如此。在某种程度上，如果中间成员的行为遵循上文所定义的"公共利益"，那么尽管没有任何直接的经济激励来引导一个中间成员作出选择，他也会表现得似乎他就是权利的所有者，这种情况下多数决定原则的结果往往与财产规则保护下的结果相一致。这样的董事会或委员会的中间成员可能比任何一个管理者都更乐观，也可能更不乐观。

然而，在董事会或委员会的组成中，个人行为的"公共利益"模型肯定不如单人模型更可信。我们总是希望这些委员会的成员认为自己代表特定群体的利益，从企业家到现有权利的持有者和保护者。在诸如委员会或分区上诉委员会这样的环境中，官僚主义或监管机构的"捕获"理论将表明，潜在的企业家，即开发商可能对确保有效控制很感兴趣，并成功取得控制权。另外，在潜在影响如此多样化以致影响到许多行业的情况下，如在环境控制委员会中，代表的偏见很可能倾向于主要寻求反对变革的选民。

如果需要超过董事会或委员会的简单多数才能提前或事先批准项目，无论这种包容性规则是正式的还是非正式的，决策权向相对悲观的一端转移的程度就会增强。在极端情况下，如果规定了全体一致同意规则，那么决定发展速度的权力就掌握在最悲观的成员手中。

五　一致同意、多数同意与个人行动

我们的分析表明，任何对外部性的内部化的公开政治化往往都会造成企业活动范围和幅度的减少，这种减少可能非常显著。而当决策是按照全体一致之类的规则运行时，无论是要求社会全体成员的一致同意，还是当选为特定群体代表的社会子集成员的一致同意，此时对经济增长的抑制作用变得最为严重。实际上，全体一致同意规则允许保留所有现有权利的现有价值，以防止来自新的和未经试验的企业可能带来的任何不可预测的物质（技术）和财务（金钱）的溢出效应。

道格拉斯·雷（Douglas Rae）、詹姆斯·菲什金（James Fishkin）等人在政治理论的总体背景下，对全体一致同意规则的这种特性进行了批评。除了公认的达成全体一致的成本（因"效率低下"而很少被采用），雷和菲什金甚至对该规则作为政治决策的理想化基准也展开了批评。他们认为，虽然全体一致同意规则可以有效地防止集体采取损害个人利益的"罪恶"行为，但该规则也将阻止集体采取可能最终证明是有益的行动，因为一些顽固的悲观主义者实际上握有决定性的权力。请注意，这一论点并不等同于基于可能令人望而却步的决策成本（交易成本）来确保一致同意规则的论点。即使在完全没有这种成本的情况下，悲观主义者的偏好也往往会得到满足。

本文显然不是在规范的政治理论背景下研究雷和菲什金论证的适用性。我们只是建议，对"政治外部性"的整体分析，无论是规范的还是正面的，都必须与更狭义的"经济外部性"明确区分开来。当然，后者总是局限于法律秩序的范围内。我们在这里关注的是涉及潜在的"经济"外部性和内部化过程替代方案的有限问题。正如我们已经指出的，基本上可以用同样的论点来反对使用多数决定原则进行决策，即使不是那么强烈的反对。我们的分析范围是在内部化的公开政治化尝试（无论是通过行政官僚机构，还是通过按多数规则或有效的一致同意规则行事的董事会或委员会）与通过责任规则预测将发生的突发外部性的内部化之间。我们已经提出，任何政治化都倾向于导致一个类似于具有严格限制性的财产规则的结果。

我们应该注意到，无论使用何种控制机制，都会得出这些研究结论。一般来说，经济学家倾向于支持纠正性的税收和补贴措施，而不是更直接的控制外部性的方案，特别是在数额很大的情况下。这种论点是基于这样的概念，即通过设置适当的税率，私人决策者可以根据"真正的"社会成本和收益作出最优调整。然而，关于替代性控制手段的整个论点都假定经济活动的潜在溢出，或外部成本、收益是完全可以事先预测的。人们没有认识到这样一个基本事实，即新的企业必然是不可预测的，无论是就其内部盈利能力还是溢出效应而言。任何纠正性税率的政治制度都会体现出政治性的、行政化的管理者的预测，他们必然会比企业家更悲观，因为只有企业家对一个项目所代表的新资源组合具有远见和想象力。当然，同样的结论也适用于更直接的控制措施，如制定标准或限制。此外，或许更重要的是，经济学家的整个论点必须假定，关于区分"可纠正"和"不可纠正"溢出效应的政治决策已经或将被正确作出。

我们的主要论点是，相比于通过行政机构、多数投票或一致同意规则来推进的政治行为，个人企业家的行为不应该受到阻碍，除非有侵权法中要求的事后调整，在这种情况下，那些对他人造成实际损害的人应承担责任。当潜在的受损方众多时，成本门槛可能会阻止个性化索赔的提出。对这一前景的认识为集体诉讼的一些制度安排提供了理由。

结　论

许多经济学家似乎忽视了一个基本事实，即许多帕累托改进相关的外部性是由法律本身的运作实现内部化的。关于负外部性，我们的论证可以被称为科斯"经济"论证的"法律"补充。虽然科斯肯定没有忽视法律本身的运作，但经济学家在很大程度上把他的观点解释为，在契约自由和不存在过于高昂的交易成本的情况下，市场或交易过程将有效地内部化与帕累托改进相关的潜在外部性。我们认为，对于那些权利界定仍不明确，或出于各种原因使合同程序破裂或没有形成界定的领域，如果诉讼费用不是太高，法律本身就作出了事后内部化的相关规定，至少对负外部性来说是这样的。

正如斯塔夫（Staaf）和韦尔斯（Wares）所指出的，侵权行为法并不适用于正外部性或外部经济。在这里，内部化的法律制度只限于合同法。然而，就我们的目的而言，法律上的不对称并不重要，因为在我们的"动态效率"分析框架中，负外部性的内部化过程才是最主要的。企业家的创新活动是经济增长和发展的主要来源，相比于因企业家未能为其活动可能给他人带来的外溢利益收取费用而受到阻碍，似乎更有可能受到来自防止潜在的外部不经济因素的法律或政治保护的不利影响。

我们的观点并不意味着支持"德克萨斯式"的企业家并允许他们在除责任规则的强制执行约束之外，不受任何限制地以任何方式随意侵犯任何权利。企业家的创新活动有助于经济发展或增长，但这种增长当然只是维持社会秩序的若干目标之一。"人身和财产的安全"当然同样重要，而对于所有类型的权利来说，这一目标只能通过强制性的财产规则或类似规则来实现。我们的论点仅仅表明，在技术进步背景下法律与经济融合的领域，可能会发生新的和必然难以预料的"侵犯"、"溢出效应"或"有害影响"，责任规则保护为经济增长提供了一个法律环境，而财产规则对所有权利所要求的保护肯定会阻碍这种经济增长。在与财产规则等效的政治制度保护下，试图扩大"权利"范围所产生的机会成本是一个尤其值得关注的话题。

企业家精神之"成就需要"：基于美、意、土、波四国的心理学调查分析

〔美〕戴维·麦克利兰 周斯雅 译*

【摘 要】 经济发展需要心理与社会因素的解释，美国学者麦克利兰开创性地将心理学分析方法用于对经济增长与衰退问题的研究，并试图证明"成就需要"与更快的经济增长速度具有相关性这一假设。对美国、意大利、土耳其、波兰四国管理人员和专业人员"成就需要"的调研分析表明，不同国家的不同职业人员之间的"成就需要"存在明显差异，"成就需要"与管理绩效之间的联系，以及四国管理人员在职业动机和态度等方面具有异质性。正是各国经济组织的领导人与其主要关切决定了各国经济的发展速度。

【关 键 词】 成就需要 经济增长 企业家精神 管理绩效

---

* 本文原文系美国学者戴维·麦克利兰所著。除引言外，主要编译自原书第七章，原文及出处：David C. McClelland, *Characteristics of Entrepreneurs*, The Achieving Society: With a New Introduction, New York: Irvington Publishers, Inc., 1976, pp. 259-300；中国政法大学商学院博士研究生周斯雅对原文进行翻译并提炼了摘要、关键词和引言；中国政法大学商学院巫云仙教授对全文进行译校。

引 言[①]

  基于各国都把经济发展作为重要目标，了解哪些力量能够促进经济快速地发展已经变得非常重要。不足为奇的是，这些力量在很大程度上在于人本身，即人的基本动机与组织同伴关系的方式。我们至少应该认真尝试一下，看看现代心理学是如何解释的，为什么有些人专注于经济活动，并能够在这些活动中取得成功。这就是作者撰写《成就社会》(The Achieving Society)[②] 一书的主要目的。

  让我们把那些在经济上发展较快的社会界定为"成就社会"，虽然这个词具有一定的误导性，因为可能有一些社会依靠的是军事、政治、艺术或智力方面的成就，而并不依赖于经济扩张，但是我们选择这个词一方面是为了避免措辞过于冗长，另一方面是为了反映"成就需要"与这种经济扩张的联系。此外，还有将这种社会与加尔布雷思（Galbraith）所宣传的"丰裕社会"[③] 进行对比的意图。同时，这个词的使用也便于突出本文的主要关切，即高水平的"成就需要"是否会产生经济意义上的"成就社会"。

  引起本研究的假设是，"成就动机"或"成就需要"在一定程度上是经济增长的原因。这样的说法听起来要么是不可检验的，要么是不值一提的。至少对某些人来说，伟大的成就是由强烈的愿望所驱动的，还有什么是比这更明显的呢？真的有必要做研究来证明这一点吗？要解决这些问题并赋予这一假设真正的意义，就需要明白现代心

[①] 本文的引言部分中关于问题的提出、研究目的与意义，译者主要根据原书中的介绍、前言、第一章和第二章概括得出，对关键概念的定义主要归纳自书中的第三章和第五章。——译者注
[②] 本书最初由大卫·范诺斯特兰德公司（D. Van Nostrand Company）出版于1961年，本文根据欧文顿出版社（Irvington Publishers）1976年版译出。——译者注
[③] "丰裕社会"的重点与"成就社会"相反，即放慢生产速度而不是加快生产速度。

理学家是如何看待人类动机的。更具体地说，即是要明白当我们提到"成就动机"或"成就需要"以及其他的一些心理驱动力因素时，它的意思究竟是什么。

本文主要介绍了三种心理驱动力与人的经济活动的交互作用，分别是"成就需要"（Achievement）、"权力需要"（Power），以及"亲和需要"（Affiliation）。

"成就需要"指的是一种非常具体的、相当罕见的、以效率为目标的驱动力，它表现为文化中允许或鼓励人们提高效率的活动。而在不同文化中，这种活动最常见的形式是商业。一般所指的成功意义上的成就往往是出于对权力的需求和对控制行动的渴望，而不是对效率的渴望，这二者需要区分开来。

"权力需要"在本文中被定义为对控制影响一个人的手段的关注。这种关注可以从对支配情况的情绪反应中推断出来。例如，从支配地位的活动中推断，进行争论、要求或强迫什么，试图表达观点，试图说服某人，惩罚某人，或下达命令等。或者，我们可以从对人际关系的描述中推断出来。这种关系在文化上被定义为一个上级控制着影响另一个下级的手段，例如，老板—工人与法官—被告。

"亲和需要"指的是对人际关系问题的关注。有这种需要的人，对与一个或多个人物建立、维持或恢复与他人的积极情感关系有一定的关注。但值得注意的是，有些人际关系本身并不符合这一标准，例如，父子、母子、兄弟、恋人等。这些虽然都是对两个人之间关系的描述，但它们不一定意味着这种关系具有我们对"亲和需要"的定义中所暗示的温暖、陪伴的品质。或许，我们定义的这种关系用"友谊"一词来形容最为恰当。高"亲和需要"的人在幻想和行动中倾向于寻求认可，关注与其他人建立温暖、密切的关系。

最后，一些读者几乎会说，我们的研究对历史的解释过于简单，我们似乎是认为少数心理变量可以完全解释经济发展。从一个特定国家的经济发展的意义上说，这种指责是真实合理的，但我们考虑的是一个更多因素相互作用的复杂结果。因此，重要的是，一开始就要理解本文的简单性。它所要做的是分离出某些心理因素，并通过量化的科学方法严格证明这些因素在经济发展中的普遍重要性。我们试图证明在行为科学中广泛使用的研究设计和统计推断方法可以有效地应用于经济学和历史学中对传统问题的研究。简化是这种严格的科学测试的绝对前提，但同时我们也寄希望于所建立的框架将有助于分析历史上的特定事件。

本文通过对美国、意大利、土耳其和波兰四国的管理人员和专业人员的成就需要、创业动机和职业态度进行调查与分析，旨在说明企业家精神较强的管理经营者群体与其他企业家精神较弱的专业类型职业群体在成就驱动力、事业成功率、职业动机与态度上的区别，并且分析这些差异性所带来的对他们的经济活动表现的影响。

一 成就需要与企业家角色

具有高成就需要的男性成为企业家的概率更大吗？他们在这个角色上会更成功吗？如果他们的动机与所要担任的企业家角色特别适配，他们应该更成功吗？当然，我们并不能保证社会会让高成就需要的男性更容易进入商界。然而，有一种内在的机制使处于中产阶级（而不是上层阶级）地位且成就需要水平较高的男孩在职业选择上倾向于商业。[1] 因此，我们可能期望在商业领域中比在专业领域中发现更多这样的人。此外，如果高成就需要真的能让一个人很好地扮演企

---

[1] 作者在该书第六章对各国青少年成就需要水平与职业选择倾向的研究中发现，只要社会上有从商的自由，似乎就会有一种内在的招募机制，吸引家庭收入水平较低、成就需要水平较高的男孩从商。由于机会和个人能力的因素，商业职业对他们来说是一个风险适度且有一定成功概率获得更高的威望的职业。——译者注

业家角色，那么我们可以认为，那些成就需要水平较低的人平均表现较差，而且倾向于被淘汰出管理职位，从而使这些职位的成就需要水平高于其他职业。

因此，在一个流动的社会中，如果一个职位在某种程度上依赖于业绩（而不是家庭或政治关系），那么经理、高管或企业家应该比从事其他类似职业的男性拥有更高的成就需要。但是，什么样的职业可以与之相提并论呢？教育家、医生、律师、官员、会计师？对每种类型的其他职业，人们都可以有理由反对将它与企业家职业进行对比，因为专业人员有时也必须以企业家的方式行事。最好的对比组可能是来自所有其他类型职业的年龄和教育程度相同的男性随机样本。但我们只能在美国进行近似的比较（见表1）。

表1 与美国全国男性大学毕业生样本相比，企业主管的平均成就想象力得分 *

情境		企业主管 **	男性大学毕业生	差异值	t 值	p 值
图片 28 *** （坐在绘图板前的男人）	样本量	50	153			
	平均数	1.140	0.758	0.382	3.06	< 0.01
	标准差	0.80	0.57			
图片 83 *** （会议场景）	样本量	50	153			
	平均数	0.900	0.647	0.253	2.16	<0.05
	标准差	0.73	0.65			

注：* 想象力评分标准为成就想象力+2，任务想象力+1，无关想象力-1；** 来自麻省理工学院斯隆研究员项目的28名高管（包括一些执行工程师）和来自哈佛商学院中级管理项目的22名高管；*** 图片编号是指阿特金森的主代码，#28 和#83 出现在主管组的序列位置2 和3，以及全国样本的 4 和 5。

幸运的是，我们在四个国家商人动机研究中使用的两张图片也被威若夫（Veroff）等人在美国随机抽样进行的全国动机调查中使用。因此，我们可以简单地将样本中153 名男性大学毕业生在这两张图片上的成就想象力得分，与哈佛商学院中级管理项目（HBS Middle

Management Program）或麻省理工学院斯隆研究员项目（MIT Sloan Fellow Program）中相当具有代表性的成功企业主管的得分进行比较。

正如预测的那样，企业主管们为每一组图片所写的故事中所包含的成就想象明显多于男性大学毕业生的对照组所写的故事。这一发现虽并非具有绝对的决定性，因为这些图片可能被认为更适合商业团体，而且在全国样本中的测试是由女性面试官单独（而不是分组）进行的，她们可能会通过向受访者暗示其他想法来降低对成就的想象。但这个研究结果足以令人鼓舞，值得进一步调查此事。

二 美、意、土、波四国管理人员和专业人员的成就需要水平

由于这样的随机比较样本很难获得，特别是我们想调查国外样本与美国样本之间的差异，那么最可行的替代方法就是将专业人员的成就需要水平作为对照组。虽然专业人员有时确实必须以企业家的方式行事，但他们可能与管理人员相比更不需要这样做。也就是说，根据定义，他们的工作主要需要应用专业知识来解决属于他们领域的问题，无论是医疗、法律、教育还是神学。当他们能够用自己系统获得的或记住的知识来解决一个问题时，他们应该最有成就感。正如我们在前一章[①]中所论证的，商人更倾向于参与新的、有风险的或具有挑战性的问题情境，其中有许多未知因素，他必须即兴创造新的解决方案，而不是应用现有的专业知识。商业和专业领域在对人的要求上是重叠的，但是在商业领域中应该要求发现更多的高成就需要的人的特征与行为，所以成就需要水平的平均差异不应该被完全抹杀。而将专业人员作为对照组有一些实际的好处。他们至少与管理人员具有同等

---

① 此处指原书前一章，即第六章。——译者注

的地位，而且在他们还在职业学校上学的时候就可以相当容易地进行对照，这个年龄段不会与年轻的管理人员的年龄差太多。因此，我们决定用一套标准的六张图片来比较管理人员和专业人员的平均成就需要水平，这六张图片展示了男性处于各种常见但模棱两可的情境中的表现。例如，一个年长的男人在办公室里和一个年轻的男人交谈（如果一定要限定场所的话，是一个律师事务所）；一个穿着衬衫的男人坐在绘图板前，背景是桌上有一个女人和孩子的照片；几个男人围着会议桌交谈；一个男人在办公室的桌子前工作；一个"父亲"在乡村背景下和他的儿子交谈；一个明显对现状满意的男人在一张休闲椅上放松，场景可能是在一架飞机上。

一个相当有趣的问题是：管理人员是否不仅在像美国这样高度工业化的国家有更高的成就需要，而且在不太发达的国家或不依赖自由企业制度的国家也有更高的成就需要？人们可以很容易地证明这样一个事实：在发展中国家，创业成功的困难是如此之大，以至于企业家必须是一个真正的熊彼特式的"英雄"，一个可能需要掌控很大权利的海盗式人物才能获得成功。文化相对论者可能会争辩说，在每个国家，企业成功所需的动机都不一样，这取决于企业的结构。如在法国或意大利典型的家族企业中，与美国的大公司相比，难道其不需要一套不同的动机吗？更有可能的是，正如许多人所争论的那样，国家资本主义扼杀了主动性，因为经理不能拥有工厂，无法通过扩大业务获得额外的财务回报。那么社会主义国家的工厂经理为什么要有更高的成就需要呢？

这样的考虑使我们不仅在经济发达的美国，而且在中等发达的意大利（包括较发达的北部城市和较不发达的南部城市）、在不发达的土耳其、在社会主义国家波兰进行比较。在这些国家中，对管理人员、通常参加管理培训课程的人员和专业人员进行的所有测试（超过800次）均由同一个不了解被测试人员背景的人以随机顺序用英语

（必要时经过翻译）评分。表2得出的结果非常有趣。除土耳其外，其他国家的管理人员的平均成就需要得分都高于专业人员。

表2 美、意、土、波四国管理人员和专业人员的平均成就需要得分

国家和样本概况		管理人员	专业人员	差异（管理人员—专业人员）	p 值
美国	样本量	31*	31*		< 0.025 pd
	平均年龄	42.1	42.7		
	平均成就需要得分	6.74	4.77	1.97	
	标准差	4.49	4.54		
意大利	样本量	68**	107***		<0.01 pd
	平均年龄	27.6	21.7		
	平均成就需要得分	4.18	2.31	1.87	
	标准差	4.13	4.31		
土耳其	样本量	17****	48*****		无显著差异
	平均年龄	33.1	27.2		
	平均成就需要得分	1.76	3.52	-1.76	
	标准差	3.99	5.81		
波兰	样本量	31******	48*******		<0.10 pd
	平均年龄	35.9	27.2		
	平均成就需要得分	6.58	4.85	1.73	
	标准差	5.22	4.98		

注：*从通用电气公司挑选相同职位级别、年龄、教育背景和服务年限的部门经理和专家；**样本来自在都灵（意大利北部城市）参加 IPSOA 管理培训课程的41名意大利各公司的初级管理人员和在巴勒莫（意大利南部城市）企业家和商业领袖学院（ISIDA）参加类似课程的27名管理人员；***来自都灵的法律、医学和神学专业的56名学生，来自巴勒莫的法律和医学专业的51名学生；****参加伊斯坦布尔大学工商管理学院的中层管理培训课程，受雇于私营公司的中层管理人员；*****加齐学院教育学课程的学生，加齐学院是安卡拉的一所高等教师培训学院；******在华沙波兰科学院心理测量实验室主任乔伊诺夫斯基博士（Dr. M. Choynowski）的帮助下，对来自波兰不同公司的6名经理进行了测试；*******牧师和教育工作者也在乔伊诺夫斯基博士的帮助下进行了测试。

在美国，通用电气公司的行为研究服务处对31名部门经理与拥

有相同职位级别（8级）、年龄（42岁）、教育背景（大学毕业）和服务年限（18年）的相同数量的专家进行了非常仔细的比较。这些专家属于专业人员，尽管与其他国家的专业人员在同一意义上并不完全相同。结果显示，部门经理在成就需要上的得分显著高于专家（使用匹配的一对之间的差异，$p<0.025pd$）。

在意大利，这种差异更为显著，在南部城市和北部城市的比较中都是如此。参加IPSOA管理培训课程的初级管理人员（来自都灵）的成就需要得分高于北部城市专业人员（$4.12:2.66$，$p<0.05\ pd$），在ISIDA参加管理培训课程的管理人员（来自巴勒莫）的成就需要得分仍然高于南部城市专业人员（$4.26:1.90$，$p<0.025\ pd$）。与一些预期相反，来自工业化程度较高的北部城市的管理人员并没有比南部城市管理人员表现出更多的"动力"，即更关心业绩。当然，这个结果并不权威，因为这两组都不是意大利北部城市或南部城市管理人员的随机样本。因此，由于ISIDA在意大利南部城市是一个较新的、知名度较低和接受度较低的组织，有可能会有一群比在意大利北部城市的组织中更具有远见、精力更充沛的西西里年轻人进入该组织。

此外，意大利对照组管理人员的平均年龄比专业人员的平均年龄大近6岁，年龄差异是否可以在某种程度上解释成就需要水平的差异？然而，如果我们只考虑专业人员中平均只年轻3岁多的42名医学专业的学生（平均年龄为24.8岁），平均成就需要得分的差异甚至更大（$4.18:1.24$），或者为了更加确定，从更大人群中抽取与父母年龄和社会地位匹配的较小样本，管理人员在成就需要上的得分仍显著高于专业人员。

土耳其的情况很有趣，因为它扭转了（尽管不是很显著）总体趋势。这是否表明，在美国和意大利等发达国家之外，土耳其等欠发达国家的管理人员的成就需要水平并不比专业人员高？从理论上讲，这种可能性是很高的，因为商界可能会因为各种原因而不招聘拥有高成就需要的人，其中一些原因将在下文我们在分析这些商人的来源时讨论。有证据表明，土耳其教育工作者的成就需要水平可能是非典型的高，因为它是从男孩样本中提取的，其中异常大的比例（超过一半）在14岁时离开家进入乡村学院（教师培训学校）。从理论和经验角度来看，有充分证据表明，将一个男孩从专制父亲的影响中解放出来，往往有利于他成就需要的发展。通过将男孩从父亲的压制性影响中解放出来，乡村学院可能无意中提高了土耳其教师群体的成就需要水平。

但另一种具有相当大理论意义的可能性是存在的。假设这不是碰巧选择了一个成就需要水平异常高的专业群体进行比较的问题，假设这也不是一个在土耳其不会招聘高成就需要年轻人的问题，相反，假设我们的整个推理线有一个真正的例外，即在土耳其成为一个成功的商人并不需要很高的成就需要水平。这不是对结果的一种可能的解释吗？的确如此，但还有其他证据表明这种可能性非常小。布拉德本还测试了23名土耳其商业领袖，即高级管理人员，他们的成就需要水平和声望远高于中层管理人员，后者的平均成就需要得分为1.76（见表2）。这些高级管理人员的平均成就需要得分为3.87，几乎显著高于私营公司的中层管理人员（$t=1.65$，$p<0.10pd$），并且非常显著高于所有中层管理人员，这其中包括来自政府的中层管理人员（样本量为42，平均值为1.11，平均值差异为2.76，$t=2.91$，$p<0.01pd$）。换句话说，伊斯坦布尔杰出商人的成就需要水平明显高于在伊斯坦布尔大学工商管理学院参加中层管理培训课程的不太成功的年轻经理。显然，在土耳其也一样，成就需要水平与商业成功联系在一起。而且没有理由相信，在这样的欠发达国家，成就需要就不再特别适合企业家的角色。因此，为了解释所获得的结果，可能性最大的是，至少从就读这所学校的样本来看，土耳其较低级别的企业管理岗位没有有效地吸引高成就需要的男性。被培训为教师的男性的成就需

要水平显著高于来自政府和私营公司中层管理人员的总和（3.52：1.11，$t=2.44$，$p<0.05pd$）。

波兰的模式和美国、意大利等资本主义国家的模式一样。管理人员比专业人员有更高的成就需要。尽管社会主义国家的管理人员工作在某些方面不同于资本主义国家的类似工作，但其相似性一定足以要求相同类型的激励。我们的发现很符合格兰尼克（Granick）的论点，即苏联式工厂高管实际上承受着与美国高管相同的生产压力。显然，生产资料的所有权对于高成就需要的人来说并不重要，无论是为自己还是为集体工作，对这些人的经济活动表现没有影响。

美国商界的分析人士经常提出类似的观点，美国所有权与管理权之间的分离越来越严重。所以在通用电气这样的大公司工作的管理人员的心理状况与为国家工作的波兰管理人员的心理状况似乎没有太大的不同，尽管他可能拥有这家公司的一些股份，但他并不能说拥有真正意义上的公司。两者都对代表所有权的高级董事会负责（一个是私人的，另一个是公共的）；两者都没有"占有的骄傲"；两者都有"结果知识"，即他们在增加产量、加薪或升职方面做得怎样；而且两者都必须冒险才能成功。因此，波兰企业能够像通用电气公司一样招募并留住具有更高成就需要的人担任管理职位并不奇怪。

尽管在波兰，这些人在公共部门之外很少有合适的工作岗位，但他们可能会从事一些拥有更多自主权和"拥有自豪感"的职业。在美国，他们可以离开通用电气公司去创办小企业，他们可以自己拥有很大一部分股份。也许大公司是资本主义自由企业制度中"腐朽"的一个标志，因为它破坏了管理者的主动性。或者更准确地说，它迫使更多具有高成就需要的人离开，他们厌恶地离开大公司去创建自己的公司。通用电气公司的管理人员与波兰国有企业管理人员的成就需要水平几乎相同，这一事实可能被视为一个迹象，不是社会主义对企业家精神的要求如此之高，而是美国大公司对企业家精神的要求如此之低。也许在美国，成就需要水平最高的人仍然是所有者经理人，是资本主义企业家的理想类型。

乍一看，前面引用的数字似乎支持这样的观点，即来自各种公司的中层管理人员的平均成就需要得分，其中许多公司比通用电气公司在企业规模上要小得多，但其管理人员的平均成就需要得分明显高于通用电气公司的管理人员。但是这种比较是不公平的，因为在其他企业的管理人员组中有很多销售人员，而在通用电气公司的样本中一个也没有，我们马上就会看到，销售人员在成就需要中的得分更高。将哈佛大学高级管理课程的一大批高级管理人员分成两组，一组拿着公司最高或接近最高的薪水，另一组拿不到这一水平的薪水，这样可以进行更公平的比较。由于该计划没有从美国大公司招募这一年龄段（35~50岁）的高管，前者主要是小企业的所有者兼经理，他们的薪水（中位数约为每年1.8万美元）低于大公司的高管（中位数约为每年2.8万美元），而大公司的高管在权利和所有权上要比小企业的高管弱得多。26名小企业的"所有者—经理"的平均成就需要得分为5.4（四张图片测试，而不是六张图片测试），相比之下，来自大公司高管的平均成就需要得分为5.8，两者之间的差异无统计学意义。同样，没有证据表明所有权对成就需要水平高的人很重要，尽管它可能对高权力需要的人很重要（详见下文）。即使在资本主义国家，拥有和经营较小的企业也不是高成就需要人士的特殊避难所，因为在资本主义国家，他们可以自由地作出这样的选择。

三 不同类型企业的职业成就需要水平

某些企业的职业是否更适合高成就需要的人从事？我们对四个国家的商人进行了广泛的测试，使我们至少可以从五种一般类型的商业活动中回答这个问题，即综合管理、销售和市场、财务、工程和人事。在美国各公司的高级管理人员中，将自己归类为销售和市场的24名男性，在成就需要方面明显高于平均水平（比中位数高出75%，$\chi^2 = 6.00$，$p<0.02pd$）。相比之下，其余54名男性被归类为工程方面的工作，其成就需要略低于平均水平，或被归类为财务方面的工作，其成就需要约为平均水平。对这四个国家的男性进行更广泛的比较也表明，从事销售和市场工作的人员的收入更高。也就是说，当两个样本都等比例地从四个国家抽取时，例如，45%来自美国（不包括刚才提到的高级管理人员）、24%来自意大利、23%来自土耳其、8%来自波兰，184名管理人员的平均成就需要得分为5.43，标准差为5.10，而40名从事销售和市场工作的人员的平均成就需要得分为7.53，标准差为6.05，差异性为2.10，并且具有显著性（$t = 2.02$，$p<0.05pd$），而且不能归因于不同国家的男性所占比例不同。由27名金融业人士组成的调查样本的可比性稍弱一些（41%来自美国、37%来自土耳其、11%来自意大利、11%来自波兰），但值得注意的是，他们的平均成就需要得分与管理人员的得分非常相似（平均成就需要得分为5.32，标准差为5.91）。

只有在美国才有足够的工程师和人事人员样本。在任何情况下，他们的平均成就需要得分（无论是来自政府或私营企业的高级管理人员，还是中级管理人员）都与管理人员的平均成就需要得分没有显著差异，尽管政府级别的工程师（平均成就需要得分为9.2）略高于政府级别的管理人员（平均成就需要得分为7.7）。

从这一分析中可以得出的最普遍的结论是，在商界，从事销售和市场工作的男性，往往有更高的成就需要。这样的结果并不令人惊讶，因为营销角色确实需要一种不同寻常的创业特质（冒险、了解销售活动的结果等），我们已经发现这是高成就需要的特征。

四 成就需要与成功的管理

到目前为止,我们所有的数据都表明,与企业家精神较弱的职业相比,企业家精神强的职业的成就需要水平更高。但是在所有需要企业家精神的职业中,如果我们的推理是正确的,那么从事该类型职业的人就会拥有更高的成就需要,这通常会给他们带来更大的成功。我们收集的一些数据指向了这个方向,尽管并非没有限制条件。例如,在早期的一项研究中,在哈佛商学院中级管理项目中,年龄较大的男性可能被认为不太成功,因为假设被送往该项目学习是一个人杰出的标志,年龄较大就意味着他们花了更长的时间才能达到与年龄较小者大致相同的优秀水平。无论如何,23 名 36 岁及以上男性的平均成就需要得分为 7.61,而 33 名 36 岁以下男性的平均成就需要得分为 9.73(差异为 2.12,$t=1.58$,$p<0.10\ pd$)。这一结果并非一成不变,因为成就需要通常会随着年龄的增长而下降。然而,如果是这样的话,已经报告的土耳其高级管理人员的更大成就需要就具有更大的意义。在那里,更成功的土耳其高级管理人员(年龄也较大)的成就需要显著高于不太出色的中层管理人员。

本部分对上文提到的美国高管群体的薪酬水平与业绩之间的关系进行更详细的分析。首先,有必要把这些人分成两类,一类是小企业的高级管理人员,另一类是大公司的重要管理人员,因为这两类公司的薪酬水平没有可比性。这种区分是根据该公司报告的最高薪酬任意作出的,每年 6.5 万美元薪酬或以上是区分大公司和小企业的分界线。对于来自拥有完整信息的小企业的 22 名男性,很难很好地衡量他们是否成功,但结果倾向于预测的方向。在小企业中,10 名薪酬最高员工的平均成就需要得分为 6.60,而 12 名薪酬非最高员工的平均成就需要得分为 4.33,差异为 2.27,$t=1.23$,$p<0.15\ pd$。但是进

一步的调整比较确实是更合理的。在这个群体中，有几位年龄较大的男性（46~50岁）拿着公司的最高薪酬，但却处于成就需要的最低档水平。这些样本可以被合理地归类为不太成功，而不是更成功。另外，有一些相对年轻的男性（36~40岁），他们的薪酬并不是最高的，但他们得到的薪酬以他们的这个年纪来说已经算是高的了。如果这些人也被重新分类，即放在更成功而不是更不成功的类别中，两组之间的差异更大（差异为2.73），也更显著（$p<0.10pd$）。因此，有更高成就需要的男性可能在小企业里更成功。在大公司中，情况要复杂得多，如图1所示。

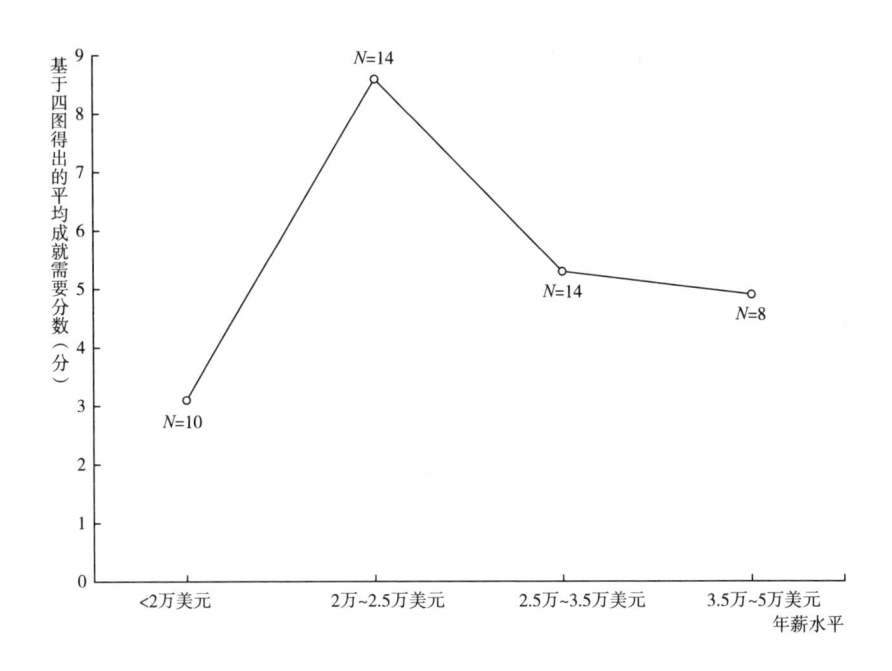

图1 美国大公司中年高管（35~50岁）的成就需要与年薪水平的关系
注：最高年薪区间为6.5万~25万美元。

奇怪的是，那些处于中等收入阶层的人拥有最高的成就需要。他们的成就需要明显高于最低收入阶层的人（$t=3.59$，$p<0.01pd$）和

所有工资高于他们的人（$t=2.46$，$p<0.02pd$）。样本中超过50岁的4例被删除了，因为他们的成就需要水平都很低，35岁以下的3例也被删除了，因为他们的成就需要水平都很高。在35~50岁范围内，年龄和年薪水平与成就需要不存在交互作用。年收入在2万~2.5万美元的男性，无论年龄大小，他们的成就需要水平总是更高的。

也许描述这一结果的最佳方式是说，成就需要在使人们从最低收入阶层提高到中等收入阶层方面起着决定性的作用。如果我们只考虑年收入2.5万美元或更低的男性，那么83%的高成就需要（得分为7或更高）的人都属于高收入阶层。但当男性薪酬更高时，情况则相反。在低成就需要组中，年收入超过2.5万美元的男性比例更高。结果令人好奇，并提出了一系列有趣的问题。在一定程度上增加人们的金钱收入是否满足了他们的成就需要并因此降低了他们的成就需要分数？

在美国大公司中，超过一定数额的薪酬是否不再是创业动力的直接函数，而是其他变量，如专业知识或个人领导特点？特别是亲属关系在美国大公司较高的高管薪酬水平中发挥了什么作用？这些高薪是否有可能是一个人与公司老板的关系所带来的，而不是他的创业动力赋予的？不幸的是，我们目前只能提出这些问题，而不能回答它们。我们必须对以下发现感到满意，即至少对较低收入水平的管理层而言，其拥有较高的成就需要似乎有助于他们在美国大公司里的管理职涯上取得成功。

从国外的一些证据来看，我们有足够的信息可以将波兰管理人员分为管理1~30名下属的和管理30名以上下属的。前一组的13名男性，从工作责任较小的意义上来说，可能被认为是不太成功的，他们的平均成就需要得分为5.62，而12名处于责任较大的职位的男性的平均成就需要得分为8.83。二者差异为3.21，且这个差异具有显著性（$p<0.10pd$）。同样，包括较低级别主管的意大利样本中，即7名

管理 1~5 名下属的男性主管，8 名管理 6~30 名下属的男性主管。前一组责任较轻的人的平均成就需要得分（3.5）低于后一组责任较大的人的得分（6.4），差异为 3.1①（$p<0.10pd$）。如果我们结合两个样本的概率（$p<0.05pd$），我们可以合理地确信差异不是偶然产生的。既然管理能力是由管理者管理的人数来衡量的，那么有证据表明，成就需要与管理的成功是相关联的。

但并非所有的证据都是正面的。如希尔（Hill）对美国政府管理人员进行了一项研究，并对这些管理人员在年龄和职业类型（工程、人事、会计—审计、综合管理、采购）上进行了仔细匹配，但在公职级别上有所不同。他的研究发现，公职等级较高的人（GS-14 和 15）的成就需要得分仅略高于年龄和工作类型相似但公职等级较低的人（GS-12 和 13）。显然，在美国公务员制度中获得高职位的速度与成就需要无关。不幸的是，这一发现并不能在国外得到验证，但值得注意的是，管理 6~30 名职员的 5 名意大利政府官员的平均成就需要得分也没有高于管理 1~5 名职员的 4 名其他职业管理人员的平均成就需要得分。在撰写本文时，没有证据表明公共部门的成功管理与更高的成就需要有关，当然，除了几乎所有的管理人员都是公职人员的国家之外，如波兰。

此外，本文还以初入职场的寿险销售人员为研究对象，考察了成就需要越高的销售人员是否业绩越好。然而事实并非如此。被归类为"成功"的男性（样本量为 25）中有 44% 的人有很高的成就需要，与之相比，被归类为"失败"的男性（样本量为 26）中有 54% 的人有很高的成就需要。"失败者"中有许多人发现他们不喜欢不断地试图通过电话与完全陌生的人联系，这是一种非常特殊的能力，可能与我们正在研究的那种管理才能无关。但这一发现有助于强调这样一个

---

① 原文中差异数值为 3.1，经核算，实际应为 2.9，此处遵照原文。——译者注

事实，即该理论并不是说在所有类型的组织中，在所有类型的管理或销售工作中，在任何条件下，高成就需要都会带来更大的成功。

理论只预测当工作中存在一些挑战或风险，且人们可以通过适当的解决问题的活动来应对，并发现自己做得如何时，成就需要才能促进成功。一份特定的工作，尽管被归类为管理类，但可能因其不允许一个人锻炼他的创业技能而不鼓励高成就需要的人留在这个行业。或者一个组织可能会奖励人们拿到更高的工资或承担更多的责任，不是基于成就，而是基于资历、亲属关系或其他类似的因素。在这种情况和其他许多情况下，人们不应该期望成就需要和管理成功之间有关系。甚至可以说，到目前为止提出的证据，无论是理论的还是实践的，都有力地证明了成就需要和创业成功之间的联系，当没有获得这种联系时，可以认为有初步证据表明，定义理论意义上的创业角色的一个或多个条件没有得到满足。

五 较发达国家和欠发达国家管理人员的动机和态度比较

关于美国企业高管与外国企业高管的不同之处，人们已经写了很多文章进行论述。通常还会或明或暗地假设，美国人的态度大体上代表了最好的管理实践，因为他们来自在经济领域最成功的国家。我们可以看看美国管理人员的态度与国外管理人员的态度相比如何，这可以在一定程度上摆脱种族中心主义的指责。方法是将各国按经济发展水平排列，以发现美国管理人员的态度是否与仅次于美国的最发达地区（意大利北部城市）最相似，其次是与发达地区（意大利南部城市）较相似，而与最不发达国家（土耳其）相似度最小。波兰或许应该被归入另一类，因为在共产党管理的经济中，良好的管理实践可能是不同的。表3汇总了美、意、土、波的管理人员平均动机得分与对各态度项的认同程度（评分范围为 1~7）。

表 3　美、意、土、波的管理人员平均动机得分与对各态度项的认同程度（评分范围为 1~7）

态度项目	项目编号*	美国样本量=102	意大利（北部城市）样本量=41	意大利（南部城市）样本量=27	土耳其样本量=17~42	波兰样本量=31
平均年龄		44.8	26.6	29.1	33.5	35.9
地位的获取						
晋升时业绩比资历更重要	33	6.67**	6.07	5.74	5.41	4.58
合格工人应被晋升到管理岗位上	36	6.90	5.85	6.19	4.71	4.74
薪酬等级不由教育决定	39	5.21	4.78	3.74	3.51	3.06
平均水平		6.26	5.57	5.22	4.54	4.13
有钱的人不需要适当的教养就能学会好的礼仪	48	5.52	2.68	3.15	3.93	2.06
计划性与乐观主义						
计划是可行的	42	6.69	5.63	4.52	5.76	4.35
市场道德观						
在生意上可信任陌生人	35	6.70	5.41	5.07	6.12	5.97
利润动机						
公司不只是以营利为目的	50	3.97***	1.71	2.56	2.26	3.33
平均成就需要分数****		8.90***	4.12	4.26	1.12	6.58
平均亲和需要分数****		4.25***	5.15	5.70	5.31	2.16
平均权力需要分数****		7.01***	6.61	5.59	5.93	5.48

注：*美国样本由哈佛商学院高级管理课程的高级管理人员组成（***中提到的除外）。除了土耳其的样本包括一些为政府工作的中层管理人员和一些高级管理人员外，其余样本如表 2 所示。**项目编号参照附录Ⅶ①所载的完整问卷。为了更容易理解，这些项目已经按照"更好的"管理实践的方向进行了解释和评分。***这些分布的标准偏差通常在 1.7 到 2.1 之间变化，因此通常在 0.7 到 1.0 和 1.2 及以上数量级的平均值之间的差异分别在 0.05 和 0.01 水平上是显著的；来自哈佛商学院中级管理项目和麻省理工学院斯隆研究员项目的不同公司的中层管理人员，平均年龄 34 岁，第 50 项样本量为 38，动机得分样本量为 67。****动机分数分布的标准差在 4.00±1.5 变化，因此不同国家 1.2 和 1.5 和 2.0 的均值之间的差异分别在 0.05 和 0.01 的水平上是显著的。

---

① 附录Ⅶ本文未附。——译者注

首先考虑动机差异，从美国到意大利，再到土耳其，成就需要分数的下降已经被评论过了，这与这些国家的经济发展水平相符。而波兰管理人员的高成就需要表明，某种力量在起作用，可能是爱国主义或共产主义，或两者兼而有之，从而提高了他们的成就需要水平。

在亲和需要方面，美国高管比其他国家高管低（$p<0.05pd$，波兰除外）。这一发现很好地证实了法耶韦瑟（Fayerweather）等人的观察，即墨西哥和意大利等国的高管似乎往往更关心调整人与人之间的关系，而不是更有效地解决问题，不管调整人际关系的代价有多大。例如，法耶韦瑟报道了一位在墨西哥一家美国子公司工作的美国高管是如何试图让他的墨西哥采购代理对一些零件的质量低劣问题和交货方式不稳定采取措施的。这两个问题都给公司造成了损失，因为生产经理坚持要保持大量的零件库存以备不时之需。对美国人来说，解决这个问题的困难似乎并不大，方法很简单，要么对供应商采取强硬态度，要么另找一家供应商。然而，对墨西哥人来说，事情要复杂得多，因为墨西哥人对其中涉及的个人关系更感兴趣。他想取悦美国人，也理解效率问题，但他也觉得美国人不理解供应商在过去的紧要时刻是多么忠诚和乐于助人，生产经理是多么想要提高库存来让自己更有安全感。

如果我们将意大利（代替墨西哥）管理人员与美国管理人员进行比较，表3中的数据清楚地解释了这些不同态度的来源。在后者中，对成就的关注几乎是对亲和的关注的两倍，而在意大利人中，对亲和的关注明显高于对成就的关注。

再次引用法耶韦瑟的话："在墨西哥，很少有人会主动反对准时、按计划工作或遵守任何其他行业纪律规则。当他们不遵守这些规则时，是因为出现了一些相互冲突的行动途径，而他们觉得这更重要。"他认为，在墨西哥，主要冲突的行动途径之一是"维持个人联盟"。如果我们将后者转换为亲和需要，将墨西哥转换为意大利，我们的结果强烈支持这一观点。在墨西哥和意大利，亲和需要高于成就需要。有一些证据表明，这两种需要往往是互补的。在四个国家的760名男性中随机抽样119例，成就需要得分与亲和需要得分呈负相关（$r=-0.32$，$p<0.01pd$）。关心人际关系的人通常不太关心成就，反之亦然。

但我们必须警惕对不同国家的管理人员进行过度概括。诚然，土耳其管理人员也表现出对亲和的关注远远超过对成就的关注，但波兰管理人员甚至比美国管理人员更不关心亲和。每个国家的情况可能会有所不同，法耶韦瑟试图将其他国家高管视为具有相似性格的人，这是一种好用但显然有局限性的过度简化。波兰行政人员的低亲和需要让人想起严格的共产主义生产可能导致不得不牺牲对人际关系的考虑。低亲和需要和高成就需要的人可能在这种压力下生存得更好。然而，这个结论是有瑕疵的，因为在修改用于调查研究的图片以供波兰使用时，第二张图片中绘图员桌上的小家庭照片被去除了，从而消除了在其他国家出现的与亲和需要有关的故事的重要线索。

美国高管对权力的需求，以及对控制他人行动的渴望，明显高于其他任何地方的高管，除了意大利北部城市，即经济上第二发达的地区之外。也许在这里，我们发现了商业大亨的普遍形象，他有兴趣建立一个帝国，最重要的是击败竞争对手。比较一下怀特（W. H. Whyte）对他1940年在维克化学公司（Vick Chemical Company）担任推销员时所受培训的描述：

> 伙计，他［主管］告诉我，除非你学会一件简单的事情，否则你永远也卖不出东西。柜台另一边的人是敌人。我们所在的是一所角斗士学校。现在的销售竞争可能不小，但在维克项目中，争斗比今天的局势所允许的要公开得多。战斗是最理想的形

式,即与经销商的战斗,与"狡诈的竞争者"战斗,与彼此战斗。①

根据我们的研究结果,"战斗"一词很形象地结合了美国商人对成就和权力的关注特征。萨顿(Sutton)等人指出,由于美国的民主价值氛围,美国商业信条为"以各种方式抵制任何将企业高管视为高地位的威权人物的形象"。事实上,这样的信条可能掩盖了竞争概念中暗示成就形象的权力驱动。权力需要是不是管理成功的一个重要因素(正如我们所论证的成就需要是管理成功的一个重要因素那样)或私营企业制度的一个偶然特征,无法用现有的信息来回答。支持第一种观点的依据是,来自经济上第二发达的地区,即意大利北部城市的管理人员,也可能比来自经济上较不发达地区的高管拥有更高的权力需要($p<0.20pd$);支持第二种观点的依据是,缺乏证据表明管理人员的权力需要高于专业人员,并且下面提出的证据表明,权力需要在私营部门比在公共部门更容易与管理责任相联系。

现在来看表 3 中的各种态度差异,很明显,直接奖励一个人在商业上的成就(已取得的地位)的信念与管理人员所在地区的经济发展阶段密切相关。随着该地区或国家经济发展水平的下降,基于商业业绩奖励的平均信念从左到右急剧下降。举一个极端的例子,美国的企业高管们几乎完全相信值得奖励的员工应该得到晋升;意大利的管理人员也几乎完全认同这一观点,尤其是来自工业化的北部城市的管理人员。但是在土耳其和波兰,管理人员对工人是否应该被提拔存在相当大的怀疑,因为如果他们被提拔,这将破坏工人必须有的对管理层权威的尊重。同样,美国管理人员比意大利管理人员更坚决地拒绝将资历、教育和家庭教养作为一个人地位的决定因素,而

---

① W. H. Whyte, *The Organization Man*, New York: Simon Schuster, 1956, p. 117.

意大利管理人员比土耳其管理人员更拒绝接受这些因素，土耳其管理人员比波兰管理人员更拒绝接受这些因素。这些研究结果有力地表明，管理人员对一个人在世界上所能拥有的权力的信念至少是经济发展的一个强有力的结果。

美国人的传统乐观主义也很明显。他们强烈相信制订计划，因为他们的计划通常会成功，而国外的管理者则不那么乐观，也许是因为他们的计划并不经常成功。对计划的怀疑有一种恶性循环：如果你因为别人不计划而破坏了你的计划而怀疑它的价值，那么你也可能因不计划而破坏了他们的计划。另外，对未来的非理性或不合理的信念可能会通过给周围的人带来信心来自圆其说。

关于"市场道德观"这一要素对经济增长而言重要的问题是尤为有趣的。它是这样被表述的，在商界，你只能真正信任朋友和亲戚。美国人几乎完全不同意这种观点，或者（如表3所示）他们比任何其他国家的管理人员都认为你可以更信任陌生人。一方面，在市场上与非个人的、不相关的"他者"（陌生人）公平交易是先进经济组织的必要条件之一；另一方面，如果价格、合同、供应等是与朋友、敌人或同伴之间等多种特殊关系相关的函数，一句话，是个人联盟，那么经济效率必然会受到影响。有趣的是，这个因素和成就需要一样，将发展较快的国家和发展较慢的国家区分开来。

结　论

美国高管不像外国高管那样相信企业完全是为了营利。如果不只是为了营利，他们认为企业是为了什么呢？也许他们在某种程度上默许了我们的观点，即企业也能够满足对成就的追求，或者认可一种普遍持有的观念，即企业具有公共服务功能。如果我们对理想型企业家的心理状态的分析是正确的，那么这个问题对他们来说应该是有些复杂的。

在纯粹的情况下，他们应该主要对成就感兴趣，而不是金钱，也不是个人利益。因为如果他们只对金钱或个人利益感兴趣，他们就有可能赌博，破坏游戏规则，或者像法耶韦瑟所认为的竞争个人主义者那样，花时间回避、竞争和排挤他人，从而在公司中造成相当低的效率。如果他们理想化地表示对利润不感兴趣，他们就失去了判断组织是否有效运作的主要衡量标准。这一点经常被私人企业制度的支持者和反对者所误解。两者都暗示利润是重要的目的，或作为一种激励，而实际上它的主要功能是作为一个标准或价值，根据它可以判断企业经营的效率。这种冲突在法耶韦瑟的书中无意识地反映出来：

> 商业领袖通常倾向于承担许多责任，既是作为好公民，也是一部分工作条件中确保长期营利的要求。但这并不等同于将他们的企业视为公共工具。不幸的是，许多善意的人忘记了利润的因素，促使企业把对公共目标的贡献当作其主要关心的事情，从而对企业的事业造成了伤害……（商人）对公众的首要责任是保持他的企业强大。

法耶韦瑟的说法似乎有点矛盾，商业是为了利润，但也不只是为了利润。也就是说，如果企业被迫将其他价值（如公共服务）置于利润动机之上，那么就会变得软弱，原因是其失去了衡量效率的尺度，而不是因为他们失去了激励体系。尽管他强调了利润的重要性，但他也提到了商人的"对公众的首要责任"和整体商业环境的重要性。因此，对于那些只顾自己的利益而不顾他人利益的人，就会受到隐性的制裁。它本身不是，也不应该仅是一个目的，而是成就的衡量标准。

简而言之，关键问题不在于利润多少或成功与否，而是在于哪个领域有什么样的人,在于各国里什么样的人可以担任经济组织的领导职位。这些问题是重点。从长远来看,正是这些人和他们的主要关切,无论是对成就、亲和、权力的需要还是其他什么,决定了他们国家经济的发展速度。

企业家精神差异化配置与中小企业高质量发展

陈芭名[*]

【摘　要】 中小企业是我国国民经济发展的生力军，是扩大就业、改善民生、促进创新创业的重要力量。中小企业高质量发展的根本在于创新，而弘扬企业家精神，激励中小企业进行生产性创新的关键在于企业家精神的差异化配置。本文根据内生经济增长理论，构建了企业家精神差异化配置的理论框架，这对阐述企业家精神差异化配置与促进中小企业的高质量发展是至关重要的。

【关　键　词】 企业家精神　差异化配置　中小企业　高质量发展

引　言

中小企业是中国国民经济发展的生力军，是扩大就业、改善民生、促进创新创业的重要力量。2020 年，规模以上的中小企业有 90.9 万户，占全部规模以上企业总数的 95.68%；营业收入 137.3 万

---

[*] 陈芭名，中国政法大学商学院企业史研究所副所长、讲师，英国杜伦大学经济学博士；主要研究方向为技术创新、企业史和金融学。

亿元，占全部规模以上企业营业总收入的60.83%；资产总额168.3万亿元，占全部规模以上企业资产总额的55.01%。中小企业地位凸显，是技术创新和模式创新的生力军。2020年规模以上工业企业中，有研发活动的小微企业占全部有研发活动企业的比重为81.1%。截至2020年，培育专精特新"小巨人"企业1832家、省级"专精特新"中小企业3万多家，纳入培育库11.3万家，培育入库科技型中小企业22.3万家。

2021年12月工业和信息化部联合国家发展改革委等19个部门和单位发布的《"十四五"促进中小企业发展规划》提出，以推动中小企业高质量发展为主题，以改革创新为根本动力，支持中小企业成长为创新重要发源地，进一步增强中小企业综合实力和核心竞争力，推动提升产业基础高级化和产业链现代化水平，为加快发展现代产业体系、巩固壮大实体经济根基、构建新发展格局提供有力支撑。

在党的二十大报告第四部分中，习近平总书记提出要"加快构建新发展格局，着力推动高质量发展"。"高质量发展是全面建设社会主义现代化国家的首要任务"，其中一项重要任务是要"构建高水平社会主义市场经济体制"。要完成这样的建设任务，就要"完善中国特色现代企业制度，弘扬企业家精神，加快建设世界一流企业。支持中小微企业发展"。另一项重要任务是"建设现代化产业体系"。"坚持把发展经济的着力点放在实体经济上，推进新型工业化"，"实施产业基础再造工程和重大技术装备攻关工程，支持专精特新企业发展"。[1]

可以说，中国中小企业高质量发展的关键是创新，如何激励中小企业进行创新活动，帮助其成长为具有长期竞争力的企业就成了一个重要的课题。而创新正是企业家精神的重要内涵之一，企业家精神作为中小企业生产、创新和成长的根本，在这一过程中发挥着决定性作用。

---

[1] 习近平：《高举中国特色社会主义伟大旗帜 为全面建设社会主义现代化国家而团结奋斗——在中国共产党第二十次全国代表大会上的报告》，人民出版社，2022，第28~30页。

而要弘扬企业家精神，充分发挥企业家精神的作用，塑造先进企业文化，就要先理解什么叫作企业家精神。目前主流理论提到的企业家精神是广义还是狭义？如果不把这一问题搞清楚，就很难充分发挥企业家精神，更谈不上促进中小企业高质量发展，相关政策的实施效果也会大打折扣。

因此，本文基于内生经济增长理论，对企业家精神差异化配置的理论框架进行介绍，解释为何企业家精神差异化配置对中小企业高质量发展至关重要。为此，本文首先介绍内生经济增长理论下的企业家精神差异化配置与企业创新，然后对中小企业的代表，即"隐形冠军"企业的创新活动进行例证分析，说明创新和企业家精神对促进中小企业成长和中国经济高质量发展的重要性。

一 企业家精神差异化配置与企业创新

国外学者如赫伯特（Hébert）和林克（Link）[①]总结了企业家精神研究的三大学派，即以熊彼特和威廉·鲍莫尔（William Baumol）为代表的德国学派；以纳特（Knight）和舒尔茨（Schultz）为代表的芝加哥学派；以米塞斯（Mises）和科兹纳（Krizner）为代表的奥地利学派。不同学派对企业家精神的关注点有所不同，如图1所示。

图1总结了德国学派、芝加哥学派和奥地利学派的主要观点，三大学派关于企业家精神的核心词分别为创新、风险和套利，但三大学派都认为企业家精神本质上是追逐利润。

目前主流理论研究普遍更为接受德国学派关于企业家精神的观点，对企业家精神的研究也更多地集中于其创新的层面，尤其在内生

---

① Robert F. Hébert and Albert N. Link, "In Search of the Meaning of Entrepreneurship," *Small Business Economics*, 1989, pp. 39-49.

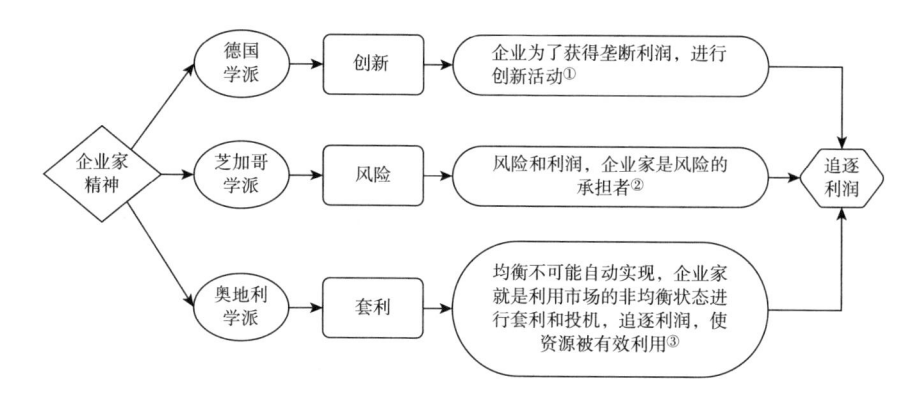

图1 关于企业家精神研究的三大学派及其主要观点

经济增长理论中,企业家精神主要体现为熊彼特提出的企业家创新精神。熊彼特认为,企业家通过"毁灭性创新"推动经济增长。以罗默(Romer)[4]为代表的内生经济增长理论将技术进步与企业家精神内生化,完善了索罗(Solow)理论模型,强调经济激励对技术创新和经济增长的重要作用,内生的技术进步是推动经济增长的决定性因素。

阿吉翁(Aghion)和豪伊特(Howitt)[5]首次将熊彼特的"毁灭性创新"思想纳入模型中,建立了一个内生化的经济增长模型,垄断利润将激励企业家不断进行创新,推动经济增长,揭示企业家精神是保持长期经济增长的源泉,具有强烈企业家精神的经济体其经济增

---

[1] Joseph Alois Schumpeter, *The Theory of Economic Development: An Inquiry into Profits, Capital, Credit, Interest, and the Business Cycle*, trans. by Redvers Opie, Cambridge, MA: Harvard University Press, 1934.

[2] Frank Knight, *Risk, Uncertainty and Profit*, New York: A. M. Kelly, 1921.

[3] Israel M. Kirzner, *Perception, Opportunity and Profit: Studies in the Theory of Entrepreneurship*, Chicago: University of Chicago Press, 1979.

[4] Paul M. Romer, "Endogenous Technological Change," *Journal of Political Economy*, 1990, pp. 71-102.

[5] Philippe Aghion and Peter Howitt, "A Model of Growth Through Creative Destruction," *Econometrica*, 1992, pp. 323-351.

长率和人均收入通常会更高。

但早在 1969 年，霍布斯鲍姆（Hobsbawm）[1]就指出，企业家并非如假设一般会自发进行创新，企业家的唯一倾向是获取利润。鲍莫尔[2]更是通过研究历史上的企业家精神，将企业家创新精神分为生产性和非生产性两种。他认为只有当企业家精神用于创新活动时，企业家精神才具有生产性；企业家精神用于寻租等活动时，则会表现出其非生产性的一面。

企业家精神是用于生产性创新活动还是非生产性创新活动，如寻租、配置均衡问题，就是企业家精神的差异化配置。

生产性企业家精神可以分为破坏性创新和横向创新，或者表现为企业家的创新和创业精神。企业家通过研发（R&D）活动或"干中学"来研发或学习新技术，进行技术创新，提高全要素生产率，促进经济增长。因此，生产性企业家精神对经济增长具有正向作用[3]，这也是导致地区经济增长差异的一个重要因素[4]。需要注意的是，奥德雷奇（Audretsch）和图里克（Thurik）[5]提出的"最优产业结构"模型，认为企业家精神存在一个最优程度，一旦超出这个程度，企业家精神反而会抑制经济增长。

非生产性企业家精神则会造成资源浪费和社会福利损失，对创新

---

[1] Eric Hobsbawm, *Industry and Empire from 1750 to the Present Day*, Harmondsworth: Penguin, 1969.
[2] William Baumol, "Entrepreneurship: Productive, Unproductive, and Destructive," *Journal of Political Economy*, 1990, pp. 893-921.
[3] Mark Sanders and Utz Weitzel, "The Allocation of Entrepreneurial Talent and Destructive Entrepreneurship," *UNU-WIDER Working Paper*, 2010.
[4] Pamela Mueller, "Exploring the Knowledge Filter: How Entrepreneurship and University-Industry Relationships Drive Economic Growth," *Research Policy*, 2006, pp. 1499-1508; Edward Glaear, "Entrepreneurship and Institutions," *Comparative Labour Law and Policy Journal*, 2012, pp. 717-742.
[5] David B. Audretsch and Roy Thurik, "Linking Entrepreneurship to Growth," *Technology and Industry Working Papers*, 2001.

和经济增长产生负面影响[1]。因此，内生的企业家精神差异化配置会对经济体的技术创新水平和经济增长产生重要影响[2]。

经济报酬结构，包括外生和内生两种，也会影响企业家精神差异化的配置。而经济报酬结构最主要的影响因素是制度，即社会制度对企业家精神的引导[3]。这包括社会法治水平、金融市场发展、财税激励政策、人力资本、政府规模、产权保护、政府管制和对外开放程度等。总的来说，没有制度约束和法治保障，企业家会更倾向于非生产性创新活动，以保护其财富和能力不受损害[4]。

很多学者进一步研究了政府是否能够通过政策来营造鼓励企业家进行生产性创新活动的制度环境，并对政策有效性进行了研究[5]。结果显示，政府政策在改善经济报酬结构和企业家精神差异化配置方面的效果并不全是显著有效的[6]，而是会受到国别和地区的影响[7]。图2总结了内生经济增长理论下企业家精神差异化配置研究的理论框架。

在实证研究方面，大多数研究都集中在企业家生产性创新活动方

---

[1] Daniel Brou and Michele Ruta, "Economic Integration, Political Integration or Both?" *Journal of the European Economic Association*, 2011, pp. 1143–1167.

[2] 庄子银：《创新、企业家活动配置与长期经济增长》，《经济研究》2007年第8期，第82~94页。

[3] Jagdish N. Bhagwati, "Directly-unproductive, Profit-seeking (DUP) Activities," *Journal of Political Economy*, 1983, pp. 988–1002.

[4] Daron Acemoglu, "Reward Structures and the Allocation of Talent," *European Economic Review*, 1995, pp. 17–33; Daron Acemoglu and James A. Robinson, "Persistence of Power, Elites and Institutions," *American Economic Review*, 2008, pp. 267–293.

[5] David B. Audretsch, et al., "DP4783 The Missing Link: The Knowledge Filter and Entrepreneurship in Endogenous Growth," *CEPR Discussion Paper*, 2004.

[6] Joan-Lluis Capelleras, "Do More Heavily Regulated Economies Have Poorer Performing New Ventures? Evidence from Britain and Spain," *Journal of International Business Studies*, 2008, pp. 688–704.

[7] Zoltan J. Acs and László Szerb, "The Global Entrepreneurship Index (GEINDEX)," *Foundations and Trends© in Entrepreneurship*, 2009, pp. 341–435; Mark Dutz, et al., "Entrepreneurship, Access Policy and Economic Development: Lessons from Industrial Organization," *European Economic Review*, 2000, pp. 739–747.

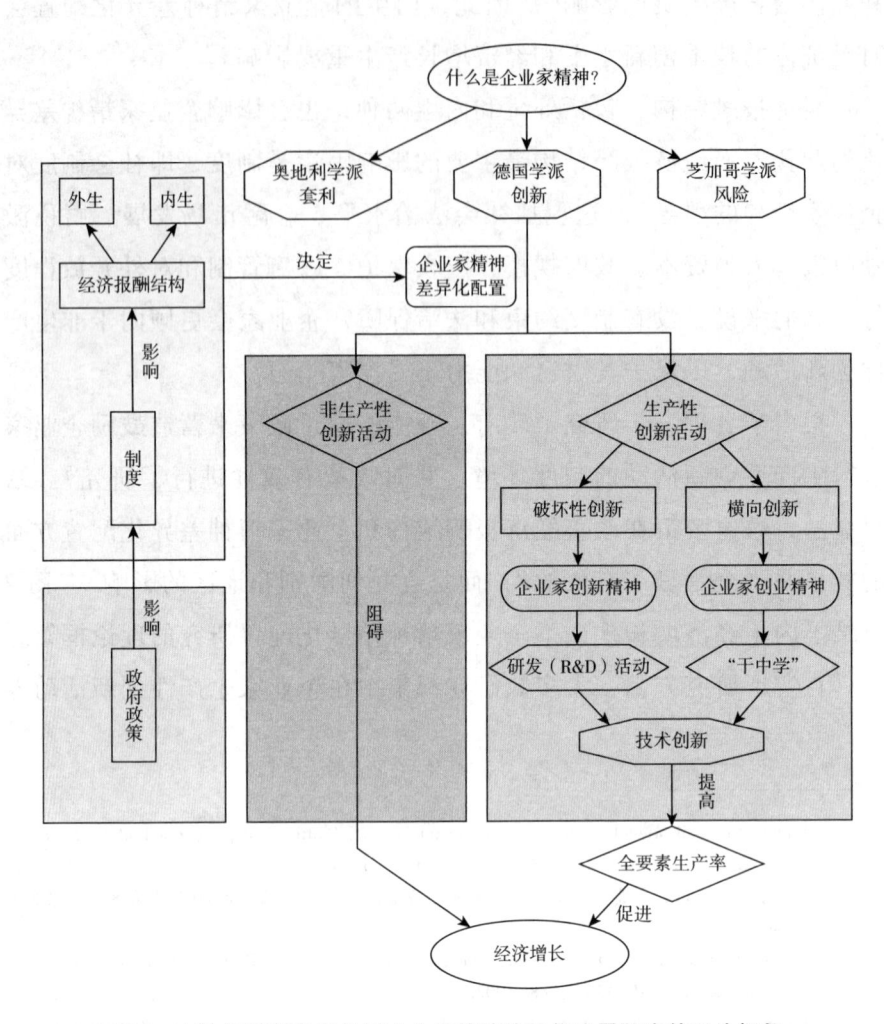

图 2 内生经济增长理论下企业家精神差异化配置研究的理论框架

面，如研究转型国家企业家创业创新精神对经济增长的影响[①]。也有

---

① John McMillan and Christopher Woodruff, "The Central Role of Entrepreneurs in Transition Economies," in G. S. Fields and G. Pfeffermann, eds., *Pathways Out of Poverty: Private Firms and Economic Mobility in Developing Countries*, Dordrecht: Springer Netherlands, 2003, pp. 105-121; Daniel Berkowitz and David N. DeJong, "Policy Reform and Growth in Post-Soviet Russia," *European Economic Review*, 2003, pp. 337-352.

很多学者研究其他因素的影响,如金融因素[①]。然而在非生产性创新活动方面的实证研究较少,多集中在腐败因素的影响上[②]。国内学者也多集中在定性研究中。

二 中小企业的代表:"隐形冠军"企业的创新

德国学者西蒙(Simon)在研究了德国中小企业在全球范围内的成功后首次提出了"隐形冠军"的概念。作为中小企业持续盈利和发展的特殊案例,"隐形冠军"引起了工业界和学术界越来越广泛的关注和讨论。西蒙首先指出"隐形冠军"的九个特征是成功的关键,分别是强有力的领导、雄心勃勃的目标、专注于狭窄市场、全球导向、持续创新、接近客户、依靠自身力量、选择和激励员工和竞争优势。

根据熊彼特和巴尼(Barney)[③]的观点,持续创新被认为是企业持续发展的源泉,也是决定"隐形冠军"企业在全球或国内市场处于领先地位的主要因素之一。因此,创新是研究"隐形冠军"的主流视角。

独特的创新能力是"隐形冠军"企业成功的关键因素。而"隐形冠军"企业的创新能力可以分为内部因素和外部因素。其中内部因素包括员工和网络。"隐形冠军"企业依靠关键员工的四种能力来

---

① Niranjan Chipalkatti, et al., "Institutional Quality, Knowledge Spillovers and Entrepreneurship," *International Journal of Economic Policy in Emerging Economies*, 2011, pp. 307-329.

② Travis Wiseman and Andrew T. Young, "Economic Freedom, Entrepreneurship, and Income Levels: Some US State-Level Empirics," *American Journal of Entrepreneurship*, 2013, pp. 104-124.

③ Jay B. Barney, "Strategic Factors Markets: Expectations, Luck and Business Strategy," *Management Science*, 1986, pp. 1231-1241.

进行创新活动,即网络能力、创造性解决问题能力、概览能力和整合能力[1],并且要对这些关键员工进行教育,包括技术商业化、融合技术管理和技术全球化[2]。还有学者强调了网络在探索和商业化新知识方面的重要性。[3] 他们将"隐形冠军"企业分为四种类型,分别是全球研发密集型网络者、卓越技术驱动的全球价值链探索者、全球研发(R&D)密集型创新者和全球市场导向的价值创造者。前两种类型强调知识可以从研发(R&D)网络转移到商业化网络,或者原创知识可以通过网络实现市场化。后两种类型是创新商业化的传统方式。

外部因素则主要包括客户需求和开放式创新。有学者发现客户需求是希腊"隐形冠军"企业的主要创新动力。[4] 大多数"隐形冠军"企业持续关注行业发展,并与客户保持持续互动,通过不断为客户寻求更好的问题解决方案,获得新想法和创意。因而"隐形冠军"企业有能力实现其对创新的追求,从而巩固市场地位。

开放式创新也是"隐形冠军"企业的创新特点。借助与供应商的特殊关系,"隐形冠军"企业可以及时了解最新技术和发展状况,并在必要时尽快获得最新技术[5]。即便"隐形冠军"企业可以从供应商那里获得新技术,它们也认为自己有更好的方法来实现新技术。它

---

[1] Steffen Kinkel, et al., "Critical Competencies for the Innovativeness of Value Creation Champions: Identifying Challenges and Work-integrated Solutions," *Procedia Manufacturing*, 2017, pp. 323-330.

[2] Hee-Woon Cheong, "Education Model of Technology Management for Promoting SMEs to Hidden Champion," *Procedia Computer Science*, 2016, pp. 478-481.

[3] Monika Petraite and Vytaute Dlugoborskyte, "Hidden Champions from Small Catching-up Country: Leveraging Entrepreneurial Orientation, Organizational Capabilities and Global Networks," in S. Stavros and T. Panagiotis, eds., *Global Opportunities for Entrepreneurial Growth: Coopetition and Knowledge Dynamics Within and Across Firms*, Bradford: Emerald Publishing Limited, 2017, pp. 91-122.

[4] Irini Voudouris, et al., "Greek Hidden Champions: Lessons from Small, Little-known Firms in Greece," *European Management Journal*, 2000, pp. 663-674.

[5] Henry William Chesbrough, *Open Innovation: The New Imperative for Creating and Profiting from Technology*, Boston, Mass: Harvard Business School Press, 2003.

们认为其保持技术领先的关键是创新能力而非最先进的设备。

随着发展中国家经济的快速增长,学界相关研究也转向了新兴经济体。对西方企业来说,在发展中国家提供低成本、高技术的创新产品和服务是一个更好的策略[1]。为了保持在全球市场中的竞争地位,德国"隐形冠军"企业应该向新兴经济体提供可负担得起的产品和服务[2]。在中国和印度等新兴经济体中已经出现节俭创新现象[3],同时该现象在德国等发达国家也因经济衰退而出现[4]。

除了西蒙最先关注到中国"隐形冠军"企业之外,国内各界对"隐形冠军"企业的调研才刚刚起步,处于方兴未艾阶段。工业和信息化部于2017年1月开始评选第一批制造业单项冠军企业,并于2019年开始评选第一批专精特新"小巨人"企业。在媒体方面,以《中外管理》杂志为代表,于2018年开始组织评选中国"隐形冠军"企业。国内学者也开始关注和寻找中国"隐形冠军"企业,对"隐形冠军"企业进行实地调研和考察,发表了相关研究成果。

熊彼特在《经济发展理论》中指出,创新是一种新的生产函数的建立,即实现生产要素和生产条件的一种从未有过的新结合,并将其引入生产体系。他还指出,创新一般包含五方面内容,即新产品、新生产方法、新市场、新原材料/中间品供应来源、新组织形式。熊彼特提出的这五个"新",在双童公司这家企业中得到充分体现。

---

[1] Christian Schanz, et al., "'Low Cost-high tech' Innovations for China: Why Setting up a Separate R&D Unit is not Always the Best Approach," *R&D Management*, 2011, pp. 307-317.

[2] Cornelius Herstatt, et al., "Innovating for Emerging Markets? An Assessment of German Hidden Champions' Strategies," in W. Burr and M. Stephan, eds., *Technologie, Strategie und Organisation*, Wiesbaden: Springer, 2017, pp. 219-238.

[3] J. Lamont, "Indian Innovators Target Nation's High Demand," *The Financial Times*, 2010.

[4] Rajnish Tiwari, et al., "Frugal Innovation in Scholarly and Social Discourse: An Assessment of Trends and Potential Societal Implications," in C. Herstatt and R. Tiwari, eds., *Lead Market India, India Studies in Business and Economics*, Cham: Springer, 2017, pp. 13-35.

三 "隐形冠军"企业双童公司的创新和企业家精神

双童公司于1994年在义乌市创建。创业者楼仲平夫妇筹资5万元购买了一台二手吸管生产设备使双童公司成功创建。双童公司自创建以来就一直持续专注于吸管产品的制造，是目前全球吸管产业规模、技术和品牌领先的行业龙头企业。双童公司以"8毫钱利润"而闻名。

双童公司深知吸管只是一个To B的中间商品，而非直接面对消费者。如何才能吸引消费者主动购买吸管，拓展新市场？双童公司跳出产品原本用途这一局限，大胆创新，使吸管不再只是用来喝东西，而是充满趣味性，双童公司对吸管进行各种造型上的创新，如眼镜吸管，扩大了吸管的消费场景，发掘了新市场。

除此之外，双童公司持续对吸管生产的基础材料进行革新，开发生物基可降解吸管，推出环境友好型产品，努力消除塑料吸管的白色污染。双童公司目前拥有100多项吸管相关的发明专利。

双童公司是一家面向世界的企业。2007年，双童公司的吸管产量占世界吸管需求量的约1/5，目前90%以上的吸管也是外销。通过电子商务，该企业的国际化经营成本降到最低。通过商业模式的创新，双童公司可以坐等客商，跳出了浙江义乌小商品生产的地理局限。

除此之外，双童公司还在经营管理方面进行创新。如夜间电费低，公司就把耗电高的流水线调到夜间生产；吸管制作中需要冷却，生产线上就设计了成本最低的自来水冷却法。双童公司通过实施品牌、标准和客户三大工程，基本达到这些客户的要求。双童公司采用小订单策略，规定每个客户的订货数量不超过公司年产量的3%，以预防因过度依赖连锁巨头而产生价格压力。

双童公司这一传统行业的企业是如何从不起眼的夫妻店发展成全球吸管行业的标杆及行业标准制定者的？根本原因是依靠创新。"吸管不仅仅可以用来喝饮料"，双童公司跳出产品原本用途的束缚，使吸管不仅仅是吸管，还可以是玩具、礼品，成为人们情感交流的工具。从而使消费终端的客户主动去购买吸管，双童公司的客户群由原来的 B 端拓展到 C 端。此外，双童公司又积极进行环保材料的相关研发，生产环保可降解的吸管，履行企业社会责任，使企业获得可持续发展。

双童公司创始人楼仲平夫妇是充分发扬生产性企业家精神的代表，努力创新。熊彼特关于创新的五个方面在双童公司身上都得到了充分的体现，双童公司作为中国"隐形冠军"企业的代表，也再次验证了"隐形冠军"企业成功的关键因素是独特的创新能力。

在经济发展过程中，一些企业家进行非生产性创新活动，如寻租等行为，对企业造成损害，甚至导致企业破产的案例比比皆是，本文受篇幅所限，不再具体举例分析。

总而言之，企业家作为企业的舵手，只有充分发扬生产性企业家精神，抑制非生产性企业家精神，优化企业家精神差异化配置，才能使中小企业具有持续创新的能力，健康发展，从而逐步成长为"隐形冠军"企业，促进中国经济高质量发展。

结　论

中国中小企业高质量发展的根本在于创新，而弘扬企业家精神、激励中小企业进行生产性创新的关键在于优化企业家精神差异化配置。无论是相关政策的制定还是营商环境的打造，不仅要促进中小企业创新效率提高，而且要促进企业家精神的有效配置。

◎国有企业·国企改革◎

挪威国家所有制：起源发展与改革创新

巫云仙　胡智鸿[*]

【摘　要】根植于历史、政治和石油背景，挪威在二战后建立了以国有企业和国有经济为基础的强大的国家所有制，为挪威经济和社会发展奠定了制度和物质基础。在西方私有化改革浪潮中，挪威国家所有制的私有化改革非但没有削弱政府对国有企业的控制，反而是通过控制方式的改革进一步强化了对国有经济的控制程度，国家所有制得到不断壮大和稳定发展，并得到全体国民的认同。政府通过不同的国有企业，对大部分涉及国计民生、能源和战略行业的企业实现100%的控股，国家所有制改革的创新之处在于，没有把改革重心放在私有化上，而是关注商业化和市场化，使国有企业能够获得与私营企业一样的经营效益和竞争力，高效和稳定运行。挪威是西方发达国家中把国家所有制与市场经济兼容发展的典范，其国家所有制稳定发展的经验值得借鉴。

【关　键　词】挪威　国家所有制　商业化　市场化　政府控股

---

[*] 巫云仙，中国政法大学商学院教授、博士生导师，主要研究领域为经济史、企业史、金融学、中国特色社会主义理论；胡智鸿，中国政法大学商学院硕士研究生，主要研究领域为经济史、企业史。

引　言

在西方发达国家中，挪威是比较独特的建立国家所有制的国家。在这一体制下，挪威不仅拥有大量的国有工业企业，同时也有不少国有商业企业，以及为公众提供服务的国有服务机构和企业。挪威政府控制着奥斯陆证券交易所约35%的总市值，7家最大的上市公司中有5家是由挪威政府控股的，国有股份占比从34%到64%不等。

挪威不是简单地拥有某些国有企业和国有经济成分，而是整个国民经济都是以国家所有制为基础的。在国家所有制下，挪威成了全球幸福指数最高的国家。根据挪威国家统计局官方统计数据，截至2022年第一季度，挪威总人口约为543.55万人。在国家所有制下，挪威国民安居乐业，在联合国《全球幸福指数报告》中，挪威连续两年排名第一。在绝大多数能源出口国陷入经济增长缓慢的"能源诅咒"时，挪威通过大规模的能源开发与出口实现了傲视全球的经济增长。有学者认为，挪威的经济现代化、产业联盟与产权制度是其能够隔绝"能源诅咒"的主要原因。[1] 这种说法是很有道理的，但这也是在国家所有制的前提下实现的。

关于挪威国家所有制问题，国内外学者的研究文献是相对分散的，鲜少有直接针对这一问题的研究文献，多是在论及其他重要问题时提及这一问题。如在分析战后挪威的国家垄断资本主义发展时，国内一些学者会论及国家直接干预经济的途径和手段，国有企业和混合型企业成为其中的主要内容[2]；有的学者分析了挪威国有企业的改

---

[1] 宋亦明、吴泽平：《挪威隔绝"能源诅咒"的现代化基础与产业逻辑》，《欧洲研究》2023年第2期，第109~137、7~8页。

[2] 张润森：《战后国家垄断资本主义在挪威的发展》，《世界经济文汇》1994年第1期，第34~38页。

制、改组和改革后的管理情况[1];政府官员的实地考察结果也非常肯定挪威的国家所有制,认为挪威是一个以私有制为基础的运行良好的市场经济国家,然而出乎人们意料的是,挪威的国家所有制比重很大,中央政府和地方政府在企业部门与生产领域享有相当大的所有者权益,而且在改革之后,国家所有权的比重在总体上呈现上升趋势[2]。又如经济合作与发展组织(OECD)发布的一份报告,对挪威国有企业的改革问题进行了全面分析[3];再如挪威奥斯陆大学的艾纳·莱伊认为,挪威特殊的经济发展道路和偶然性因素(如石油开采和出口)是国家所有制形成的主要原因[4];另一个挪威学者认为,挪威建立有较为完善的社会保障制度,但这一制度要有国家强大的财政才能支撑下来,挪威政府手中拥有较多的宏观调控工具,能够实现经济增长与社会福利的平衡[5]。

  同样是西方发达国家,且是没有加入欧盟的欧洲国家,挪威却实行了类似社会主义国家的高水平国家所有制。支撑这一经济体制的是国家强大的财政资源和高福利的社会制度,而高福利的社会制度又依赖于其丰富的自然资源的开发利用,尤其是北海石油所产生的财政储备,以及高税收的财税制度。挪威成功实施的国家所有制,并没有引起世界各国政界、学界和理论界的质疑,这是一个非常有趣的现象。正如自由市场经济在各国的发展具有每个国家的发展特色一样,国有经济(国有企业)在各国的存在和发展也有国别差异。挪威特色的

---

[1] 虞列贵:《挪威国有企业改制、改组情况》,《财政》1996年第3期,第58~60页。

[2] 潘岳、浦再明:《市场机制与国家所有制结合的典范——挪威混合经济及国家所有制模式的启示》,《中国改革》2001年第1期,第51~52页。

[3] Elizabeth Roderburg, "Norway: State-owned Enterprises and Markettization of Government Services," *Competition Division of the OECD*, 2003, pp.1-55.

[4] Einar Lie, "Context and Contingency: Explaining State Ownership in Norway," *Enterprise & Society*, vol.17, No.4, 2016, pp.904-930.

[5] 〔挪〕特斯理:《挪威经济增长与公共服务平衡的启示》,何冬妮译,《社会治理》2019年第6期,第89~91页。

国有经济发展模式及其发展路径、特点和经验，可以为我们了解国有经济、国有企业发展的国别多样性提供借鉴。

鉴于现有分散化研究的局限性，本文聚焦于挪威国家所有制并对该问题进行全面和深入的探讨。从挪威国家所有制形成的历史背景、私有化改革的创新及结果、改革后新国家所有制的稳定发展、在国家所有制下政府控股的主要行业领域、国家所有制的外部治理机制，以及国家所有制改革发展的主要经验等方面加以分析论述，以此抛砖引玉，求教于各位同行。

一 挪威为何会形成国家所有制？

作为北欧高福利国家，挪威国家所有制的形成有三个重要背景。

（一）国家参与经济活动的历史背景

挪威是一个相对年轻的国家。1814年，挪威曾与瑞典建立适度松散的政治联盟，但保留有自己的宪法。1905年，挪威与瑞典建立的联盟解体后才最终实现完全的国家独立。但之后外国资本渗透到挪威经济的各个部门，同时也推动形成了一系列规定自然资源（如瀑布、矿山、森林和耕地）所有权的法律，其核心是强烈期望国家管控外国资本对本国经济的控制，并保护整个社会免受工业化的不良影响。

挪威的工业化发展突破是在1900年前后，作为第二次工业革命的一部分，主要是建立在重工业和能源密集型工业基础上，而新兴产业和能源等资源型产业主要是靠外资融资和发展。

与北欧邻国不同的是，在工业化和现代经济发展过程中，挪威并没有一个可以充当国家精英的富有阶层或富有巨头群体。相反，国家和地方公务员成为19世纪挪威主要的政治力量，其理想是自由主义的（尽管与英国古典自由主义不太一样）。挪威政府积极建设国家的基础设施，如公路和铁路，并在整个19世纪下半叶进行大量投资，促进商业发展。执政精英的计划更倾向于追求民族价值和政治独立，认为国家应该积极地将其主要资源用于促进经济活动的观念已深入人心。[1]

19世纪末以来，公务员制度主导下的国家工业化，使挪威塑造了一个不受任何既定经济利益支配的强大国家形象。政治上，20世纪初的挪威可以被认为是自由的，实行固定汇率制度，拥有安全的私有财产权制度、自由的国内外贸易，以及对立法可预见性的激励。在整个20世纪20年代，挪威的工党逐步登上政治舞台，在国际上一直是反资本主义的社会主义运动的一部分。在关于总体经济政策的辩论中，工党通常将大型工业视为一种扩张的转型力量。1935年，工党组成少数派政府，其实施的"反大萧条政策"，几乎没有引起中右在野党的不满。

从二战后的1945年至20世纪60年代，工党一直处于执政党地位，并在议会中占多数。在此期间，挪威政府一直被一个优先考虑工业增长的政党所主导，在此背景下，相对薄弱的经济基础、强大的外资所有制，以及公众对国家在促进现代化方面的作用所持的积极务实的观点，使国家参与经济成为非常自然的事情。执政党和历届政府进行了一系列社会民主改革，旨在公平分配国家收入、消除贫困，以及确保退休、医疗保健和残疾人福利等社会服务惠及国家的所有人，并将更多的资本投入到得到公众信任的行业。

（二）国家所有制建立的政治背景

二战后挪威建立的国家所有制，在政治上与工党和社会民主主义

---

[1] Einar Lie, "Context and Contingency: Explaining State Ownership in Norway," *Enterprise & Society*, vol. 17, No. 4, 2016, pp. 904-930.

相联系，工党的选民是在挪威快速工业化期间产生的，挪威国有企业的主要发展是在二战后初期。

1946 年夏天，议会认为国家应该在挪威西海岸的奥达尔（Arda）小镇建立一个新的铝厂，在挪威北部的港口城市摩城（Moi Rana）建立钢铁厂。1947 年，政府又从战败的德国手中接管了挪威最大、技术最先进的化学企业，即海德鲁公司（Norsk Hydro）45% 左右的股份。在二战后初期的几年时间里，挪威还获得了许多矿山所有权，但在其他商业活动中获得的股份并不是很多。

二战后挪威国家所有制的快速发展，归因于工党政府对制造业的重视，以及挪威仍然缺乏强有力的私人投资者。不发达的私人所有制环境所留下的空白，基本上被作为企业家的国家填补了。大量国家资金投资于钢铁、铝、纸浆和造纸，以及许多其他需要资本投资、风险巨大的行业，而这些行业都面临价格和盈利能力的重大、长期周期性波动，钢铁厂、铝厂的投资就是最明显的例子，基于国家对钢铁的战略投资愿望，当时所需资金只能由国家来承担，私人无法承担。

在这些投资中，对大型外资企业所有权的怀疑态度被调动起来，这是整个挪威工业化历史上国有企业发展背景的核心部分。当时挪威的大企业存在大量外资持股的问题，这是一个全国共识。对国家的共同信任，将其作为现代化和促进公共利益的工具，这是二战后挪威国家所有制发展的重要的外部政治背景。

工党政府对工业化的信念及其对工商界的普遍厌恶无疑促使了挪威人民倾向于国家拥有和管理工业。尽管工党政府言辞激进，但从未利用其权威挑战私人所有制的角色或首要地位，重要的是，党和政府的主要战略家和经营者都明确限制国家介入的程度，企业的国有化必须在没有明确限制的情况下进行，反对代价高昂的国有化，因此，挪威的国家所有制是以一种务实和实事求是的方式运作的。

到 20 世纪 60 年代，挪威的国有企业数量相当可观，但还是比不上法国、奥地利和意大利等国家的国有企业规模。1965年的统计数据显示，当时挪威的全资和部分国有企业约占其国内生产总值的13%，占就业劳动力的5.5%。①

（三）国家所有制建立的石油背景

如果上述两方面的因素是挪威国家所有制建立的历史必然性，那么20世纪60年代末和70年代初北海石油的发现这一偶然因素却深刻地影响了挪威国有企业的规模和发展趋势。最初是直接的，政府根据政治偏好和传统投资或建立新公司来管理石油部门；后来是间接的，石油部门的收入使政府能够根据相同的传统保持和扩大广泛的所有权。

石油部门体现了挪威人对国家积极务实的看法，也许最重要的是，各政党之间只有微小的分歧。

如上所述，挪威拥有化肥和冶金巨头海德鲁公司45%左右的股份（法国也有参与）。通过法国业主，海德鲁公司开始与法国石油公司在北海进行合作，组建了该公司的两个主要的股份制企业，即埃科菲斯克（Ekofisk）油田公司和富里格（Frigg）气田公司。

从1965年开始执政的中右翼四党联合政府于1971年对海德鲁公司进行大规模投资，并将国家持股比例从45%左右增加到51%。1967年，政府把挪威铝业公司（Ardalog Sunndal Verk，ASV）的一半股份出售给加拿大铝业公司。此次出售是由挪威铝业公司的管理层提出的，因为他们担心，如果不能拥有提炼和生产原材料（铝土矿）或处理融化铝的权利，公司前途将会受到威胁。在过去这些年里，国家并没有试图对其所有权进行任何总体上的重组，但现在它利用其资源收购了多数股份；1974年，挪威又重新收购加拿大铝业公司股份，

---

① Einar Lie, "Context and Contingency: Explaining State Ownership in Norway," *Enterprise & Society*, vol. 17, No. 4, 2016, p. 914.

即挪威铝业公司最终又回到了政府手中。

中右翼四党联合政府于1971年辞职,由工党政府取而代之。国会一致通过新政府提出的"建立纯国有企业"的方案。虽然中右翼政党在理念上反对成立这样的企业,但这种反对并没有强烈到反对工党的程度。事实上,在石油产业中,人们对国家作为所有者的角色并没有太大分歧。

议会成立一家名为挪威国家石油公司(Statoil)的纯国有企业的明确理由是为了确保对石油行业的"国家控制",否则石油行业将由主要的外国跨国公司主导。这种推理与20世纪初水电和工业迅速扩张的论点非常相似,背景也相似,因为这两个案例都以丰富的自然资源为特点,立即引起老牌外国公司的注意。国有企业的一个新特点是,政府的目标是最大限度地收取石油部门的费用。但相同的税收规则规定,特别有前途的油田的预期收益非常高。国家所有制成为一个有效的解决方案,以从国家主要经济领域保留尽可能多的经济租金。

挪威国家石油公司是随着海德鲁公司的所有权扩张而成立的,与此同时,1972年挪威加入欧共体的政治辩论也在进行。这场辩论强调了民族自决和国家民主控制的要求,其言辞明显反对大企业,尤其是反对外资拥有的大企业。在1972年和1994年的公民投票中,大多数挪威人反对加入欧盟,因此,挪威最终没有加入欧盟。

在挪威公投决定不加入欧盟的背景下,贸工部迅速制定国家能源政策。同时挪威决定不加入石油输出国组织(OPEC),使本国能源价格与世界市场保持一致,并明智使用被称为石油资源所得的"货币礼物"收入。

整个20世纪70年代,挪威政府进入石油行业以外的许多新领域,并更加大胆地寻找工业解决方案。从政府援助(通过廉价贷款和各种补贴)到国有的过渡界限常常是模糊的。科技和造船行业得到了长期的普遍支持,为了帮助处于风险中的国有企业,政府还投资了诸多行业，如矿业和电子行业等。

总而言之，二战后挪威国家所有制的形成是多种因素共同作用的结果。石油部门的国有企业对国家强烈信任，认为国家是促进公共利益的工具，有必要维护国家的控制权。

二 国家所有制私有化改革的创新及结果

由于20世纪70年代中后期的经济衰退、生产力低下和高运营成本（尤其是高工资成本问题）等原因，国家所有制在运行过程中出现了不少问题。20世纪80年代末，由于国有企业经营不善，公众对政府作为活跃的企业经营者的信任度大幅下降，国有经济结构发生较大变化。尽管如此，也没有从根本上影响和动摇人们把国家所有制视为促进公共利益的工具的观念。

国家所有制的改变是由来自底层的问题及创新推动的。20世纪80年代中后期，新收购的公司和几家老牌旗舰型国有企业都经历了一段艰难时期。大多数国有企业被缩减规模、关闭或出售给私营企业。传统国有企业的资产剥离始于20世纪80年代的保守党和工党政府，基本遵循与西欧其他国家相同的趋势，限制政府对私营企业的干预程度，国家从总体上不再干预经济活动。然而，与其他国家不同的是，挪威从二战后的国家所有制中的部分退出，既没有造成国家政治的分裂，也没有造成人们对国家所有制的普遍不信任。

20世纪80年代末，工党重新执政后对国有企业实施改革，其政策重点更多的是对如何实施产业政策重新定位，而不是对政治立场的意识形态批判。当时几乎所有主要的国有或国营企业都被关闭或被政府出售。最重要的变化之一发生在挪威铝业公司的所有权上。如前所述，加拿大铝业公司曾在1967年以部分所有人的身份被引进到挪威铝业公司。1974年挪威政府重新购回这些股份。经过漫长而复杂的过程，在评估几家挪威公司和外国公司的替代方案后，这家铝业巨头最终被卖给海德鲁公司，政府持有该公司51%的股份。

作为一家独立运营的上市公司，海德鲁公司有着悠久的历史，拥有强大的私人投资者和盈利能力，政府没有干涉企业运营和决策。管理层和董事会都热衷于平等对待所有股东，并拒绝任何来自政府在某些地方增加或保持生产的信号。海德鲁公司也从未接受过任何财政或其他危机救助。该公司还与工会组织保持着良好关系，在很大程度上避免了工业冲突，具有高度的成本意识，其在海上石油生产和若干陆上活动中都是技术创新者。更重要的是，国家增加了长期稳定的所有权方的多数份额，从而消除了外国公司收购的可能性。

第一家遵循海德鲁公司改革模式的大公司是挪威国防承包商康士伯集团公司（Kongsberg Gruppen），该公司在20世纪80年代末倒闭后进行重组；挪威水电公司的改革模式出现于1990年前后，这是挪威国有企业在财务上最可行的改革方案。该公司的私人所有者及其在挪威和国际证券交易所的上市使其更注重利润和资本回报。

20世纪90年代初的金融危机，使挪威最大的商业银行也步上康士伯集团公司后尘。但财政解决方案显然是挪威式的，以简洁的方式阐明国家的作用。政府提供新股权资本的原则是，如果国家成为投资者，现有的风险资本将被完全注销。挪威两家最大银行的贷款总额占挪威贷款总额的一半以上，因此很多银行都有可能出现这样的情况。

相比英美等国，挪威对于国家所有制的改革措施是创新和务实的。如在增加国有资本的同时，政府并没有严格要求私人所有者必须被移除。挪威的改革原则后来也被其他国家运用，如瑞典，尽管不像挪威那样直接。

挪威政府实施了几项措施，如在国家介入、现有股份作废之前，政府机构作为外部审计机构，必须核实股权是否真的丢失了。国家还试图诱导其他私人所有者投资银行。当有关各方显然不能或不会进行这种投资时，国家才注入资本，以确保银行能够按照相应的规定运作。

挪威人对政府的看法更为务实，如果有必要，政府可以与私人所有者在经济领域发挥同等作用，维持银行的运转。但在这种情况下，现有的所有权权益将不得不被消除，就像另一个私人所有者不会接受旧股本在再融资后继续"搭便车"一样。

因此，银行业危机的解决为国家扮演的角色提供了一个很好的实践案例。支持国家控制的观点影响了随后对银行部门国家所有权的管理。20世纪90年代，政府逐渐出售其在挪威银行的股份，最终保留了34%的股份。政府代表和大多数政党在1991年和1992年表示，国家将保留足够大比例的股份，以防止外国投资者接管银行业。在股权结构上，挪威银行的国有模式类似于海德鲁公司的模式。

1990年前后，挪威开始探讨政府对电信部门的放松管制问题，即国营的挪威电信公司（Televerket）如何转变为一家普通的商业公司，与其他公司竞争。1994年至1995年，该公司被合法地进行股份制改造，从国有独资公司转型为国际性上市公司，并改名为挪威电信公司（Telenor）。[①] 2000年，挪威电信公司上市并部分私有化，但政府保留了较大比例的股份，直到2016年初，这一比例仍为54%。

接着是挪威国家石油公司开始公开上市，并进行部分私有化。这其中的部分原因与该公司本身、石油部门和挪威大陆架石油储量有关。这一改制是由该公司的首席执行官发起的，他希望公司更独立。挪威国家石油公司的全部所有权使其无法像竞争对手那样受到市场监督。这一点反映了传统国有企业以往在保持盈利能力、成本意识和适应性方面的经验，以及更具体的认识到该公司比挪威其他石油公司成本更高。

---

① Elizabeth Roderburg, "Norway: State-owned Enterprises and Markettization of Government Services," *Competition Division of the OECD*, 2003, pp. 1-55.

国家所有制的部分私有化意味着实际的、商业的考虑凌驾于政治之上。任何经营决策都必须对所有股东（而不仅是国家）而言都是合理的，国家通常有许多动机，当然也包括资本回报等。

在20世纪90年代的私有化改革中，一些规模小的国有企业，如国防承包商、国有谷物批发公司，以及其他公共领域的生产商都进行了重组和上市。挪威电力生产商、邮政服务、国家铁路运输部门和挪威公共道路管理局等，作为公共公司组织起来，以便能够在开放的国内外市场上进行商业经营，但是，这些公司仍然完全是国家所有的。在1999年至2002年，挪威已经将大约19家公司（部分或全部）私有化，主要集中在制造业领域，议会还进一步批准出售少数其他公司的股份。

与同时期其他欧洲国家私有化不同的是，挪威对国家所有制改革的创新还在于，政府并没有制定一个广泛的私有化目标，议会也没有批准减少国家在工商企业中的广泛所有权。相反，议会指示政府将精力集中在如何改善国有企业的经营管理，以及如何刺激那些有利可图、可持续工业增长和发展的企业上，并要求对所有权转移到控股公司或行政公司的潜在弊端和好处进行仔细评估。

鉴于国家强大的财政状况，挪威并没有把改善财政的考虑作为私有化的动机。一般来说，挪威的私有化改革是在对各公司进行个别评估之后进行的，出售股份的主要理由与提高效率、更大的灵活性和决策速度、更好地进入私人资本市场、更大的机会建立联盟，以及改善公司价值的基准化有关。如挪威电信公司和挪威国家石油公司的私有化改革，分别是由其董事会和首席执行官提出的。

挪威国有企业的私有化，不仅没有减少国家股份，而且还强调要保持国家对国有企业的所有权，特别是在以下四种情况下，国家所有权显得非常重要。一是行业政策。在某些情况下，所有权被视为实现特定部门目标的重要手段，如对葡萄酒和烈酒的垄断被用来限制和控制酒精的供应，通过所有权提供公共服务的监管，是挪威国家电网公司等基础设施企业国有化的一个重要论据。二是保持挪威在整个商业活动中至关重要的石油、水电和金融等战略部门的所有权，如挪威的这类国有企业要维持在极地地区的存在。三是关于利用和开采自然资源的政治控制问题，全国要形成广泛协商一致的意见。四是国家所有制要确保公司在挪威设立总部，以及确保关键人员的就业和应税收入。

在议会中，减少国家所有权并没有得到广泛支持，即使是减少国有股份后，挪威的国有企业所有权仍然相当广泛，因此，继续改善国有股份公司的治理机制就显得尤为重要。

三 改革后新国家所有制的稳定发展

随着挪威电信公司和挪威国家石油公司的公开上市，挪威政府在上市公司中的所有权大幅增加。尽管这更多的是使国家所有权披上了新的外衣，而不是得到了扩张，但这就是挪威国家所有制新的实现形式。

2000年后，重要的结构变化源自前海德鲁公司的拆分上市。其原来的核心事业肥料生产被拆分给新公司亚拉（Yara）化肥公司，使之成为世界上最大的氮肥生产企业；2007年，海德鲁公司的石油和天然气部门转让给挪威国家石油公司，政府保留67%的股份，海德鲁公司则一直是世界领先的铝业公司之一。

政府作为大股东，在股东大会上批准了该公司的结构调整，管理层和董事会认为，这是为了维护全体股东的利益。这种按照公司治理的一般原则进行的劳动分工，在最近几十年经受住了时间的考验。挪威政府不干预企业法人的决策，并允许企业参与一些并购交易。与相关行业的平均业绩相比，上市的国有控股公司的股东回报率普遍表现出较好的资本回报率。

国有企业通常会设定一些目标，其中一些与社会和政治问题有关，另一些与安全和防御战略有关，资本回报通常只是国有企业的目标之一。挪威的私有化和新国家所有制可以被视为一种务实的、以商业为导向的解决方案。政治目标不会被移除，但仅限于保留国家所有权，而这可以在不自由参与商业运营的情况下实现。

改制后国有企业的业绩对人们对国家所有制的普遍支持非常重要，因为它有助于增强公众对当前国家所有制模式的普遍信任。国家通过法律体系对证券交易监管负有最终责任，这几乎不可能有任何反对意见。

一个新的偶然因素是，国家从石油部门中获得大量财政盈余，这为国家所有制提供了一些新的思路。通过成立政府养老基金、挪威石油基金等世界上最大的国家主权基金[①]，挪威政府不仅成为私营企业的主要投资者，还在国外企业中拥有少数股权。

这两家机构都专注于建立保护少数股东的公司规则，在政府作为主要所有者的情况下，这将抑制其干预的冲动。这种双重作用解释了为什么政府在上市公司中拥有大量而被动的所有权。目前挪威的国有企业规模远远超过20世纪80年代的规模，其管理也比几十年前更自律、商业化和专业化。随着时间的推移，尤其是在石油部门出现后，是国家所有制而不是私人所有制在发展。

新国家所有制的稳定发展，除了公众对国家持积极务实的看法外，保持国家所有权的一个突出而持久的背景因素是，挪威的私人投资者没有能力购买这些大型国有企业的股份，如挪威国家石油公司、挪威电信公司和海德鲁公司的大量国有股份。因此，如果要保留国家

[①] 政府养老基金（Government Pension Fund）最初是作为国家保险计划的资产管理机构；挪威石油基金（The Norwegian Petroleum Fund）正式名称为政府全球养老基金（The Government Pension Fund Global）。

所有权,除政府控股之外就没有其他选择了。任何进一步出售国有股份的动议都会被挪威人视为出卖国家利益而受到谴责。

尽管挪威在海外的所有权,通过挪威的跨国公司,尤其是挪威石油基金,明显比外国在挪威的投资要多得多,但其对被国外拥有或统治的恐惧仍然是一种强大的动员力量。

挪威政府目前持有奥斯陆证券交易所约 35% 的股份,外国投资者拥有 37% 的股份。这个异常庞大的数字是针对国内私人投资者的,私营企业持有约 15% 的股份,个人持有 3% 至 4% 的股份。在挪威的私营企业中,没有类似瑞典和其他国家的富有家族。

目前,良好的财务状况和挪威公众强烈倾向于维护国家所有权,保护了挪威的国家所有制模式。人们普遍认为国家是唯一可用的工具,且是一个高度可信的工具。这种对国家作为公共利益代理人的根深蒂固的信任,对民族自决的忠诚,以及对外国所有权的怀疑,是挪威对大型国有企业、国家所有制具有高度认同的主要原因。

四 国家所有制下政府控股的主要行业领域

挪威的国有经济范围非常广泛,不仅在传统的公共服务相关部门,而且在工业,特别是能源、运输和电信等部门都有国家控股的企业。

国家直接参与经济活动和工商业发展始于 19 世纪和 20 世纪之交,当时建立了基于基础设施的服务企业,如电报、邮政服务、公共道路等;1906 年至 1917 年引入租界法,旨在维护开发瀑布发电的公共利益。20 世纪 20 年代开始,国家参与建立发电站;在两次世界大战之间和战后时期,挪威成立了一些政府公共服务机构和国有企业,如挪威国家粮食局(1927)、国有葡萄酒和烈酒垄断公司(1932)、国有住房银行(1946)、邮政储蓄银行(1948)和医药批发商

(1957）等。第二次世界大战后，国家参与的范围扩大了，特别是钢铁工业的建立，部分是通过国家收购德国几个工业公司的资产，如海德鲁公司。

石油是挪威国有经济的主要部门。国家石油公司成立于1972年，这是资源驱动型的最重要的国有企业。该公司于2018年更名为挪威国家石油公司。北海大陆架发现石油之后，挪威成为世界主要的石油出口国家。石油和天然气行业在挪威经济发展中发挥着主导作用，通过直接拥有油田、从挪威国家石油公司股份中获得的股息、许可费和税收，为挪威社会福利提供了雄厚资金来源。该部门的组织旨在确保石油资源的勘探、开发和开采为整个社会创造公共价值，通过税收、许可证和国家直接所有权的混合体系，1985年成立了国家油气收益管理公司（SDFI），该公司占有着许多油气田、输送管道和陆上开发设施的国有控股企业，以及挪威国家石油公司67%的股份。

银行也是挪威国有经济的重要部门。公共机构参与商业银行业是为了应对20世纪80年代末和90年代初的金融危机。政府随后出售了其在大多数银行的股份，但通过政府银行投资基金（Government Bank Investment Fund）又保留了其在挪威银行47.28%的股份，且大约3/4的挪威储蓄是由国家控制的。

除上述提到的两个部门外，挪威国有企业主要分布在制造业、采矿、电力和国防等工业领域，以及铁路、邮政、通信等服务行业。

挪威的大型国有企业，如海德鲁公司是挪威最大的国有工业集团，其核心业务是石油、轻金属和化肥，在全球7个国家上市。该公司在镁行业处于世界领先地位，是世界最大的金属镁的生产商，也是世界第三大综合铝业公司，1905年成立，在欧美12个国际证券交易所上市。其核心产业包括北海的石油、天然气及水力发电等能源产业，铝、镁产品加工业和化肥工业。

该公司的国际化战略开始于20世纪60年代，通过收购海外公司或直接投资建厂，目前已在 34 个国家和地区设有生产基地，且其海外公司的经营状况一直良好。海德鲁公司 2002 年 5 月完成挪威史上的最大一宗并购案，耗资 200 多亿元成功收购德国 VAW 公司使公司在轻金属加工行业的实力进一步增强。

挪威电信公司是从一个国有独资企业转型成为国际化上市公司的。其通信业务是世界领先的，是北欧市场的最大赢家，移动电话业务在欧洲和东南亚的 14 个国家和地区开辟了新市场。

尽管在 20 世纪 80 年代和 90 年代挪威政府对各行业的国有企业进行了私有化改造和重组，但到 21 世纪初，政府仍控制着各领域重要的国有企业。挪威政府贸工部管理的主要国有企业情况如表 1 所示。

表 1　挪威政府贸工部管理的主要国有企业情况

序号	企业名称	所属行业	雇佣人数（2001年）（含海外）（人）	国有成分（%）	成立年份	管理部门
1	海德鲁公司 Norsk Hydro ASA ***	铝、化肥、石油和天然气	35567	43.82	1905	贸工部
2	塞马克水产股份公司 Cermaq ASA ***	鱼类饲料及养殖	2686	79.38	1994	贸工部
3	挪威电信公司 Telenor ASA ***	电信	22000	77.68	1994/2000	贸工部
4	挪威银行 DNB Holding ASA ***	银行保险和金融	7236	47.30	1999	贸工部
5	挪威斯匹茨卑尔格大煤炭公司 Store Norske Spitsbergen Kullkompani AS ***	矿产	249	99.94	1916	贸工部
6	斯堪的纳维亚航空集团 SAS AB ***	航空	31035	14.30	2001	贸工部

续表

序号	企业名称	所属行业	雇佣人数（2001年）（含海外）（人）	国有成分（%）	成立年份	管理部门
7	熊岛有限公司 Bjornoen AS**	土地利用管理	0	100.00	1918	贸工部
8	Grødegaard AS**	旅游、宾馆	700	100.00	2001	贸工部
9	王湾有限公司 Kings Bay AS**	物业、研发	20	100.00	1916	贸工部
10	挪威投资公司 SND Invest AS**	促进产业发展	27	100.00	1998	贸工部
11	Bane Tele AS**	远程通信基础设施	160	100.00	2001	贸工部
12	挪威工业发展公司 SIVA SF*	投资与地区发展信贷	39	100.00	1968	贸工部
13	挪威国家电力公司 Statkraft SF*	发电、配送和销售	1187	100.00	1992	贸工部
14	Cernova AS***	谷物和饲料行业		100.00	2001	贸工部
15	康士伯集团公司 Kongsberg Gruppen AS***	国防、航空航天、海事	4012	50.001	1987	贸工部
16	Moxy Trucks AS***	工程机械生产和销售	220	48.99	1991	贸工部
17	挪威诺亚公司 NOAH AS***	特殊废物管理	102	70.89	1991	贸工部
18	A/S Olivin***	采石	194	50.99	1948	贸工部
19	Raufoss ASA***	汽车零部件等	1090	50.27	1896	贸工部
20	挪威阿坤纳斯公司 Arcus ASA***	酒精饮料进出口	466	34.00	1995	贸工部
21	挪威出口融资公司 Eksportfinans ASA***	与出口有关的金融服务	88	15.00	1962	贸工部
22	拿默公司 Nammo AS***	弹药制造	1521	45.00	1998	贸工部
23	政府银行投资基金 Government Bank Investment Fund	银行资金供给	3	100.00	1991	贸工部

续表

序号	企业名称	所属行业	雇佣人数（2001年）（含海外）（人）	国有成分（%）	成立年份	管理部门
24	Statens investeringsselskap AS	投资公司		100.00	2001	贸工部

注：* Statutory Enterprise 法人企业；** Government Owned Limited Companies 政府拥有的有限公司；*** Limited Company with Government Ownership 有限责任公司；**** Hybrid Companies 混合型企业。

说明：表中的国有企业不包括市政国有企业，以及上述表中企业所有的小企业；挪威银行的所有权是由政府银行投资基金管理的。

资料来源：OECD, "Regulatory Reform in Norway: Marketisation of Government Services-State-Owned Enterprises," 2003, pp. 9-10.

表1显示，在上述贸工部管理的24家国有企业中，有6家企业是20世纪60年代之前设立的，有10家企业是政府100%控股的，只有3家企业的国有成分低于35%，说明挪威的国家所有制即使是在私有化之后仍然非常稳固，国家基本控制了经济活动中主要的战略和关键部门。表2是挪威政府由非贸工部管理的主要国有企业情况。

表2 挪威政府由非贸工部管理的主要国有企业情况

序号	企业名称	所属行业	雇佣人数（2001年）（含海外）（人）	国有成分（%）	成立年份	管理部门
1	挪威国家石油公司 Statoil ASA***	石油天然气	16408	81.80	1972	石油能源部
2	挪威兽医生物有限公司 VESO AS	兽医研究和服务	48	100.00	1991	农业部
3	挪威物业信息公司 Norsk Eiendomsinformasjon AS**	经营房地产登记	18	100.00	1987	当地政府部门

续表

序号	企业名称	所属行业	雇佣人数（2001年）（含海外）（人）	国有成分（%）	成立年份	管理部门
4	挪威国家广播电视公司 NRK AS **	公共广播	3486	100.00	1996	宗教文化部
5	挪威彩票公司 Norsk Tipping AS ****	博彩	273	100.00	1946	宗教文化部
6	挪威天然气运输管理公司 Gassco AS **	天然气输送	100	100.00	2001	石油能源部
7	挪威国家铁路集团 NSB BA **	铁路客运	10029	100.00	1996/2003	交通运输部
8	挪威国家邮政集团 Posten Norge BA **	邮政服务	32365	100.00	1996/2003	交通运输部
9	挪威国家酒业专卖公司 Vinmonopolet AS ****	零售酒分销部	1461	100.00	1932	社会事务部
10	挪威能源管理公司 Enova SF *	节能和使用替代能源推广	19	100.00	2001	石油能源部
11	挪威国家电网公司 Statnett SF *	电力传输和系统操作	785	100.00	1992	石油能源部
12	挪威国家林业集团公司 Statskog SF *	林业管理	248	100.00	1993	农业部
13	挪威地方银行 Kommunalbanken AS	市政府银行和信贷部门	29	80.00	1999	当地政府部门
14	奥斯陆公交公司 Stor-Oslo Lokaltrafikk AS ***	奥斯陆的公共交通	84	33.33	1974	交通运输部
15	国家保险计划基金 The National Insurance Scheme Fund	金融投资	22	100.00	1968	财政部
16	挪威油气收益管理公司 Petoro AS	石油、天然气	60	100.00	2001	石油能源部

续表

序号	企业名称	所属行业	雇佣人数（2001年）（含海外）（人）	国有成分（%）	成立年份	管理部门
17	挪威机场有限公司 Avinor AS**	民航、机场和航空安全	2900	100.00	2003	交通运输部

注：* Statutory Enterprise 法人企业；** Government Owned Limited Companies 政府拥有的有限公司；*** Limited Company with Government Ownership 有限责任公司；**** Hybrid Companies 混合型企业。

说明：表中的国有企业不包括市政国有企业，以及上述表中企业所有的小企业。

资料来源：OECD, "Regulatory Reform in Norway: Marketisation of Government Services-State-Owned Enterprises," 2003, pp. 9-10.

表2显示，在上述17家非贸工部管理的国有企业中，有5家企业是20世纪80年代之前设立的，有14家企业是政府100%控股的，只有1家企业的国有成分低于35%。说明挪威通过政府的多个部门，包括石油能源部、农业部、交通运输部等众多行政机构管理的国有企业中，90%以上是国家100%控股的，政府基本控制了经济活动中大部分的重要行业。

五 国家所有制的外部治理机制

长期以来挪威政府对国家所有制的治理进行了探索，最后形成了几种适合挪威国情的主要治理机制。

（一）划分国有企业的不同类型

1994年，挪威政府行政管理部门确定的方针政策是，国家所有制有限责任公司和国有法人企业这两种商业化形式。当公司治理机制被认为足以发挥相对较低程度的政府控制时，即使用国家所有制有限责任公司形式；而当所需的政府控制显著时，即使用国有法人企业形式。但在实践中，国家所有制最后是以一种政府严密控制的混合公形式，在垄断的基础设施等领域运营的。当然，企业组织形式的选择是由许多因素决定的，如劳工、公共利益、国际义务，以及欧洲经济区域协定（EEA）等对组织形式的选择都会产生一定的影响。

大致说来，挪威国有企业有以下五种类型。

一是行政企业。这是通过法规创建的企业实体，在功能上独立于国家政府部门，具有自己的管理结构，并根据商业原则运营，但它是国家法人的一部分，被列入政府预算。由议会确定行政企业的净预算、总投资水平和权利，从而实行全面控制。议会对所提供服务的价格、质量和范围所作的决定往往制约着企业的收入。行政企业的员工是公务员，但行政企业在薪酬、人事、楼宇、物业管理等方面的权利有所延伸。因此，与国家机构相比，这些行政企业在实现其目标方面有更多的运营或日常独立性，但政府保留了直接干预企业活动的权力。

行政企业是为基础设施和商业服务生产的公共开发和运营而首先引入和实施的组织形式。到20世纪80年代中期，挪威政府主要在铁路、邮政、电信和国家电力等行业组建行政企业。

20世纪80年代以来，行政企业发生了一些组织上的变化，特别是商业活动的分离。如国有网络服务（尤其是电力和铁路）的重组已朝着以下方向发展：参与竞争的部分被组织为有限责任公司或法人企业；企业的垄断部分被组织为行政企业（或法人企业，或受单独法律约束的公司）；而管理机构仍是一个行政组织。

后来行政企业形式不再被普遍使用，它被认为是不合时宜的。近年来没有成立新的行政企业，政府公共服务商业化进程是通过建立国有企业（国有法人企业、国家所有制有限责任公司或混合公司）实现的。

二是国有法人企业。这是独立的具有法律地位的企业实体，其资本和收入不属于财政部，但必须完全属于国家所有，被允许在几乎与私营企业相同的条件下运营，但对公司活动有一些限制，这些限制通常是在公司章程中规定的，与预期公司应履行的部门政策义务有关。挪威国家电力公司、挪威国家电网公司和挪威国家林业集团公司等都是国有法人企业的例子。

政府通过年会（相当于有限公司的股东大会）来行使所有权。年会由部门代表、董事总经理、董事会主席和公司审计师等组成。只有部会才拥有年会的表决权，董事会在年会任命，审计长办公室对这些公司的财务管理和账目进行评估。

管理这些企业的法案规定，企业必须向其所有权部门提供董事会记录，所有可能对企业活动产生重大影响的行动都必须在作出决定或颁布之前以书面形式向主管部门提交报告，公司章程可以明确规定哪些类型的决定必须得到所有权部门的批准。

直至 2003 年 1 月 1 日，国家一直是国有法人企业的贷款担保人，之后新增贷款不再由国家担保。国家担保只适用于到期前的旧贷款，而且需要一个委员会讨论决定。因此，国有法人企业可能会破产。

三是国有法人公司。这类公司包括一些以前在中央政府内部组织的公司，是工商业活动中不适用特殊部门政策考虑的首选商业组织形式，或者公司在竞争暴露的市场中经营，为了商业效率和行动自由而采用这种组织形式。

政府可以在企业大会上否决有关投资和活动变化的决定，如果社会关切需要的话，行政部门可以在临时通知的情况下召开特别大会；董事会由股东大会，而不是公司年会任命，股东大会不受法人大会或理事会提出的资本回报的约束；审计长办公室对这些公司进行监督，并有权要求董事会、常务董事和公司审计员提供其认为必要的控制信息；拥有公司所有权的是公司股东大会。

国家对这类公司的控制是一般性的，通常与公司的活动范围、资本回报和股息，以及公司管理机构的组成有关。营利业务通常是这些公司的主要经营标准，但是政府可能制定需要履行的特殊责任，如全国广播或全国基本电信服务等。国家的财务责任以认缴的股本为限，可以对公司进行强制清算。特别规定允许政府向总经理发出具体指示，如果政府希望如此。对于那些由议会控制收入的公司来说，情况尤其如此，如挪威国家广播电视公司。

四是国家所有制有限责任公司。通过对多数股份或少数股份公司的规定来管理所有有限责任公司的《公司法》，不适用于100%国家控股的有限责任公司的特别规定。因此，政府只能通过参加股东大会并投票来使用其所有权影响力。这类公司的例子出现在挪威最大的公司中，如海德鲁公司（少数股份）、挪威国家石油公司（多数股份）、挪威电信公司（多数股份）和挪威银行（少数股份）等。

五是混合公司。这是一个复合型的企业集团，其中的每个企业都是在特殊立法下成立的。这种组织形式最初是在1932年国有葡萄酒和烈酒垄断公司成立时出现的。公司受特定法律约束，规范其运营，并明确规定其要达成的社会政策目标。混合公司是独立的法律实体，大多数混合公司都是在其处于垄断地位的地区成立的。

混合公司既可以是有限责任公司，也可以是法人公司。如挪威国家铁路集团和挪威国家邮政集团一直是行政企业，直到1996年才转变为混合公司，2002年7月转变为国有法人企业。2002年1月1日成立的挪威地区卫生当局就采取了混合公司形式，国家对其活动制定了专门的法律。

（二）制定国家所有制的治理法规和政策

作为欧洲国家，挪威基本上遵守1999年经合组织国家通过的《经合组织公司治理原则》的重要规定，作为企业良好治理实践至关重要的共同基础，如股东权利、公平对待股东、利益相关者的利益、信息披露和透明度，以及董事会的责任等。挪威认识到良好的企业管理的重要性，努力按照《经合组织公司治理原则》制定其全面的国家所有权治理政策。

一是立法机构具有对国有企业的经营和变更授权。议会定期就施政问题与每两年提出的关于国家所有权地位的报告进行辩论。人们普遍同意，国家一般应在中央政府一级执行其对企业的控制，而不是直接干预企业的日常经营。应该允许公司在设定和可预测的参数内灵活经营，特别是在股息政策方面。大多数国有企业的经营目标与私营企业相同，利润最大化是其主要目标。作为所有者的国家通常应与私人投资者一样适用同样的回报原则，即所要求的回报率应适应所有者因有关活动而产生的风险。

虽然议会可以对行政企业产生直接影响，并可以通过拨款和预算程序等方式影响100%控股的国有企业的经营，但《宪法》规定政府负责管理国家所有权/控股的企业。然而，国家所有权的重大变化，包括出售国有企业的国有股份，必须基于议会的特别授权。在形式上，国有企业可以出售自己子公司的股份，但实际上，议会也要求在某些情况下强制进行此类交易，特别是当涉及完全国有的子公司的股份出售时，因为它们代表着国家总体持股的变化。

二是国有企业治理的一般规则。主要包括：国有企业的所有股东都应得到平等对待，国家对企业的所有权要透明，所有权的决定和决议应在股东大会上作出；国家可以与其他所有者一起为每个企业制定业绩目标，董事会将负责实现这些目标；企业资本结构应当与股权目标和企业实际情况相一致；董事会的组成应以胜任力、能力和多样性为特征，并应反映每个企业的鲜明特点；薪酬和激励制度应该促进企业价值的创造，一般来说应是合理的；董事会代表业主对企业管理层实行独立控制，应制订自己的工作计划，并应积极开展工作，扩大自己的职权范围，活动要接受评估；企业应承认对企业全体股东和利益相关者的责任。

国有企业的经理不被认为是公共部门的经理，一些人因为业绩不佳而不得不辞职。挪威国有企业的经理也获得与私营企业基本相同的报酬。董事会任命和解雇经理。

三是规定政府对所有权的行使范围。特别是针对国有法人公司和混合公司，以及国家所有制有限责任公司行使所有权。被认为具有行业政策重要性的公司一般由行业部门拥有，通常是该部的同一部门制定管理所有权的部门政策。如在农业部，森林和自然资源政策司负责管理挪威国家林业集团公司的所有权；挪威国家石油公司的所有权由石油能源部的石油和天然气部门管理，并负责制定经营许可政策。

四是特殊行业的治理。如挪威石油行业对企业实行 HSE[①] 三位一体的管理模式，这被认为是世界上具有极高权威性的政府对石油企业的管理模式，涉及劳动行政管理部、健康社会部、商业企业部、环保部、石油能源部等，直接管理部门主要有挪威国家石油安全总署、挪威环保总署、挪威健康委员会，协助管理的委员会有放射线委员会、海洋委员会、海岸委员会、航空委员会、火灾电力委员会、气象研究所等。其中，挪威国家石油安全总署是挪威石油安全管理的主要监督执行部门，在其成立之前，主要由 1972 年 6 月成立的挪威国家石油总署承担。

2004 年 1 月 1 日，挪威国家石油总署拆分为挪威石油委员会和挪威国家石油安全总署，这标志着挪威政府正式设立专门部门管理石油行业的健康、安全和工作环境。HSE 管理模式的法律体系分为法、条例、指南、标准、企业内部标准五级，涉及石油法、工作环境法、产品控制法、污染控制法、健康法等。

五是对国有企业的贷款限额管理。在挪威，由于国有企业的设立可以根据不同的法律，如国有企业法和股份有限责任公司法。依据国

---

① HSE 是石油行业中实施的健康（Health）、安全（Safety）和环境（Environment）管理体系的简称。

有企业法成立的国有企业，从法理上讲，应该由挪威国王负无限责任，但在实际实践中，国家也不是对企业债务负无限责任的，而是设定一个借款限额。

在借款限额内，企业可以从政府那里获得贷款或政府对企业的贷款予以担保，而借款限额一般是根据企业较低权益总额值加以确定的。如挪威能源管理公司的借款限额为250亿挪威克朗，挪威国家电网公司的借款限额为100亿挪威克朗。任何企业一年内支付的普通借款利息额，不得超过税后利润（未扣除优惠贷款利息前）的75%，如果超过此数目，则企业不必支付优惠借款利息。

（三）国有企业人员雇用的规定

一是国有企业高层管理人员的任命规定。挪威国有企业的董事会是独立的，禁止任命议会成员，以及各部或中央政府的公务员。国有企业的行政长官/董事总经理亦不得被任命为董事会成员。董事会由股东大会直接选出，年度股东大会或公司大会间接任命；员工有权提名最多1/3的董事会成员。

在国家所有制有限责任公司中，《公司法》是防止政治干预公司经营的重要保障。大多数账面价值超过10亿挪威克朗的国有企业都在奥斯陆证券交易所上市，而上市公司在一定程度上会受到证券交易所规定的保护，免受政治干预。

二是国有企业一般雇员的任命规定。为了不使国有企业在与私营企业的竞争中处于不利地位，国有企业的人员也应是与可比的私营企业具有相似的雇用条件的雇员。但在行政企业向其他公司形式转变过程中，就会出现人事问题。

如前所述，行政企业是国家部门的一部分，所有人员都是公务员，因此享有强有力的正式保护，不受解雇威胁。公务员的权利由《公务员法》规定，而私营企业和市政雇员的权利则由《工作环境法》规定。

随着 2002 年行政企业向国家所有制有限责任公司转型，政府决定在 2005 年 1 月 1 日之前保持员工获得优先级和遣散费的特殊权利，雇员有 3 年的过渡期，在此期间有权享有与公务员同等的优先待遇和遣散费。

国家养恤金计划的成员资格在这些企业实体的转型中并不构成问题。政府基本上允许新公司的董事会决定是继续加入国家养恤金计划还是引入私人计划。

到目前为止，企业改组对工作人员的雇用情况影响不大。一些国有企业已经裁员，尤其是挪威电信公司和挪威国家邮政集团。这两个企业组织都建立了专门部门来帮助员工面对裁员。虽然工会已经接受提高效率的必要性，但其仍然对进一步商业化和私有化带来的劳动力流失持谨慎态度。

六　挪威国家所有制改革发展的主要经验

二战结束后，挪威国家所有制迎来了快速发展的机遇，特别是在 20 世纪 60 年代和 70 年代，由于石油资源的开发利用，挪威全国上下形成了信任和支持国家所有制的共识。20 世纪 80 年代开始，挪威对国家所有制的改革明显不同于其他西方国家，挪威政府用积极务实的改革政策消除了传统国有企业的弊端，而没有滥用私有化的手段。改制后的国有企业与国际通行惯例普遍接轨，但并没有降低国家控股比例，政府仍然控制着重要经济部门的国有企业，形成高水平的国家所有制，以下四方面的改革经验值得我们借鉴。

（一）国家所有制改革以商业化和市场化为主

20 世纪 80 年代中期以来，挪威政府开始对国家所有制进行改制和改组，但对私有化改革的态度非常谨慎，基本上是在国家所有制框架内，对国有企业的经营管理、组织结构、政府与企业关系等进行调整，采取多种商业化和市场化方式。

一是引入私人资本，改变国有企业的股权结构。如1986年至1988年对挪威铝业公司的改组，国家从持有全部股份，改为持有部分股份；1990年对挪威钢铁公司的改组，引入80%的私人股份，国家股份只占20%。改组后的企业投资就不再是政府预算的组成部分，政府不再对这些国有企业或国家拥有股份的企业增加国家投资。

二是对经营困难或发生危机的私营企业实行国有化。20世纪80年代政府将产生破产危机的许多中小私营企业暂时国有化，待企业经营和财务状况好转后，再将这些企业重新出售给私人投资者；1990年挪威发生金融危机时，政府出手相救，成立国家保险计划基金和政府银行投资基金，为私人银行注入资本或接管私人银行，国家资本得以参与到银行领域。

三是对国有企业的市场化改造。1986年，政府把挪威电力公司从挪威水资源与电力委员会分离出来后，将其从行政部门转型为事业单位，成为发电和电网两大领域的公共服务部门，在法律意义上这两家企业属于政府机构的一部分，通常由议会作出重要商业决定。

1991年，挪威颁布《新能源法》后，确立整个电力市场实行市场自由竞争的原则，允许依据供求关系确定电价，以及消费者自由选择供电来源。在此背景下，1992年，挪威政府将电网公司从电力公司中分离出来，由事业单位又改为企业单位，实行发电与配送电业务分开经营，分别成立挪威国家电力公司和挪威国家电网公司。改组后的两个公司分别由各自董事会负责重要的商业决策，政府不再干预企业的日常经营活动，只是从所有者的角度参与公司管理，如制定公司目标、任命董事会等。

四是转换企业的经营机制。将部分公共事业单位改组为有限责任公司。如 1994 年，把属于政府机构的公共事业单位挪威电信公司，重组成立挪威电信集团，紧接着对其实行全面改制和改组，并于 1994 年 7 月将该企业正式改组为股份有限责任公司，政府 100% 控股。

国家所有制的商业化和市场化改革是较为成功的，但政府对私有化却很谨慎。已经私有化的企业往往是由公司本身推动，根据当时的实际情况逐个进行的。私有化只在纯商业部门和没有重大公共政策元素的部门中进展得比较快。

鉴于国家财政的强大，议会认为没有必要制定减少国家所有权的全面政策，而应把改革焦点放在如何完善国家所有制上，这并不一定与改善良好治理方面的所有权有关，而是与如何促进更直接和更积极的有利于战略部门工业发展的国家所有权有关。

（二）监管（管理）职能与业务职能相分离

挪威政府在对国家所有制进行改革时非常重视监管（管理）职能与业务职能的分离。

如对行政企业进行商业化改革时，越来越多的传统国有企业转型为国家所有制有限责任公司，实际上就是拉大了与监管机构的距离，进一步分离了其管理与所有权职能。不过这一改革还不够彻底，部门部委也保留了对公司的所有权，而这些公司本身被认为是国家重要的政策工具。

电信、邮政服务和铁路部门有其单独的监管实体，但仍有少数行政企业，如挪威地图管理局和公共道路管理局，在一个多功能实体中，在执行管理任务的同时也提供服务功能。这样的任务组合可能会导致资源的低效使用和扭曲竞争。2003 年政府将生产活动从公共道路管理局分离出来，然后转变为一个国有有限责任公司——美斯塔（Mesta AS），可以与其他道路建设公司相竞争。

在许多情况下,国家作为所有者的角色与作为管理当局的角色之间会产生冲突,上市公司的所有权和监管权可能属于同一个部门。为了避免角色冲突,所有国家所有制企业都应纳入一个管理部门,如贸工部(MTI)已被指定为首选的所有权管理部门,政府把许多国有公司移交给贸工部,如挪威银行、斯堪的纳维亚航空集团、挪威国家电力公司、挪威出口融资公司和挪威电信公司等。

但一些被认为对部门政策很重要的公司仍然由其所在的部门拥有,如挪威国家电网公司和挪威国家石油公司仍然隶属于石油能源部;挪威国家广播电视公司隶属于宗教和文化部;混合公司主要仍由各所在行业行政部门负责管理。

所有权的转移是建立在国家所有权角色和管理角色分离基础上的,将管理、公共服务,以及所有权职能分开的一个重要理由是增加国家的合法性,并增强人们对政府在管理作用方面中立性的信心。

国家作为所有者和监管者角色分离的另一个重要因素涉及监督机构独立于中央政府行政管理之外,政府目标是增加其自主权,并加强政府角色的分离。加强国家作为所有者的角色与国家作为监管机构的角色之间的清晰度和拉大距离是很重要的,国家在行使其所有权时将遵循善政原则和指导方针。

(三) 政府公共服务的商业化和市场化

长期以来,公共部门通过其对商业实体的所有权和通过市级政府的直接生产,在挪威经济中有着非常重要的直接参与作用。政府直接提供大部分社会和福利服务,如医疗卫生和教育。但在过去20多年改革中,挪威政府已将以前的公共服务广泛地商业化,日托、老年护理、技术服务和交通等方面已实现商业化。

推动挪威政府公共服务商业化的政策是由以下关键因素驱动和限制的。一是由于财政收入较高,政府要维持和加强广泛的福利制度,需要对公共开支予以有效管理，改善服务供给；二是在市场上经营的公共企业也希望获得更大的行动自由，促使其脱离政府运营；三是私人企业参与提供公共服务可以提高效率，而政府的角色逐步转向指导和采购服务，而不是生产服务。

在国家机构商业化的改革过程中，原先由政府机构直接免费提供的服务趋于市场化、商业化的主要限制是强调维持国家对资源或资产的控制。挪威公共部门的市场化和商业化，使其更有效率和以用户为导向。政府的目标是在公共与私营行为体之间的互动和竞争可能有益的情况下，引入私营服务提供者，如卫生保健和教育部门、运输和通信部门、失业者和职业残疾人保障部门，以及国家财产管理部门等。民航和非市场驱动领域（医院和劳动力市场机构）的改革，可以视为公共部门商业化和市场化的具体例子。

放松管制和促进市场自由化，以及与之相伴随的国有商业实体的改组都是为了提高效率和商业灵活性，将管理实体与服务提供者分开，增加用户的选择和对公民需要的反应能力。

市场化导致政府公共服务提供公司在许多市场部门与私营供应商竞争，竞争中立、良好治理以及国家作为监管机构/公共服务提供者和所有者的角色分离等问题已变得越来越重要，以维护国家行使其各种角色的合法性。

（四）重视市场竞争和竞争中立原则

在改革或开放的若干部门中出现竞争，特别是能源市场、公共广播和电信。当国有企业参与私营企业竞争的商业活动时，作为所有者的国家必须遵守竞争中立的原则。挪威政府认识到这一点，政府的方针是，在企业经营过程中，不歪曲同一行业的公共企业与民间企业之间的竞争。随着行业和市场的发展，这需要对这些企业进行持续的重新评估。

国有实体的运营方式也可能引发竞争中立性问题，尤其是设定较低利润目标的可能性。其他一些国家有更完善和明确的竞争中立框架，专门用于处理在可能适用竞争法的限度内出现的中立问题。但挪威没有竞争中立框架，而是将挪威竞争管理局（NCA）和欧洲经济协议（EEA）作为确保国家作为商业实体中立监管机构合法性的重要手段。政府公共企业和实体的行动可能受《挪威竞争法》的约束，这取决于活动的性质和实体的地位。

在非商业性的公共服务部门，没有机制确保私营服务提供者与公共服务提供者得到公平对待。如没有明确规定确保与区域卫生机构达成协议以获得公共资金的私立医院能够获得与公立医院相同的待遇的同等数额的公共资金，或确保它们在投资成本方面获得同等待遇。教育部门的情况也是如此，私立学校为每个学生提供的资金仅占公立学校为每个学生提供的工作费用的85%，还不包括投资成本。

挪威竞争管理局确定了国有企业竞争优势的两个问题。一是财政方面，如议会通过提供160亿挪威克朗的股权贷款和担保，使挪威国家电力公司通过收购实现积极的增长，其市场份额为35%至40%，目标市场份额要超过50%；二是涉及水力资源的所有权，目前挪威立法对公共和私人拥有的发电机进行区分。根据现行法律，私营企业有义务在60年后将所有发电权利和资产归还国家，但上市公司不受这些法律约束。该立法被认为对私人进入者具有歧视性，并与《欧洲经济区协定》关于设立自由和资本自由流动的规定相冲突。挪威政府起草了一份立法草案，以业主中立的形式协调适用于公共和私人当事人的许可条件。

以公共职能如普遍服务义务为目标的筹资制度，如邮政部门，可能导致对其他活动的交叉补贴。在挪威并没有普遍禁止交叉补贴的情况下，这种制度安排可能会破坏竞争，甚至可能违反禁止国家援助的规定。挪威竞争管理局为这类问题指出了两种可能的解决办法，要么禁止某一实体提供与私营企业竞争的相关产品，要么将商业活动在独立的企业中单独进行。

挪威竞争法无一例外地适用于从事商业活动的公共所有或管理企业。商业经营的概念延伸到直接在国家机构内进行的商业活动，以及国有法人企业或混合公司或国家所有制有限责任公司等独立实体。但竞争法并没有授权挪威竞争管理局通过禁止公共实体的商业活动，或决定其应该外包这些活动，或为其商业和非商业活动保留不同的账户来干预公共实体。

税收是竞争中立的另一个重要方面。在挪威，对商品和服务都有支付增值税的一般义务。但无论是公共实体还是私人实体，都不必为自用生产支付增值税。市政当局在一定程度上生产了他们所消费的一些产品和服务，以节省资金。因此，增值税制度可能导致效率更高的供应商变得相对缺乏竞争力。

结　论

挪威把国家所有制与资本主义市场经济兼容发展，使国家所有制成为其基本的经济体制，不仅在经济的战略领域，而且在非战略领域的制造业、商业和公共服务领域等各行业实行，并得到全民和各执政党的高度认同、信任和支持，成为西方发展国有经济（国有企业）的典范国家。

挪威实行高水平国家所有制有多方面原因。既有历史、文化和政治经济发展的特殊路径等必然因素，也有诸如石油等自然资源开发的财富效应，以及应对经济危机和不确定的外部环境等偶然因素，但最重要的是，挪威希望通过运用国家这个工具来控制自然资源及其利用效率。

20世纪以前，政府的直接介入始于公共基础设施的建设。二战结束后，通过收购几家德国制造企业的资产，挪威政府的直接介入就扩展到工业企业和商业企业，最大规模的国有经济扩张发生在1972年挪威国家石油公司的成立。由于20世纪70年代以来的石油繁荣，挪威政府几乎没有激励措施来帮助和鼓励私营企业发展新的工业部门。国家在商业实体中的所有权在中央和市级都很广泛，但挪威高水平国家所有制并不是一种经济战略的结果，具体所有权参与的动机随时间的推移而变化，在某种程度上是随机的。

国家所有制改革的优先选项是商业化和市场化。在西方国家私有化浪潮下，挪威的国家所有制的改革和改组重点是政企分开，而不是私有化，主要是把国有企业推向市场，在体制机制上与国外接轨，走商业化和市场化发展道路，以便更好地与国外企业在相同的市场环境下竞争。

改制后国有持股的工商企业和公共服务机构是高度自由化和市场化的，具有不同的企业组织形式和治理模式，成为挪威国家所有制更为稳定的国有企业基础，政府绝对控股的国有企业占大多数，只有少数几家企业是相对控股的。在强大的国家所有制下，外国资本和国内私人资本的力量相对比较弱小。同时，改制后设立的挪威国有股份上市公司和非上市公司都是由市场驱动的，是在高度自由化的市场经济中运作的，打破了国有企业经营效率低下的诅咒。

国家所有制的作用在于控制国家资源。挪威政府可以在自然资源和战略行业的关键工业部门保持大量所有权和控制权，如石油能源部门的挪威国家石油公司、水力发电领域的挪威国家电力公司、电力运营和输送领域的挪威国家电网公司、铝生产领域的海德鲁公司、挪威最大的银行挪威银行和电信供应商挪威电信公司等。

挪威政府控制着奥斯陆证券交易所上市公司总市值的35%左右，如果将非上市公司包括在内，国家所有权的份额会更高，国有企业占所有非农业就业人数的9.6%，如果算上国有的少数股权公司，这个数字可以上升到近13%，这是经合组织国家中占比最高的。

从历史上看，国家控制自然资源的愿望，以及需要发展基础设施和以基础设施为基础提供服务是国家所有权背后的推动力。国家所有制伴随着福利国家的发展，对工商业的发展起到积极推动作用。

政府不干预国有企业的生产经营。挪威虽然实行国家所有制，国有企业占据各个重要经济部门，但政府大都未直接参与企业经营，而是将一部分业务交给私营部门，政府主要掌握企业股权，如海德鲁公司在1945年政府接管时曾掌握其约45%的股份，改制后政府依然拥有其51%的股权，虽为国有控股公司，但政府一般不参与包括投资决策等一切企业的经营活动。

还有一部分企业虽为政府全资企业，但采取市场经济的做法。如挪威电信公司曾是国有独资公司，改制后政府仍拥有其75%左右的股权，但挪威政府完全不干涉公司的经营活动及其经营管理人员的选拔和聘用，其董事会成员也都是工商界人士。挪威政府对企业的主要作用是：保证法律、法规的有效实施，优化企业的运行环境，以及履行原则上的监督职能。

1949~1978年我国国营企业外部管理体制的变迁*

岳清唐**

【摘　要】 新中国成立到改革开放前，国营企业的外部管理体制经历了"两次集权化、两次分散化"的变化。"一五"期间形成了国营企业的中央集权化管理体制。"一五"之后，毛泽东提出了正确处理十大关系的思想，中央开始第一次向地方下放国营企业的管理权限。"大跃进"开始到1961年，国民经济各部门比例关系出现严重失调，劳动生产率下降，经济出现了混乱，国营企业管理体制开始第二次集权。"文革"期间，国营企业管理权限又开始了第二次下放和分散，直到改革开放前。国营企业管理权限在中央和地方之间"收收放放"的变化并没有带来国民经济持续稳定的发展，最终的解决方案是从计划经济模式向市场经济模式的历史转型。

【关　键　词】 国营企业　外部管理体制变迁　集权化管理　分散化管理

---

* 本文为以下基金项目的阶段性成果：伊犁师范大学"一带一路"发展研究院开放课题重点项目"'一带一路'背景下新疆国有企业加快混合所有制改革的路径研究"（YDYL2021ZD001）；伊犁师范大学2021年度人文社科重点项目"'十四五'时期国有企业混合所有制改革路径研究"（2021YSZD003）；新疆社科基金项目"中国式现代化及其在新疆的实践研究"（2022vzj023）。

** 岳清唐，伊犁师范大学霍尔果斯商学院院长，新疆社会治理与发展研究中心研究员，中国政法大学商学院教授，主要研究方向为经济史、经济思想史、中外企业史。

引　言

中华人民共和国成立初期，为了便于巩固政权和恢复经济，结合当时全国各地的军政状况，中共中央将全国划分为六大行政区，各大行政区党政军相对独立。各地建立人民政权后没收国民党官僚资本企业、战犯和汉奸的企业而形成的国营工商业企业由各大行政区分散管理。这就是新中国国营企业[①]的开端。这种分散管理的局面很快由于学习苏联计划经济模式而转化为集权化管理。20世纪90年代初，中国和俄罗斯等传统计划经济国家都开始了向市场经济体制的转型，但各自的转型路径不同，这源于其不同的经济发展历史，其中，国营企业管理体制的沿革是理解不同转型道路的重要方面。在关于"四史"的研究中，一些文献对国有企业改革的政策文件、演化历程进行了系统梳理[②]，还有一些文献提出新中国成立以来"我国国有企业改革经历了四个阶段"[③]。本文在现有研究基础上，拟从大历史的视角出发，剖析改革开放前国营企业外部管理体制的历史沿革，以期深化对当前国有企业进一步改革的认识和理解。

[①] 国营企业与国有企业的区别：1992年10月，在党的十四大报告中提出了"国有企业"概念，国有企业的名称取代了国营企业。这是为了配合和适应1993年12月29日《中华人民共和国公司法》的制定与颁布。在1993年3月29日通过的宪法修正案中，把《中华人民共和国宪法》中涉及"国营经济""国营企业"的地方全部修改为"国有经济""国有企业"。

[②] 剧锦文：《国有企业改革进程的再考察——演化的视角》，《政府管制评论》2021年第1期，第66~84页；周建林：《国有企业改革回顾与思考》，《石油组织人事》2022年第5期，第51~57页。

[③] 李娟伟、任保平：《新中国成立以来国有企业改革的历史阶段、理论逻辑及政策启示——基于马克思主义政治经济学视角》，《当代经济研究》2022年第4期，第98~112页。

一 国营企业第一次集权化管理体制的形成

经过 1949 年至 1952 年的国民经济恢复后，为充分发挥社会主义制度优越性，实现全国"一盘棋"，中共中央加强了中央集权管理。从 1952 年 7 月起，各大行政区中央局第一书记陆续上调中央工作，1952 年 11 月 16 日，中央人民政府成立了与政务院平行的一个机构，即国家计划委员会，中央 8 个主要工业和经济部门划归国家计划委员会管理。中国开始编制并按照第一个五年计划（1953～1957 年）发展国民经济。1954 年 6 月，中共中央取消了大行政区管理体制，与之相伴的是，原属各大行政区管理的大中型国营企业多数收归中央各工业部管理，少部分划归各省、自治区和直辖市管理。

社会主义制度的优越性在那时被认为是可以通过公有制和计划经济消除剥削和经济危机得到体现的。用生产资料公有制消除生产资料私人占有所带来的对劳动者的剥削，用生产资料的集中计划使用消除生产资料的分散使用所带来的无序和生产消费的不平衡，即试图克服现代大生产的社会性和生产资料私人占有之间的矛盾，实现集中力量办大事，以计划经济的方式实现国家工业化，实现国富民强的目标。计划经济方式在当时的苏联已取得较好的效果，但也出现了一些问题。我国对如何搞经济计划的问题已经有了一些讨论，当时人们已经认识到不能照搬苏联模式，必须结合国情，在学习苏联经验的基础上探索自己的模式。

从 1953 年"一五"计划开始，直到 1992 年党的十四大明确提出建设社会主义市场经济体制为止，我国对计划经济体制的探索持续了近 40 年。但由于历史的惯性，直到 2006 年编制第十一个五年规划时，才将"计划"改为"规划"，"十一五"规划成为我国第一个

"指导性"发展纲领,而不再是"指令性"的发展计划。从"计划"变成"规划",虽一字之差,却有天壤之别,强调了将市场作为配置资源的基础手段。

以五年为一个周期进行国家建设的"五年计划"模式是苏联的创造,在向苏联学习的基础上,我国制定了第一个"五年计划"。与苏联的计划一样,我国的"五年计划"也是指令性的、强制性的,事无巨细,有具体的硬性指标。"一五"计划期间,中央管的硬指标就有两万多个,涉及经济建设的方方面面,从大型项目的确定,到项目的产量、增长率、产品类别等,包罗万象。

"一五"计划的制定历时多年,多次修改,1952年7月完成计划第一稿,但直到1955年7月,全国人大一届二次会议才审议通过,颁布时计划涵盖的时间已经过半。"一五"计划的重点是优先发展重工业,基本任务是集中主要力量,进行以苏联帮助我国设计的156个大型建设项目为中心、由694个大型建设项目组成的工业建设,建成我国社会主义工业化基础。

在第一个"五年计划"期间,根据中国共产党制定的过渡时期总路线,完成了对农业、手工业和资本主义工商业的社会主义改造,到1957年,大多数项目都按期或提前完成了建设计划,是我国1953年至1980年5个"五年计划"中规模最大、增长最快、效果最好的时期,成绩是巨大的且影响是持久的。所建成的大型国营企业主要包括国防工业、机械工业、电子工业、化学工业和能源工业等各个领域,从此搭建起我国工业化发展的骨架和基础,成为我国工业化的"奠基之役"。"一五"计划期间,我国工业总产值年平均增长率计划是14.7%,实际实现增长18%,经济效益也比较高,"一五"计划时期建设的大中型工程,建成后平均3年半就能收回投资。

二 国营企业形成第一次
分权化管理体制

计划经济集权管理体制的优点是能使全国国营企业的生产和建设与国家的统一计划协调一致,但经过几年的实践后也暴露出两个较大的缺点。一是由中央各工业部管理的一些企业其实更适合由地方管理,但当时地方在物资分配、财政管理和人事管理方面的权限太小;二是工业主管部门对企业的业务管得过多,企业自主权太小。到1956年底,我国基本完成对农业、手工业和资本主义工商业的社会主义改造,中共中央决定把党和国家工作的重点转移到社会主义建设上来。

为了总结经验,探索一条适合我国国情的社会主义建设道路,中央政治局听取了中央34个部门的工作汇报,毛泽东在中央政治局扩大会议上作了《论十大关系》的报告。其中,前五大关系都是论述经济问题的。第四大关系论述了国家、生产单位和生产者个人之间的关系,第五大关系着重论述了中央和地方的关系。强调必须兼顾国家、集体和个人三方面的利益,认为工厂在统一领导下要有一定的独立性,不能把什么东西统统都集中在中央或省市,要给工厂一点权力,一点机动的余地和一点利益;工人的劳动生产率提高了,他们的劳动条件和集体福利就需要逐步有所改进;应当在巩固中央统一领导的前提下,扩大一点地方的权力,给地方更多的独立性,让地方办更多的事情;不能像苏联那样,把什么都集中到中央,把地方卡得死死的,一点机动权也没有;中央要发展工业,地方也要发展工业,就是中央直属的工业,也还是要靠地方协助。[①]

[①] 参见《毛泽东文集》(第7卷),人民出版社,1999,第28~32页。

在《论十大关系》的指导下，针对前几年中央对国营企业的集权管理体制束缚了地方和企业的积极性和主动性的缺陷，1957年11月14日，第一届全国人民代表大会常务委员会第八十四次会议原则批准国务院《关于改进工业管理体制的规定》，主要的内容是适当扩大省、自治区、直辖市管理工业的权限和企事业主管人员对企业内部的管理权限。

关于扩大省、自治区、直辖市管理工业的权限的主要措施有四个：一是调整现有企业的隶属关系，把目前由中央直接管理的一部分企业，下放给省、自治区、直辖市领导，作为地方企业，比如轻工业部、食品工业部、森林工业部等中央部门管理的企业大部分逐步移交地方管理，重工业各部门所属企业，除大型矿山，大型冶金企业，大型化工企业，重要煤炭基地，大电力网，大电站，石油采炼企业，大型和精密的机器、电机和仪表工厂，军事工业以及其他技术复杂的工业企业外，其他工厂逐步下放；二是增加各省、自治区、直辖市人民委员会在物资分配方面的权限；三是原来属于中央各部管理现在下放给地方政府管理的企业，全部利润的20%归地方所得，80%归中央所得，部分仍旧属于中央各部管理的企业，地方政府也可以分得全部利润的20%，凡是属于原来由地方管理的企业，其全部利润，仍旧归地方政府所得；四是在人事管理方面，增加地方的管理权限。

关于适当扩大企事业主管人员对企业内部的管理权限的主要措施有三个：一是在计划管理方面减少指令性的指标，由12个减为4个，国家计划只规定年度计划，简化计划编制程序，扩大企业主管人员对计划管理的职责；二是国家和企业实行利润分成；三是改进企业的人事管理制度，除企业主管负责人员（厂长、副厂长、经理、副经理等）、主要技术人员以外，其他一切职工均由企业负责管理，企业有权在不增加职工总数的条件下，自行调整机构和人员。[①]

1958年3月7日，中共中央批转了纺织工业部党组《关于纺织企业全部下放交地方管理的报告》。1958年4月，关于国营企业的管理体制中共中央又连发两个文件。

一是1958年4月5日发布的《中共中央关于在发展中央工业和发展地方工业同时并举的方针下有关协作和平衡的几项规定》。该规定要求，在地方工业大发展的情况下，必须及时加强地区之间的和企业之间的协作和平衡工作，以保证社会主义经济的计划性和节约原则，避免生产发展中的浪费、混乱和停滞现象；在全国范围内，逐步实行"双轨"的计划体制，一轨是指中央部门必须对自己所管的企业和地方所管的同类企业进行全面规划，另一轨是各省、自治区、直辖市也必须对该地区内所有中央部门所管理的企业和地方所管理的企业进行全面规划，国家计划委员会和经济委员会应该根据这两方面的计划，加以综合平衡，制定全国的计划。[②] 二是1958年4月11日中共中央、国务院联合下发的《关于工业企业下放的几项决定》。[③]

为了加快社会主义建设速度，尽快实现工业化，政府决定在工业管理体制上进一步加大加快对地方的放权，也被称为"体制下放"。要求国务院各工业主管部门，不论是轻工业还是重工业，以及部分非工业部门管理的企业，除了一些主要的、特殊的，以及"试验田"性质的企业仍归中央继续管理外，其余企业原则上一律下放，归地方管理。下放的步骤是先轻工业，后重工业。但中央各主管部门在企业下放后，仍负有对下放企业的管理改进职责，要用六七分力量帮助地方办好企业，用三四分力量用于掌管全国规划和直接管理的大企业。

---

① 《国务院关于改进工业管理体制的规定》，《人民日报》1957年11月18日，第1版。

② 参见中共中央文献研究室编《建国以来重要文献选编》（第11册），中央文献出版社，1993，第240、243页。

③ 参见中共中央文献研究室编《建国以来重要文献选编》（第11册），中央文献出版社，1993，第264页。

在保证完成中央计划的情况下,各地方对中央在各该地主管的企业,有权在生产部署和协作方面,在材料调度和劳动力调配方面进行调剂和平衡。各地方的属中央主管的某些原材料工业企业,在超额完成国家计划后,其超额部分,所在地方可以分成。

1958年以来,各级国营企业的管理权限层层下放,产生了积极效果。到1958年底,中央直属企业已从1957年的9300个减少到1200个,管理权限向地方下放了87%。[①] 这次对国营企业管理权限从中央到地方的下放,调动了地方的积极性,促进了地方工业的蓬勃发展,但不久对国营企业管理权限的大下放就出现了问题。

三 中央对国营企业第二次加强集权化管理

我国于1961年开始实施"调整、巩固、充实、提高"的方针,在工业管理体制方面开始"收权"。1961年1月20日,发布《中共中央关于调整管理体制的若干暂行规定》,到1961年9月15日又进一步发布《中共中央关于当前工业问题的指示》。两个文件的主要精神是,根据三年"大跃进"的经验,按照"大权独揽、小权分散"的民主集中制原则,经济管理的大权应该集中到中央、中央局和省(自治区、直辖市)委三级,1958年以来中央各部和各省(自治区、直辖市)下放给专、县、公社和企业的人事权、财权、商权和工权,放得不适当的,一律收回。中央各部直属企业的行政管理、生产指挥、物资调度、干部安排的权力,归中央各部。国防工业一律由国防工委直接领导,过去下放的国防工业企业一律收回。根据"统一领导、分级管理"的原则,凡属需要在全国范围内组织平衡的重要物

---

① 马洪主编《现代中国经济事典》(第1版),中国社会科学出版社,1982,第158页。

资，均由中央统一管理、统一分配。国家按行业分配给各"口"① 的统配物资和部管物资，由中央主管各"口"负责进行归"口"安排。各企业和各事业单位不得擅自招收工人，所有生产、基建、收购、财务、文教、劳动等各项工作，都必须执行全国一盘棋、上下一本账的方针，不得层层加码，必须努力完成国家计划。

经过对工业计划进行以降低指标为主要内容的调整，以及对工业管理进行以权力上收为主要内容的管理体制整顿，并主动地放慢重工业发展速度，我国在一定程度上克服了1958年以来全国各地各行业一哄而上、比例失调的混乱形势，生产得到一定恢复和发展。全国县级以上国营工业企业从1961年底的61600个，调整到1963年初的42100个；全国大中型工业基本建设项目从1961年底的1300多个，调整到1963年初的707个；全国工业交通部门的职工从1961年底的1895万人，调整到1963年初的1393万人，338万人回到农村从事农业生产。② 以上数据说明，当时通过减少大量城镇人口和国营企业多余职工的整顿，大大压缩了工业生产和基本建设战线，使经济工作由被动转为主动。到1965年，国民经济已走出低谷，工农业总产值已恢复到历史最好水平。1966年上半年仍然保持增长势头，但下半年开始的"文化大革命"，工厂停产闹革命，使刚刚走上良性发展道路的工业生产在接下来的两年中又出现了秩序混乱的局面。

---

① 这里的"口"是指负责承担政府某项职能的一些部门、体系或渠道，过去俗称"衙门口"。涉及某一方面的事情都由这个系统处理，比如与计划有关的事务归计委负责，计委被称为"计划口"；涉及教育的事情归教育部负责，教育部被称为"教育口"。"归口管理"是指各"口"各负其责，把政府赋予的职能按特定管理渠道实施管理的一种行政管理方式，"归"在这里有专任的意思。1953年中共中央开始把政府工作按性质划分为财贸口、文教口、工交口、政法口、党群口、外事口、统战口等，由各级党委常委分工分别对"口"领导。

② 参见中共中央文献研究室编《建国以来重要文献选编》（第16册），中央文献出版社，1993，第33页。

四 "文革"期间国营企业第二次
走向分权化管理

"文革"期间,国营企业管理权限开始了第二次下放。首先是从1965年开始的"三线建设",然后是1970年的"五小"工业企业建设,以及1973年开始的"深挖洞、广积粮、不称霸"政策推动了国营企业管理权限的广泛下放和分散管理。这次管理体制的调整是在复杂的国际国内形势下完成的。

20世纪60年代后,我国国家安全形势出现紧张势头。由于中苏关系因意识形态矛盾引起地缘政治上的变化,使我国北部和西北部边境形势空前恶化,苏联在中苏边境陈兵百万,同时,中印在西部边境出现领土纠纷;而美国在东南方向推动越南战争不断升级并直接卷入战争。在此背景下,我国开始了抗美援越的斗争。1964年4月,中国人民解放军总参谋部作战部向上级提出一个《关于国家经济建设如何防备敌人突然袭击的报告》,认为我国工业过于集中在大城市,大城市人口过多,并集中于沿海地区,交通枢纽也都集中于大城市,受到外敌侵犯时易遭空袭。

面对当时紧迫的战争可能性,毛泽东非常重视这个报告,批示要尽快成立专案小组,精心研究,逐步实施。1964年8月,国务院成立了以李富春为组长的专案小组,开始了以备战预防外部入侵为指导思想的大规模[1]国防、科技、工业和交通基础设施为主的"三线建设"。要求一切新建项目不再在一线大城市建设,中东部和东北国营

---

[1] 在1964年至1980年,贯穿三个"五年计划"的16年中,国家在属于三线地区的13个省和自治区的中西部投入了占同期全国基本建设总投资的40%多的2052.68亿元巨资;400万各类劳动者从全国各地会集大西南、大西北,用生命和汗水建起了1100多个大中型工矿企业、科研单位和大专院校。

老企业要分出一部分或整体搬迁到"三线"① 地区。

"三线建设"使我国工业企业和工业生产力在地理分布上产生了较大变化，提升了中西部地区的工业化水平，促进了我国经济建设的区域均衡，其规模远大于抗日战争初期沿海工业向内地的迁移。由于"三线"地区经济基础弱、交通不便，企业和科研机构的建设又要贯彻分散、靠山和隐蔽原则，再加上要抢在战争前面，建设时间紧张，因此，在没有总体规划和未经周密勘探就盲目定点的情况下，采取"三边"原则，即边勘探、边设计、边施工，加快推进建设进程。结果自然是资源配置效率低，经济效益差。改革开放后，除部分企业外，"三线建设"中发展的国营企业大部分都关停并转或破产关闭了。

1970年开始的"四五"计划中，中央要求各省、市、自治区发展地县级小煤矿、小钢铁厂、小化肥厂、小水泥厂和小机械厂（"五小工业"），中央财政拨出80亿元专项资金用于发展地方"五小工业"企业。这一发展计划与国家领导人主张农村就地工业化、发展小城镇、城乡均衡发展的工业化城镇化思想有关。"五小工业"企业的发展改变了我国工业企业的结构，提高了中小企业在工业企业中的比例，发展了专业化和分工协作，使县域资源得到了更多的工业利用，使县级从过去较为单一的农业经济结构，转变为以农为主、兼顾工业的结构，增强了地方经济实力。

1970年3月，国务院发布《关于国务院工业交通各部直属企业

---

① 这里的"三线"含义和中国地理地形的三条分界线不同，也和所谓"一线城市、二线城市、三线城市"不同。它是指1964~1980年我国为了防备遭受外部侵略时能有效保持供给而对生产力布局进行的战略性区域调整。粗略地说，沿边沿海和经济发达的边缘省区市都是一线地区，如北京、上海、天津、黑龙江、吉林、辽宁、内蒙古、山东、江苏、浙江、福建、广东、新疆、西藏。而处于大西南和大西北以及鄂豫皖大山，交通不便的地区被视为战略纵深腹地的"三线地区"，包括四川（含重庆）、贵州、云南、陕西、甘肃、宁夏、青海7个省区及山西、河北、河南、湖南、湖北、广西等省区的腹地部分，共涉及13个省区。介于一线、三线地区之间的地区，则是二线地区。

下放地方管理的通知（草案）》。该草案要求国务院工业交通各部的直属企业、事业单位绝大部分下放给地方管理；少数由中央和地方双重领导，以地方为主；极少数的大型或骨干企业，由中央和地方双重领导，以中央为主。下放工作要求于1970年内进行完毕。除鞍山钢铁厂于1969年已下放给辽宁省外，在很短的时间内，包括大庆油田、长春汽车制造厂、吉林化学工业公司等关系国计民生的大型骨干企业在内的2600多个中央直属企业、事业和建设单位（当时全部中央企业大约3900个），都下放给各自所在的省、市、自治区管理，有的甚至又层层下放到专区、市、县。但在实际上，下放给地方的这2600多个中央直属企业，地方实权并不大。中央各部仍然将人财物把在手里，名义上下放了，但实际上没有放。地方对下放的企业没有能力进行综合平衡，这样的下放打乱了原有的协作关系，使企业的正常生产秩序难以维持，大大降低了经济效益。[①]

1976年"文化大革命"结束后，到1980年前后，一些大型企业陆续又上收到中央部门管理。同时，在1979年实施的"调整、改革、整顿、提高"的经济工作方针，开始强调以扩大企业自主权为主要内容的工业体制改革试点。[②]

结　论

改革开放前国营企业的发展，以及经济管理体制的多次改革探索，是中国共产党人探索中华民族伟大复兴历史进程的重要组成部分。由于当时社会主义阵营的主要国家苏联实行了计划经济体制，并且取得了明显的成效，我国学习了苏联计划经济模式。这是一种中央

[①] 参见中共中央党史研究室编《中国共产党大事记1970》，人民网，http://cpc.people.com.cn/GB/64162/64164/4416088.html，最后访问日期：2023年7月9日。

[②] 参见《邓小平文选》（第2卷），人民出版社，1983，第201页。

集权的经济管理模式，要求企业的生产和销售等事项由一个中央机构统一分配。

我国的实践表明，不能生搬硬套苏联式的计划经济模式。在单一计划经济体制下，国营企业太过集中于中央的直接管理，地方的自主能动性发挥就受到限制，不利于国民经济的发展。因此，国营企业的经营权限要在中央和地方之间适当划分，明确各自的权责。改革开放前国营企业的两轮"集权化"与"分权化"管理体制的交替和变化就体现了这种要求。

但国营企业管理权限在中央与地方之间"收收放放"的变化并没有带来国民经济持续稳定的发展。要想激发国营企业的活力，就不能仅仅在中央与地方之间对国营企业的管理权限上进行"集权"和"分权"的调整，而应跳出这一局限，从改革整个经济管理体制上寻找出路，这个出路就是从计划经济模式向市场经济模式的历史性转型。

◎学术研究述评◎

一部富有启发性的经济思想史著作
——读《近代中国传统经济思想现代化研究：以民生经济学为例（1840—1949）》

黄义衡[*]

在经济学的众多分支学科里面，经济思想史或经济学说史大概是最容易令人感到沉闷和沮丧的分支了。对于经济思想史著作的读者而言，可能的疑问是：将时间用在了解那些既往的经济思想上，除了泛泛地扩大了知识面，似乎并没有获得其他收益，如思维方式上的启发。如果是花了大量时间读经济思想史方面的通史性著作，这种失望和不满的情绪可能会变得尤为强烈。对于经济思想史的研究者而言，其所面临的问题是：除了文本材料直接显示的内容之外，经济思想史研究是否可以提供更多的信息？如果不能，那么即使研究者对文本材料进行各种总结、编排和重述，所能得到的仍然是克罗齐所说的文献汇编和假历史。如果能，那经济思想史研究又应当提供什么样的知识，并且以何种方式提供呢？随着发掘式的经济思想史研究盛宴的结束，回答上述问题的迫切性日益加强。

最近读了社会科学文献出版社出版的《近代中国传统经济思想现代化研究：以民生经济学为例（1840—1949）》[①]一书。该书以民国时期流行的民生经济学为案例，围绕一个基础性猜想展开：近代中

---

[*] 黄义衡，深圳大学中国经济特区研究中心助理教授，主要研究领域为发展经济学。
[①] 参见熊金武《近代中国传统经济思想现代化研究：以民生经济学为例（1840—1949）》，社会科学文献出版社，2020。

国在经济分析范式的现代化进程中，除了西方经济理论传入中国这条被动式的现代化路径之外，是否还存在对中国传统经济思想进行改造的主动式的现代化路径？利用科学哲学的分析工具，该书作者对民国时期流行的包括民生经济学、马克思主义经济学和西方新古典经济理论等在内的经济学说和理论进行解构和比较，证实了基础性猜想：除了"西学东渐"这条路径之外，对传统经济思想进行改造确实是后发地区实现经济分析范式现代化的一条路径！在此基础上，该作者进一步分析了作为经济科学的民生经济学所具有的优势，并提出了后发地区经济分析范式转换的一般性机制，以及探讨了近代传统经济思想现代化的现实意义。

个人认为，这是一部令人耳目一新的经济思想史著作，其完全有可能打破人们长期以来关于经济思想史研究的刻板印象。

首先，从谋篇布局来看，全书围绕基础性猜想及其拓展问题对章节进行安排，各章节之间紧密的逻辑关联使读者能够始终保持清晰的"方向感"。特别值得一提的是该书作者对第三章至第六章的安排：第三章和第四章分别考察"民生经济学是否现代化？"和"民生经济学是否植根于传统经济思想？"两个问题。对这两个问题的肯定回答，使该书作者得以确认民生经济学是中国传统经济思想现代化改造的产物。第五章将民生经济学与同时期的各主要经济学流派进行比较，进而指出民生经济学所具有的相对优势。探讨相对优势的目的并不在于评价民生经济学的历史地位，而是为第六章提出后发地区经济分析范式转换的一般性机制（思想竞争）做准备。这种精巧的章节安排使人有不断往下读的冲动！

其次，从分析与写法来看，该书作者并没有选择特定的经济理论作为分析的参照系，而是利用科学哲学（主要是库恩和拉卡托斯）的观点，结合经济思想史研究对象的特殊性，构建自己的解构和比较标准，进而以此为分析工具展开分析和讨论。姑且不论细节上的争议，该书作者对分析工具的选择使分析具有了更高的价值中性和超越性。经济思想史研究并不是为了简单地批判或赞美，然而以特定经济理论作为分析的参照系时，参照系本身必然在具体观点层面凸显作为研究对象的思想或学说的某种局限性或进步性，进而将人们的关注点引至价值判断的规范分析陷阱中。而且由于参照系本身就是具体的经济理论，这使人们很难把注意力放在具体观点之外的内容上。以科学哲学的理论构建分析工具则与此不同，因为工具本身不包含任何具体经济理论，自然可以避免前述方法的弊端。更重要的是，从科学哲学自身的任务来看，以科学哲学的理论构建分析工具可以更容易地将人们的关注点聚焦于思维方式上，由此不仅可以给读者带来具体观点以外的知识，而且使研究本身摆脱了文献汇编的嫌疑！

最后，从研究结论来看，该书作者以丰富的史料、新颖的工具和严谨的分析，令人信服地论证了"除了'西学东渐'这条路径之外，对传统经济思想进行改造确实是后发地区实现经济分析范式现代化的一条路径！"这一基础性猜想。相对于作为主流的强调"西学东渐"的传播史研究，该书作者的探索作为"少数派"显得尤为可贵！特别值得一提的是，随着中国经济实力的日益增强，构建具有"中国特色、中国风格、中国气派"的经济科学的迫切性也与日俱增。究竟如何构建，以及如何真正地在分析范式的硬核上保留中国特色，该书对民生经济学的分析结论无疑是提供了重要的借鉴。

虽然该书的分析和结论在某些细节上或许存在一定程度的争议，但是个人认为这些争议更多的是既有分析工具的不完善所致，而这种不完善又为经济思想史研究在分析工具和写作方法的创新上提供了思路。事实上，熊金武的这部著作给其读者和经济思想史研究者所带来的启示不仅远较细节上的争议重要，也比本文所作的总结要多得多。这些启示和书中各种精彩之处，本文无法一一列举，读者只有亲自阅读并勤加思考才能体会。

三线企业与三线人的命运

——《企业、人群与社会：三线建设的多维书写》序

高超群[*]

张勇教授的《企业、人群与社会：三线建设的多维书写》要出版了，嘱我作序。对于三线企业，我并未作过深入研究，本没有资格说三道四，但我在甘肃一家三线企业中度过了十多年的少年时光，我的家人、朋友的命运也随着三线企业的兴衰而起伏。长久以来，两代人的悲欢离合始终让我不能释怀，总想说些什么，这种表达的冲动让我斗胆答应了张勇教授，因此，非常感谢张勇教授给我这样的机会。

张勇教授的《企业、人群与社会：三级建设的多维书写》分为四个部分。第一部分是对三线建设现有研究的回顾与梳理，涉及国内外、宏观微观，非常全面。更为难得的是，这一部分还有很多对三线企业现有研究成果以及研究方法的深入反思，由于张勇教授有着长达10年的三线研究经验，他的反思非常具有针对性，绝非泛泛之论。第二部分，张勇教授聚焦三线企业的外部关系，即其与国家、地方社会的关系，尤其着力于阐述三线企业与地方社会的关系。第三部分，张勇教授主要关注因三线建设而出现的移民，阐述他们的生活、认同、内部的分化等。在第四部分，张勇教授独辟蹊径，从公众史学的角度讨论了三线建设的书写问题。严格来说，张勇教授这部著作是一

---

[*] 高超群，中国社会科学院经济研究所研究员，中国社会科学院欠发达经济研究中心主任，主要研究领域为中国企业史。

部论文集，书中的各个篇章均是他发表过的论文。张勇教授谦虚地自称"它本就是不成体系的"。但实际上，这部著作经过张勇教授的妙手编辑，不仅呈现了当下三线建设研究的主要核心问题，而且很成体系。因此，我相信无论是对三线建设的研究者还是参与者，抑或是关心和希望了解三线建设的普通读者而言，这部著作都会有所裨益。

为建设三线企业投入了2000多亿元的资金，有上千万人参与其中，是共和国创造的众多波澜壮阔的人间"景观"之一。但相比于其他方面的研究，对三线企业的研究才刚刚起步。虽然就像张勇教授在书中第一部分总结的那样，研究者已取得了不菲的成绩，但许多问题依然有深入讨论的空间。本书引起了我的很多回忆和思考，我心中也产生了一些新的疑问。我想作为一名读者，把这些浅薄的疑问和想法提出来，献芹于方家，这样做固然有些冒失，但或许这也是我作为读者对作者最好的回报。我想从以下四个方面来谈谈我的不成熟的思考：关于三线企业的产生、三线企业的特征、三线人的经历、三线建设对于中国的意义和影响。

第一，关于三线企业的产生，我们可以从三个层面来看。首先，最高决策层是如何作出决策的。这是目前研究者关注最多的领域之一，研究者还原了领导人是出于哪些方面的考虑，以及是如何下定决心的。从整体来看，关于改革开放前中国高层政治的决策过程，目前我们并不十分清晰，政治学家拉斯韦尔将决策过程划分为七个阶段：调查、提议、规定、合法化、应用、终止、评估。改革开放前，中国的高层政治既有高度政治性的一面，也有极强的理性化的一面。人们往往过度重视前者，强调当时政治运行过程中的政治意志、意识形态和动员体制，而忽略了后者。实际上，无论是决策过程还是执行过程，干部系统都扮演了重要的角色，其参与了上述拉斯韦尔七个阶段的每个环节。而干部系统的有效运行，是建立在相对稳定的规则和程序基础之上的，干部系统有能力将目标分解、构建工作程序，以及进行严格的评估，这是干部系统的力量源泉，而不仅仅是其动员能力或者道德感召力，要知道中国是一个有着上千年文官治理传统的国家。就三线建设而言，研究者已经"对三线建设的决策背景、实施过程、成就与失误"，有了较为清晰的揭示。三线建设的决策从20世纪60年代就开始酝酿，其决策过程，无疑是我们了解改革开放前中国高层政治决策过程的一个非常好的案例，如果能在三线建设决策过程研究的基础上，对当时中国高层政治决策过程进行一般化、理论化的归纳描述，这对于共和国史的研究，对我们理解当下中国都会有很大帮助。其次，三线建设从20世纪60年代一直延续到80年代初期，涉及许多中央部委和地方政府。而条块之间、上下级之间的关系，是研究中国问题时要处理的最基本的结构性关系。张勇教授研究了四川彭县三厂选址过程中，八机部、四川地方政府以及负责包建的上海柴油机厂、杭州齿轮箱厂、无锡柴油机厂之间复杂的博弈过程，生动地体现了各个机构之间不同的目标诉求，以及他们如何在上级要求、下级诉求和自己的利益之间取舍，如何设定、修改自己的目标，如何采取行动的。中国社会科学院经济研究所林盼在其最新的对"一五"时期，上海支援洛阳建设的案例研究中，也揭示了这一点。我们不能将计划经济时期的政策执行过程，视为在中央的统一号令下，地方和企业都整齐划一地执行命令，排除万难，完成任务，我们"有必要对各项政策的提出和演变过程进行追踪分析，以观察各场域、各层级中不同国家力量的互动与冲突，以及国家作为分散的、常常互相矛盾的利益相关者所采取的行动策略"（林盼：《地方政府"议价"与企业"讨价还价"：计划经济时期企业—政府关系的一项制度分析——以"一五"期间上海支援洛阳为案例》，未刊稿）。因此，整个组织系统如何处理和控制这些矛盾，并为之建立规则，使之形成惯例，或许才是问题的关键。如果研究者能够将这些生动的案例加以归纳，比如将它们分为几种不同的类型，并深入剖析各个主体背后的行为逻辑，或将在一定程度上超越或深化现有研究。最后，因三线建设而改变命运的个人，他们在面对困难时是如何做的？在张勇教授的著作中，对他们有很多描述。在过去的宏大叙事中，他们被认为甘于奉献和自我牺牲，或者只有默默的顺从。但事实上这些个人，在参加三线建设的过程中，碰到过各种不同的机遇，也各自面临不同的困难，他们是如何权衡取舍，通过何种方式来解决自己的困难，他们相互之间，他们和国家之间是如何博弈的，这些都值得我们进一步深入研究。正是上述各个层面的博弈决定了三线企业产生的方式，以及三线企业最终所呈现的面貌。

第二，三线企业的特征。学界对三线企业的特征已有较为深入、具体的刻画，其中最有说服力、影响力的或许要算单位制。对单位制的理论和案例研究，张勇教授的著作中有非常精彩的介绍。或许我们还可以从以下三个角度对单位制这一模型略加讨论。首先，三线企业与其所在地方社会的关系。早先的研究大多突出三线企业与周边社会的区隔，在"围墙内外形成了两种截然不同的世界"。不过，一些新的研究也说明，三线企业与周边社会其实有着千丝万缕的联系。比如，东华大学张胜对安徽小三线企业的研究，表明小三线企业的建设、生存、发展都离不开当地政府、社会[①]。实际上在生产中，三线企业与周边社会有很多联系，比如三线企业的一些辅助工作，管道维修、烧锅炉、基础土建，需要雇用附近农民，因此必须要和当地的农村社队建立联系，进行利益交换，更不用提许多三线企业还要在当地招工。此外，在某些大规模的政治运动中，也会出现企业内部的群众组织与地方的群众组织之间的联合或斗争。这些行为都会在一定程度上突破"围墙"的限制。而且，即便在"文化"上企业与地方之间存在明显的区隔，二者之间也会有模仿和融合的一面。比如在行政事

---

① 张胜：《经济体制转型中的小三线企业与原建设地区关系演变——以安徽为例》，《中国经济史研究》2023年第2期，第167~180页。

务上，二者之间在行政风格、礼仪服装，乃至文书语言上的相互模仿；在青少年的"混混"江湖中，"帮派"之间既有对立冲突也有相互模仿的痕迹。张勇教授在该书第三章第三节中对文化融合的现象也有所揭示。其次，对单位内部的各种关系，比如企业内部党团工会、技术干部与行政干部、上下级之间的关系等已经有不少研究。近年来，企业内部的乡缘群体之间、男女之间，乃至代际关系，也有不少研究成果了。该书也有多处涉及相关问题的讨论。但很少有研究关注到，三线企业与其上级主管部门或者同一部门的兄弟企业之间的关系。三线企业是否，以及如何参与上级部门的行政冲突，上级部门的行政变化对三线企业的影响，也未得到深入揭示。与上级部门的关系，也在一定程度上穿透了三线企业的"围墙"。最后，与其所在地方社会相比，"福利高地"是三线企业的一个重要特征，也是单位制的基础。但对福利的具体结构，很少有深入研究。更为重要的是，这种"福利高地"的产生，固然是与计划经济时代的资源配置方式、工业化的意识形态和实践要求等有关。但我们也要注意到，给三线企业职工提供更好的福利是三线企业员工愿意和能够奔赴边远地区、奉献青春的保证，该书第三章提供了不少生动案例。显然当时的中国还无力为所有民众提供这种福利水平，因此，提供给三线企业的这些公共服务对外只能是封闭的。这堵"围墙"或许要比有形的围墙更为强大、坚硬。

第三，三线人的经历。三线企业的干部与工人来自五湖四海，他们大多以家庭为单位，在全新的环境中与陌生人组建了一个新的社会。这个社会不仅是生产共同体，而且是一个自足的"道德共同体"。由于与过去的生活断裂和周围社区区隔，三线人的情感生活、道德秩序都在一个特定的范围内和人群之中。我们可以从三个时间段来检视这些小小的"道德共同体"。首先，在三线企业建设阶段，一方面这是一个被奉献精神所动员的、精神激昂的人群，生活条件的艰苦反倒在一定程度上激发了人们的献身精神。但另一方面，这也是一个只有依靠行政组织的等级来维持秩序的时期，而参加三线建设的人群由于各种条件的限制，其在生活上，大多都处于某种"临时"的不稳定状态，这使这个社会存在诸多"强制"和"自由"带来的失范，有的人在陌生的环境里释放自己，人们依凭自己本性中的强弱善恶相互试探，建立关系。其次，在三线企业建成后的正常运行阶段，是这些小小的"道德共同体"最为美好的时期。每个家庭的情况大致相似，家庭与家庭之间彼此非常熟悉。除了企业内部的等级秩序，小社区也形成了自己的道德秩序，谁是好人，谁是有威信、有能力的人，每个人、每个家庭都心知肚明。这是一个孤立的熟人社会。人们对未来也有着非常稳定的预期，觉得自己一辈子都会在这个安详、友善、熟悉的环境中度过。人们普遍对有技术、有知识、有能力的人表示尊重，而对于善于利用关系、唯利是图、一心向上爬的人则心怀复杂的情感。一般地说，人们重感情轻金钱。最后，三线企业在改革开放之后，普遍深陷破产、迁厂等危机之中，这个桃花源一般的"道德共同体"步入其崩解的过程，这是一个令生活其中的几代人都非常痛苦的过程。文艺作品比史书更为敏感，像《二十四城记》《钢的琴》《杀死最后一个石家庄人》等都反映了这个过程中个体的心理感受。在这个"道德共同体"解体的过程中，原有的家庭、阶层、道德权威出现缝隙，那些被压抑的恶、暴力在这个缝隙中放肆滋长，一些人开始用格外具有侮辱性的方式报复曾经遭到的歧视。失去约束的人群，在金钱的诱惑和贫穷的压力下，有的家庭瓦解，有的人道德沦丧，有的人不惜出卖和背叛曾经十分珍视的感情。

对于生活在其中的几代人而言，这是一个非常残忍的过程，对他们心灵的伤害，或许终其一生也难以治愈。对于即将退休的老工人而言，他们所珍视的价值观、道德感被无情抛弃。同时，收入急剧锐减，曾经听话的子女开始对他们完全无视，公然蔑视他们的人生信条和经验，他们怀着对未来老年生活的恐惧，每天都能感受到自己珍视的一切在不断崩塌。他们不肯承认自己的信仰已经过时，这让他们充满愤怒却又无能为力；对于已经成家生子的三线人而言，他们的生活最为艰难、煎熬，眼看着这个原以为可以终生依靠的庞然大物，在一天天地衰败下去，越来越多的信号表明它将在未来某一天轰然倒塌。但自幼形成的习惯、思维还影响着他们，同时年龄、家庭、孩子这些牵绊都使他们很难迈出离开企业的脚步，只能在焦虑中慢慢地度过艰辛生活。他们这个年纪中那些敢于走出去闯天下的人，也会因为年龄、学历、技术的原因，面临诸多困难，大部分也会在残酷的市场竞争中早早败下阵来。对于更为年轻的一代三线人而言，这个庞大共同体的解体，一方面让他们感到恐惧，因为本来确定无疑的人生道路突然消失不见了；另一方面，他们感到压在自己身上的各种束缚被突然解除，家长、社会、老师都不再是权威，生活给了他们无限可能。他们雄心勃勃、毫无顾及地抛下这个"道德共同体"，包括身处其中的父母，勇敢地闯入更大的社会，拥抱金钱，拥抱市场，拥抱自由。然而，他们也将面临金钱对他们所看重的爱情、友谊的考验，太多的人迷失其中，一幕幕悲喜剧不断上演，撕裂着人心。他们还要为自己重新确立生活的样态、道德的基础，父辈、师长一点也帮不到他们。最终他们有的成为中产一员，有的在陌生的城市成家立业，但这一路走来，他们的迷茫、伤痛或许一点也不比他们的父辈、兄长更少。少数比较敏感的来自大城市的三线人，使出浑身解数托关系，拼命地逃离三线企业，重回大城市。可是，原来的大城市已经变得陌生，他们是否会被重新接纳，也是未知。张勇教授在该书第三章中对那些选择留下或离开的人群也有细致刻画。三线企业建立和存活的时间不同，短的企业或许只有一代人的光景，长的或许有三代人，他们都享受过这个"道德共同体"的温情，也都尝过其倒塌之后的苦痛。

第四，三线建设对于中国的意义和影响。三线企业的建设不仅改变了上千万人的命运,而且对中国的经济社会产生了巨大影响。但如何评估这些影响,仍然是学界的一道难题。早期的研究者更关注三线企业的消极影响,这与改革开放初期,国企改革的思路和步伐有关。但随着中国市场化、工业化的成功推进,新的研究者发现三线企业的基础建设、人才、技术转移等,对中国后来的工业化有一定推动作用,比如西南财经大学王鑫等人的研究[①]。这两种看法,其实未必完全对立,对广大中西部,特别是工业化落后地区的巨大投入,一定会产生某些成效,但这些投入在当时的历史条件下是否合理和必要,是否有更好的方案,仍然是需要我们去深入研究的。如果把三线建设放到中国工业化的长期道路上去看,其历史地位和作用如何,也仍然有巨大的研究空间。

张勇教授的这部著作是对既往三线研究的一个很好的总结,同时,也为未来的三线企业研究提供了很多新的视角。无论是作为企业史的研究者,还是作为三线子弟,我都非常期待他新的研究。

---

① 王鑫、李阳、庞浩等:《三线建设的地区经济效应:历史逻辑与实证检验》,《中国经济史研究》2022年第5期,第164~182页。

企业史与技术史

〔美〕保罗·尤塞尔丁 余 镐译[*]

【摘 要】早期学者如卡尔·马克思、托斯丹·凡勃伦和熊彼特对技术的研究有不同的关注点,小阿尔弗雷德·D.钱德勒和戴维·兰德斯等人创造性地将企业史与技术史结合起来进行研究,而杜·博夫、斯图尔特·莱斯利、伦纳德·莱克等学者有关企业史与技术史的研究,遵循钱德勒的模式,揭示了工业研究是企业战略的基本要素,阐明了企业发展战略与工业研究之间的矛盾是如何协调的,企业史与技术史研究是如何从相互独立变为相互融合的。对技术的研究涉及技术的发明和起源、技术的创新和传播,以及技术的影响,而资本主义的演化生动地表明了企业史与技术史这两个关注点与讨论语境完全不同的主题,最终在现代企业这一研究领域中实现了交汇。

【关 键 词】企业史 技术史 企业战略 工业研究

引 言

市场环境中的企业是资本主义最重要的制度产物,而资本主义本

---

[*] 本文原文系美国学者保罗·尤塞尔丁所著,原文及出处:Paul Uselding, "Business History and the History of Technology," *The Business History Review*, Vol. 54, No. 4, 1980, pp. 443-452, http://www.jstor.org/stable/3114213;上海财经大学经济学院经济思想史专业博士研究生余镐对原文进行翻译并提炼了摘要和关键词;中国政法大学商学院巫云仙教授对全文进行译校。

身是欧洲特定历史时期社会中强大的社会演化力量的创造物。这种演化力量一直持续，直至现在，仍在由资本主义发展所决定的独特文化背景下发挥作用。任何与欧洲社会及其分支有关的历史学类型，如果要概括其发现并得到真正的思想内涵与意义，最终都必须面对并接受这一重要历史事实。

我们已经知道，欧洲技术变革是文化和制度因素共同作用的结果。对技术的研究主要涉及三个方面的问题，即技术的发明和起源、技术的创新和传播，以及技术的影响。笔者认为，大多数关于技术的发明和起源的研究都主张，某一特定技术的出现在很大程度上取决于当时的文化背景，与制度背景的关联较小，这种情况一直持续到19世纪末。而关于技术的创新和传播以及影响的研究认为，制度安排无论在哪个时代都发挥着重要的作用。因此一直以来，制度在技术的发明和起源这一技术史的研究重点中，一直扮演着中立的角色。之后，现代企业及其产物工业研究试验室同时出现，制度保持的中立性被打破，所以19世纪末关于以上三方面中两个或全部的技术变革的研究一定会考虑到制度安排的影响。于是资本主义的演化生动地表明了企业史与技术史这两个在之前的关注点与讨论语境完全不同的主题，最终在现代企业这一研究领域中实现了交汇。

企业史和技术史早期研究内容大多是特定的，涉及独立的业务单元、产品或过程。关于这一主题最好的现代历史研究是在比较分析的框架下对商业战略、结构、文化和技术影响等更具一般性问题的研究。毫不夸张地说，正是学者们源源不断发表一系列研究成果，才创造性地将企业史与技术史结合起来，如小阿尔弗雷德·D. 钱德勒（Alfred D. Chandler）和戴维·兰德斯（David Landes）。

一 不同学者对技术问题的研究

要理解学者们研究工作的意义,从而得到关于企业史与技术史研究相统一的未来发展线索,最好记住一点,那就是伟大的历史学家处理伟大的问题。按照这个标准,历史学的重要性取决于其揭示重要问题和重大主题的能力,无论其是否以明确的方式处理这些问题。由此,我们就要直面由马克思(Marx)、凡勃伦(Veblen)和熊彼特(Schumpeter)等人提出的长期性问题。

在这些研究领域中,马克思之所以重要,是因为其著作和所有经典经济学著作一样,阐明了技术材料的遗漏或处理不当会产生什么样的危害。马克思的原著对资本主义运动趋势的构想与当今著名的新马克思主义或新新马克思主义相反。企业之间的竞争会使利润趋于零,为了避免或延缓利润率的下降,企业会采取两种行为形式。一是大公司兼并小公司,消除边缘竞争;二是留下来的大公司在国内市场上相互竞争,降低利润。这一过程造成经济活动从欧洲向不发达的国家和地区外延,即帝国主义的对外扩张。

在上述情况下,资本主义将如何终结尚不十分清楚。显然,一种可能是帝国内部的冲突造成破坏。然而,主要在于财产社会化使国家变得容易和诱人,因为达尔文式的竞争已经将任何国家环境下的公司数量减少到了极少的程度,以至于即使是最缺乏活力的国家官僚机构也不会被"行政吸收"的潜在问题所抑制,国家只是摘取了由于过度集中而过度成熟的工业果实。后来的历史已经宣告原始马克思主义体系在这方面已经过时了,但这种充分准确地建立在主要制度事实和逻辑演化动力学基础上的历史系统的过时包含着一个重要教训,即任何对历史事件的解释,如马克思所处理的历史事件的范围和规模,都不能完全避免技术问题。

比马克思晚了半个世纪的托斯丹·凡勃伦在其著作中回答了马克思提出的问题,在分析中他不遗余力地将技术包括在内。凡勃伦著作的中心思想涉及一些重要概念,即现代技术将企业文化分为金钱思维模式和科学思维模式,企业管理者的金钱文化决定了所有的活动都只能用金钱来衡量。在凡勃伦看来,一方面,企业管理者的目标是赚最多的钱,如果要这么做,就有必要通过垄断市场来阻碍工业发展,从而诱发人为稀缺,那么,企业的目标就不利于实现改善最大多数人的物质福利这一民主社会目标;另一方面,工程师习惯于纯粹理性和科学的推理模式,将效率和生产力作为第一目标,然而,他们被金钱思维模式的管理所束缚,不能达到这些目的。在这一背景下,阿尔弗雷德·钱德勒研究的意义在于,他驳倒了凡勃伦的观点,科学文化和企业文化不再是对立的,企业文化目标未必与社会的物质目标相对立。

社会学家很快就领会了凡勃伦二分法的文化含义,由此推断,不同发展水平国家的工程师的基本价值观和态度,比同一民族文化内不同职业群体的成员的基本价值观和态度更为接近。这一观点本身只是对马克思关于社会存在决定社会意识这一论断的一种"修正"。马克思、凡勃伦及其诠释者把这一观点阐述得淋漓尽致,即决定性的价值观和态度的形成源于工作过程本身,它们不是,也不可能作为纯粹的抽象概念或人类推理的产物而孤立地存在。

约瑟夫·熊彼特给出了一个悲观的预测,即资本主义将让位于社会主义,因为资本主义倾向于产生一种与其对立的文化,即"知识分子的吹毛求疵"。在他的分析中,有关技术的考虑并不明显。

基于以上背景,学者可以比较不同的经济体系,以此思考资本主义社会和社会主义社会是否存在一种"趋同"趋势,并由于必须执行共同的行政和经济任务而变得相似呢?那些认为两个社会不太可能趋同的人的主要论点是,在财产社会化的社会中,将新要素引入生产和消费模式中的速度要慢得多,因为这样做的动机与那些能够发起和实现变革的人的自身利益是不一致的。

二 企业史与技术史的融合研究

当企业史和技术史与社会发展的国际结构、企业行为和绩效的比较研究结合起来时，的确能够阐明非常大的问题。即使是在较小范围内进行这种融合的历史研究，也能提供对资本主义及其文化活力和前景的重要洞见。

企业史和技术史只有在关注那些资本主义体系中更一般性问题的演化时，才能不受特定情况的影响。这一主张使我冒昧地认为，如果企业史和技术史仍是重要研究领域的话，那么这两类历史研究不可能真正地独立存在。正如我们所看到的，历史学家的研究主要集中在资本主义的演化动力方面。在马克思和熊彼特的研究中，技术因素并没有被视为内生决定的；而在凡勃伦的研究中，技术和企业之间的联系相当缺乏，每一个因素都是外生的，是独特的思维习惯的产物。所有这些历史体系都包含了基于对证据进行选择性解读的强有力的理论。然而，这些研究都是不完整的。企业史和技术史的统一，可以通过整理资本主义制度的主要机构，即企业是如何产生和管理新要素（如技术）的相关资料，来阐明资本主义演化这一重大核心问题。

基于上述考虑，我们可以对在企业史与技术史融合研究这个问题上作出贡献的学者和成果加以评述。接下来，我们将像考古学家那样，把从各处搜集来的零碎资料组合起来，以便对这两个研究领域融合的整体情况有一个更清晰的认识。

理查德·杜·博夫（Richard Du Boff）对1844年至1860年商业需求和美国电报早期发展的研究清楚地表明，电报这一特定技术产品，通过加快商业信息的流动，从而提高市场经济的效率，在降低与商业交易相关的信息成本方面发挥了重要作用。虽然杜·博夫使用的是企业史和经济史学家的分析方法,但其论文主旨却使我们有理由将其视为技术评估领域的贡献。作为企业史,这一分析提出了一些重要的问题,因为它揭示了电报与铁路行业发展的相似之处。如同广为人知的铁路案例一样,电报经历了从原子化和分散化的业务部门之间激烈竞争,到合作与整合的变化。尽管杜·博夫声称1865年以前电报行业发生的战略和结构变化优先于铁路行业,但他并未对这一发现的意义作出解释。如果他的观点是正确的,那么他将对19世纪的运输和通信部门发生战略和结构变化的顺序提供一个新理解,但我们对产生这些变化的基本力量和因素的理解未发生改变。

杜·博夫发现,在美国,铁路、新闻、商业和金融部门对电报服务的需求远远超过来自市民的个人需求,而欧洲的情况正好相反。显然,与其他供商业与私人使用的通信方式相比,电报服务的价格在美国和欧洲一定有很大的差别。然而,有趣的是,即使将欧洲、美国之间的差异导致的价格差异排除在外,这两个地区仍然有相对价格差异。一种猜测认为,凡勃伦阐述的金钱动机和科学动机的区别可能是这个问题的答案。杜·博夫在这方面的发现进一步证明了19世纪美国企业中的金钱文化具有相对较大的力量和活力。从这一点我们可以看出,在跨国视角下,商业部门的文化力量可能对某项技术的创新和管理方式产生重要影响,而反过来又会影响到经济和社会的发展。

在美国,电报技术一开始几乎只用于扩大和改善市场,结果进一步加强了商业部门的发展,而在欧洲,这种影响要小得多。为何如此呢?杜·博夫在其研究中并没有对这一问题进行直接阐述,而是从侧面反映出一些问题,这些问题将有助于更好地理解和解答欧洲资本主义在美国发生的较大的变化。杜·博夫之所以能取得如此大的学术成就,是因为他把重要的制度、经济和技术事实纳入他的研究分析中,从而在某种程度上统一了企业史与某种技术史的研究。

斯图尔特·莱斯利(Stuart Leslie)所著《托马斯·米吉利与工

业研究的政治学》（*Thomas Midgley and the Politics of Industrial Research*）是一本关于应用研究如何受企业环境影响的著作。在围绕托马斯·米吉利（Thomas Midgley）进行具体研究时，莱斯利发现其著作并没有提到应用研究是如何服务于企业目标这个隐含的主题的。尽管莱斯利提供了足够多的细节来满足最好奇的技术史学家，但就像杜·博夫和莱克（Reich）的文章一样，其著作是对凡勃伦关于企业金钱文化和工程师科学文化内在冲突独到见解衍生的进一步证明。

在莱斯利所著的这一本书中，他对托马斯·米吉利进行了深入研究。1916年，托马斯·米吉利加入了查尔斯·凯特林（Charles Kettering）在德尔科的研究实验室。在那里，他的注意力转向了汽油发动机的爆震问题，最开始是研究机械工程，很快就变成了学习理论化学。当凯特林在德尔科的研究实验室于1920年被通用汽车公司收购时，米吉利转由该企业的传奇人物阿尔弗雷德·斯隆（Alfred Sloan）指导进行研究。1921年12月，米吉利研制出一种稀有的铅化合物，即四乙基铅，它能有效地抑制发动机爆震。随后，一个新的企业成立了，这就是由通用汽车公司和标准石油公司合资设立的乙基公司。莱斯利认为，无论其他的公司战略如何决定了乙基公司的成立，对通用汽车公司来说，最大的好处是它利用了标准石油公司的化学制造技术。尽管人们对商用燃料的化学性质知之甚少，但这一切都已经实现了。

正如莱斯利所述，科学家米吉利不仅仅满足于商业上的成功。1926年，米吉利开始了一项寻找可接受合成橡胶的研究项目。虽然这个项目没有取得商业上的成功，但它激发了米吉利的科学好奇心，他于1928年暂时离开通用汽车公司，前往康奈尔大学从事橡胶化合物结构的科学研究。正如莱斯利所述，这一经历很好地揭示了企业界研究人员寻求科学界更广泛认可所面临的困境。

在通用汽车公司工作期间，米吉利被允许公布他的各种调查结果,以满足他获得科学界同行认可的需要,即使这一过程可能泄露专有信息。很难找到一个更好的例子来说明金钱文化和科学文化之间的紧张关系。然而,斯隆和凯特林凭借他们的工程师背景和作为管理者的精湛技艺,足以让米吉利留意到企业的必要性。1928年夏天,他们说服他进行调查以找到一种安全的冰箱制冷剂。再一次地,米吉利把氟利昂带到了世界。

除了给我们提供了一部很好的托马斯·米吉利技术传记外,莱斯利还提供了很好的证据,证明凡勃伦的二分法不一定是强烈的和不可变的。米吉利终生在企业里工作,取得了商业上的成功和科学界的荣誉。这一案例并没有解决社会或经济分析层面的金钱文化与科学文化之间的冲突问题,但它表明,熟练的管理可以使个人与公司之间的冲突得到调和,这对于修正凡勃伦的观点而言是非常有用的。

伦纳德·莱克对1920年之前贝尔实验室工业研究目的的研究作了总结,他告诫人们,工业研究确实改变了美国的商业方式,如果企业史和技术史学家要写新时代的历史,那么他们必须理解如何以及为什么如此。莱克对美国电话电报公司如何以及为何发展出一种具有"双刃剑"特点的、以科学为基础的企业战略进行了复杂而令人信服的分析。美国电话电报公司的工业研究战略既有进攻性又有防御性。工业研究旨在设计新的和改进产品与工艺,这一活动作为"工业研究"一词的常用含义很容易被理解。然而,正如莱克所指出的那样,由于可以控制一般商业利益领域的大量专利,企业往往会阻止竞争对手试图进行重大产品创新。在这种防御意义上,企业利用工业研究广泛聚集专利,以保护其传统的产品和工艺技术,使其不受工业环境中其他破坏性创新的影响。

如果莱克可以对美国电话电报公司和贝尔实验室加以研究和概括,且没有理由不这样做的话,那么就提出一个重要问题,即公司通过宏大企业战略进行工业研究来塑造其企业形象,以此争取近乎垄断的地位。如果公司通常进行广泛的专利聚集活动以维护安全,以及进行高度直接和集中的、具有创造性的活动以实现重大发展,那么,公司的战略和结构中存在或不存在哪些因素使这种平衡得以以对社会有利的方式实现呢?熊彼特对垄断的辩护词是:垄断企业拥有资源进行基础研究和应用研究,从而在经济中引入"新要素",为资本主义制度注入动力。熊彼特认为,大型垄断企业积极的动态利润远远超过垄断所造成的静态的、分配的效率损失。如果莱克的防御性工业研究的重要发现适用于许多其他工业领域,那么它将大大削弱熊彼特对垄断和大型垄断企业的辩护。

三 企业史与技术史融合研究的进一步分析

安全导向型和目标导向型的科学研究在大公司是共存的,这就造成了目前都不能充分解决的复杂和困难问题。然而,随着这方面工作的进展,我们最好记住一点,那就是美国电话电报公司毕竟未能在无线电通信领域站稳脚跟。尽管美国电话电报公司付出了巨大的努力,但仍无法与通用电气公司、西屋电气公司和美国无线电公司的专利组合相媲美。也许防御性的、以科学为基础的企业研究只是大企业之间竞争的另一种表现。同时,如果有必要将目标导向型研究的预期回报率提高到足以证明开展该研究合理性的水平,从而开发和引进新产品和新工艺,那么专利聚集也是合理的。此外,出于安全动机的研究也是必要的,可以降低利润导向型企业的目标导向型科学研究的内在风险。

人们有这样的印象,像在贝尔实验室指导研究的卡蒂(Carty)和朱伊特(Jewett)这样的人,与斯隆和凯特林有很多共同之处。他们都明白工业研究作为企业战略武器库中的一种,可以发挥作用,但也有局限性。无论斯隆和凯特林是否在通用汽车公司从事专利聚集工作,他们都知道如何通过其他方式消除风险,如建立乙基公司和动能化学公司等卫星公司,利用标准石油公司和杜邦公司等企业的专门知识。安德鲁·卡内基(Andrew Carnegie)的格言——"先锋没有回报",抓住了问题的实质。也许托马斯·米吉利的职业生涯,以及贝尔实验室对出于安全动机的、基于科学的研究追求所强调的是,对20世纪的科学技术,企业管理者的职能是精心策划工业研究战略,以使"先锋"能获得回报。

莱克的研究和莱斯利的研究一样提醒我们,不要太早接受凡勃伦关于企业的金钱文化和工程师的科学文化的固有冲突的观点。他们告诉我们,凡勃伦的二分法仅仅是一个具有挑衅性的想法,而不是一个值得检验的完整假设。这些论文应该有助于进一步研究企业战略与产业研究之间的关系,以及企业资助科学研究的经济福利效应。以上研究不仅对理解企业管理者内在动机,而且对理解20世纪资本主义经济中主要机构单位的动机和行动的演化结果都非常重要。

长期以来,企业史和技术史研究一直都是相伴而行的。在19世纪,约翰·毕晓普(John Bishop)等学者记载了一些以简单的主要技术为基础的生产实体而建立的企业单位的发展过程。20世纪初,维克多·克拉克(Victor Clark)的工作延续了这一传统。哈佛大学的《企业史评论》(*Studies in Business History*)集中研究了生产型企业的历史,由于所研究的主题,他们将企业史与技术史结合起来。后来阿瑟·科尔(Arthur Cole)对创业历史的研究突出了企业的创造性作用,同时突出了企业家作为推动用新方法做新事情的催化剂,这确保了企业模式是企业史研究的一个重要(如果不是全部)关注点。关于主要社会力量的历史分析与资本主义(技术)中主要机构单位(企业)的运行机制的结合并不新鲜。

在我看来,这种历史学研究的重新定位,在很大程度上要归功于钱德勒的开创性著作《战略与结构》（*Strategy & Structure*）和《看得见的手》（*The Visible Hand*）。20世纪研究企业的企业史学家面临分散、多产品、多市场的企业，在很大程度上这些企业独立于其他事物，依靠以科学为基础的工业研究来实现其长期战略目标。19世纪晚期和20世纪早期功能集中的传统企业是围绕源自经验的技术而组织起来的，且通常是单一产品、单一市场。钱德勒第一次清楚地证明，技术变革将对20世纪的工业企业产生破坏性力量。他对杜邦公司的分散化结构起源的研究表明，结构特征、管理组织和企业战略本身都响应了技术变革的必要性，并与企业的基本目标相结合。

结　论

莱斯利和莱克的论文遵循钱德勒的模式，揭示了工业研究是企业战略的基本要素。杜·博夫为这一问题作出了贡献，他提出了一个问题，即在企业资助研究获得的专有利益与这种活动产生的广泛的社会效益潜在性之间，如何取得平衡。这些问题是至关重要的。看到这些有能力的学者的研究出现在这一特刊中，探讨令人激动的主题，在更大的舞台上发挥作用，令人感到欣慰。随着由19世纪进入20世纪，工业企业和以科学为基础的技术注定要密不可分地结合在一起，两者相互影响。历史学家已经注意到了这一点，而令人兴奋的新研究工作才刚刚开始。

桑巴特对企业史研究的贡献

〔美〕文森特·卡罗索 易 鑫译[*]

【摘 要】 桑巴特对企业史研究领域的特殊贡献是用心理学方法代替了马克思主义的研究方法,在研究资本主义发展驱动力时,强调企业、企业家和资本主义精神,并将个人资本主义这一理想概念与企业家联系起来,揭示出资本主义发展过程中企业和资本主义精神的作用。桑巴特认为研究企业史是为了理解和分析现代资本主义的动态发展。与以往研究企业史学者的重心不同,桑巴特更强调个人的作用。通过将注意力集中于资本主义发展过程中企业的作用,以及资本主义精神与企业家的联系,对资本主义企业开展多方面的研究。

【关 键 词】 桑巴特 企业史 企业家 资本主义精神

引 言

企业史是一门较新的学科,是对企业组织和经营历史的研究。作为一个独立的学术研究领域,企业史仅有25年的学科发展历史,并

---

[*] 本文原文系美国学者文森特·卡罗索所著,原文及出处:Vincent P. Carosso, "Werner Sombart's Contribution to Business History," *Bulletin of the Business Historical Society*, Vol. 26, No. 1, 1952, pp. 27-49, https://www.jstor.org/stable/3111341;中国政法大学商学院硕士研究生易鑫对原文进行翻译并提炼了摘要和关键词;中国政法大学商学院巫云仙教授对全文进行译校。

仍处于学科建构和定义的初级阶段。企业史一直是美国所独有的学科领域，最初创建于1925年，用来描述美国历史发展过程中的特殊性。企业史的发展在很大程度上归功于众多学者与学科的努力，许多19世纪后期和20世纪初期的历史学家和经济学家都对企业史的发展作出了巨大贡献，其中非常重要的一位便是维尔纳·桑巴特（Werner Sombart），因此本文的目的在于阐明桑巴特对企业史研究发展所作的卓越贡献。

维尔纳·桑巴特（1863~1941年）将一生中大部分时间用于研究资本主义的历史和经济，其著作不仅关注现代资本主义历史和经济的发展，同时也对现代资本主义社会学和心理学方面的理解作出突出贡献。作为一名历史学派的经济学家和社会自由主义者，桑巴特既不属于古斯塔夫·施穆勒（Gustav Schmoller）所属的德国历史学派，也不属于任何其他的特定学派。桑巴特的作品涵盖历史学、经济学、政治学和社会学等学科领域，并被历史学家、经济学家和经济史学家等不同学科门派声称是其中的一员，却也遭到各方的指责和攻击。

20世纪学界对现代资本主义起源和发展研究的兴趣，应部分归功于桑巴特的努力，这是因为他提供了思想启迪并激发了研究热情，还为历史学家和经济学家指明了新的研究领域，这对欧洲，特别是德国的学术界影响巨大。然而，由于语言上的困难和桑巴特作品数量多这两大因素，美国学者更多熟悉的是桑巴特作品的标题，而非其内在具体的内容。

许多历史学家和经济学家其实并不是毫无条件地接受桑巴特关于资本主义起源的解释，尽管他们总是愿意承认桑巴特研究的资料来源的可靠性或其假设的有效性。近期经济史的研究披露了桑巴特作品在细节或更多方面的严重不足，尽管如此，桑巴特对经济史研究领域的贡献早已被世人所接受，并超出本文所列举的范围。

本文的目的并非宣传桑巴特广泛的影响力，而是试图表明他对企业史研究的重要性。他对企业史研究领域的特殊贡献开始于用心理学方法代替了马克思主义的研究方法，开始强调企业、企业家和资本主义精神。桑巴特将企业家分离出来，并对其进行详细分析，明确其迄今为止未被认识到的个性。桑巴特认为研究企业史是为了理解和分析现代资本主义的动态发展。与以往研究企业史学者的重心不同，桑巴特更强调个人的作用。通过将注意力集中于资本主义发展过程中企业的作用，以及资本主义精神与企业家的联系，桑巴特为我们树立了经济思想发展中的一个真正的里程碑。要理解桑巴特是如何接触到企业史研究领域的，就有必要了解他的智力发展情况和经济思想的主要框架。

一 桑巴特的学术训练和职业生涯

桑巴特一生几乎都是生活在德国历史乃至近代史最具挑战和重要的岁月里。他于1863年1月19日出生于易北河马格德堡（Magdeburg）附近的一个小村庄，父亲是一位土地测量员，同时也是一位成功的农民、实业家和政府官员。政治上，老桑巴特是19世纪中期普世主义和民族自由主义的提出者和倡导者。由于当时德国与土地贵族关系密切，虽然老桑巴特对增加农民的财产和改善农民的社会条件很感兴趣，但他希望能够在尽量不摧毁土地贵族的基础上实现这些目标。维尔纳·桑巴特的早期岁月是在与他父亲关系密切的农场中度过的，因此可以理解他应该也对农业产生了持久的兴趣。在他父亲移居柏林之前（1875年），作为国会议员之子，桑巴特的早期教育是由私人教师负责的，其第一次接受正规学校教育则是在他来到柏林和施勒辛根（Schlessingen）的体育馆之后。老桑巴特在柏林的社会地位和住所给桑巴特提供了在都市生活中需要的所有教育、文化和社会优势。

1882年桑巴特进入柏林大学，师承历史学家威廉·狄尔泰

(W. Dilthey），他也是第一次听说狄尔泰反对将自然科学的方法论应用于文化科学，这是19世纪80年代早期的主要学术争论之一。桑巴特从狄尔泰那里学到了很多社会科学的方法论，具体而言是指人是社会力量的承载者，人本身较力量而言应该是分析的中心。这种对个人的强调后来成为桑巴特研究现代资本主义精神的重要成果。

此时柏林大学的经济学家也正经历一场争论，一方是在古斯塔夫·施穆勒的影响和领导下，另一方是在阿道夫·瓦格纳（Adolf Wagner）的领导下，双方都有自己的学说和支持者。桑巴特参加了两方的研讨会，并向每个人学习。对施穆勒来说，经济学的目标和方法应当是历史主义的，他倡导经验主义和归纳方法；而瓦格纳则认为经济学的目的是理性分析、理解同质性，并在概念和原则下系统地排序，他提倡演绎方法与历史方法相结合。桑巴特同情施穆勒的现实主义和经验主义，认为只有在对证据进行彻底调查之后才能看到实现其生动画面的必要性，同时他也同情瓦格纳理论与历史综合分析的方法。后来，桑巴特在其著作《现代资本主义》（Der Modernen Kapitalismus）中声称已完成了对上述方法论的综合。

在柏林大学就读期间，桑巴特在卡尔·马克思的著作《资本论》中发现了经济制度的原则，随后对其进行修改和采用。虽然桑巴特多次反对马克思，但他无疑深受马克思的影响，他从马克思那里学到了剩余价值理论和资本主义生产的独特性理论。尽管他对《资本论》和马克思印象很深刻，但他无法毫无保留地接受马克思的浪漫主义、世界主义和唯物主义。他一直对马克思的经济理论保持基本的尊重，直到1924年出版他的著作《无产阶级社会主义》（Der Proletarische Sozialismus）之前，他都没有公开攻击过马克思和马克思主义哲学。

在完成柏林大学的学业之后（1885年），桑巴特由于身体原因前往意大利的比萨大学继续深造两年，并在那里工作以及完成博士论文。几年之后（1888年），桑巴特正式获得柏林大学应用经济学的哲学博士学位，并将其博士论文出版。这项工作秉承他父亲的传统精神，展示出桑巴特非凡的农业和农学知识。接下来的两年，桑巴特担任不来梅商会的顾问，这是他一生中唯一一个没有与学术相联系的时期。1890年，桑巴特被任命为布雷斯劳大学（The University of Breslau）的讲师，不过他将此职位视为"学术流亡"，有人将这一任命归因于他的马克思主义倾向，无论如何，他对马克思主义思想的友好倾向使他远离柏林大学。桑巴特在布雷斯劳大学任教的16年时光并非毫无价值，在这里他能够有机会去进行研究和思考，其有关资本主义历史的初步研究就是在这个时候完成的。

1906年，桑巴特被任命为柏林商学院的教授，之后在1917年他被要求填补他的老师，即柏林大学阿道夫·瓦格纳的教职，其后他在柏林大学工作直到1931年退休。由于商科大学很少能够吸引到经济学方面的学生、教师或博士候选人，尽管有很多人在他手下学习，但桑巴特很少有自己的学生。尽管如此，桑巴特仍然是一位鼓舞人心、富有启发性的老师，同时也是一位出色的授课者。著名传记作家埃米尔·路德维希（Emil Ludwig）曾说桑巴特是其遇到过的最好的老师。学术成就的数量和独创性已明显证明桑巴特学术的能力和广泛的学术兴趣。

桑巴特的学术训练和职业生涯只能部分地解释他对企业家的兴趣，为了欣赏和理解他对企业史研究的贡献，有必要了解桑巴特的一些经济学思想和方法论。各种经济学流派产生的背景都是以亚当·斯密和大卫·李嘉图为代表的古典政治经济学，由于对古典经济主义者僵化和绝对化的概念感到不满，历史学派试图通过历史来研究经济现象，从而纠正这一点。费希特（Fichte）和黑格尔的学生费迪南德·拉萨尔（Ferdinand Lassalle）的著作，强调国家的历史演变，将德国唯心主义者的理论与经济学家的学说联系起来，同马克思主义一样，给桑巴特留下了深刻的印象。我们不能忽视上述这个事实，这是因为它不仅有助于使桑巴特的经济学变得更加清晰，还解释了桑巴特随后拒绝马克思主义的原因。

二 桑巴特的经济学思想和方法论

桑巴特的经济学方法论是逐步发展的，除了强调发展特定经济理论的必要性外，其他的观点与德国历史学派基本一致。在其著作《三种国民经济》《商业战略史》中，桑巴特提出一个经济学的整体框架，并将不同经济学家的观点归纳为以下三个来源，即形而上学、自然科学和人文科学，分别代表经济思想的指导学派、分类学派和理解学派。第一组对更深奥的哲学学科感兴趣，而自然科学能理解经外部观察可测量的经济现象，但方法论由于其原子论的特点而不怎么令人满意。对于桑巴特来说，经济学既是一门科学，也是一门艺术，经济学要想变得有实际作用和意义就必须用不同于自然科学的方法来进行研究。因此，桑巴特赞同人文科学思想学派，因为它强调用一种思想体系来解释经济现象，一个例子便是资本主义制度。桑巴特主要关注如何理解并实现现实，认为经济学作为文化的一个方面，必须从历史的角度来进行研究，这是因为所有的文化都是历史的。

桑巴特当时所处的 19 世纪，社会不再被认为是原子的，而是一个有机的统一体，并且当时对个人整体强调的社会学方法正变得越来越流行。这个概念以及随后而来的浪漫主义运动深深影响当时伟大的法学家弗雷德里克·卡尔·冯·萨维尼（Frederick Karl von Savigny），他是著名的法理学历史学派的创始人，通过他及其同事的努力，法学的历史方法对经济思想产生了重要的影响。在对正统经济理论的攻击中，德国经济学家强调经济学对历史的实际应用。他们的主要目标不再是得出普遍的经济规律，而是希望强调不同经济制度的相对性质，分析和理解它们的独特性。历史学派认为，古典经济学家的理论分析既没有全面考虑经济现实，也没有考虑其历史发展。这些经验主义者的目标是记录、观察、描述和理解真实的经济世界，在这样做的过程中，他们收集了相关的事实并理解了其中的关系，赋予了理论一个完全不同的功能。

与他的前任一样，桑巴特的主要关注点也是了解现实。传统观点认为，经济学作为文化的一个部分，为了解其现实必须进行历史研究。桑巴特在此基础上更进一步，他以资本主义制度为例，认为经济学不仅要从历史的角度来进行研究，而且要从特定的思想体系角度来进行研究。他的目标是发现资本主义发展过程中的阶段和步骤，用来发现每个时期真实经济生活的基本特征，其最终目的是为理论分析提供现实依据，每一阶段都是为了勾勒出一幅历史现实的图景。例如，桑巴特的经济制度并不是抽象的形式，而是旨在描述具体的历史特征，他将"历史时期"作为解释不同历史现象最全面的手段，认为每个历史时期都有自己的思想、精神和形态，因此历史时期（经济制度在历史上实行过的一段时期）是真正理解历史现象的最直接的手段。桑巴特大量的作品中随处可见对该方法的运用，他对创建或分类一个普遍的形象不感兴趣，而是致力于研究特定经济制度的典型代表，探究某一特定时期西方文明的文化特征，以及受到现行经济制度统治的机构。这就是桑巴特最著名的作品之一《现代资本主义》（两卷）所陈述的目标，这本书将欧洲和美国的历史发展作为一个整体，以一种系统的、连续的方式呈现出来。

桑巴特对自然科学或社会科学的方法技术不满意，他采用了文化科学或社会理解的方法，并认为只有这些方法才会恰当地将经济学解释为一门艺术和科学。桑巴特在其著作《经济思想史》（*Die Drei Nationalökonomie*）中详细论述了各个经济学派在方法论上的弱点，其后在他的《世界观、科学与经济》（*Weltanschauung*, *Wissenschaft*, *und Wirtschaft*）等翻译为英文的书中，他对这些方法论的弱点进行了更为简短的总结。在指出他所认为不同经济学流派方法论的错误之后，桑巴特解释了他的社会理解技巧，对桑巴特来说，所有的经济，就像所有的人类文化一样，都是精神，因此经济科学应当是一门"精神"科学。在桑巴特看来，由于人们未能认识到这一事实，因此对经济学的性质和功能产生了很多困惑。重商主义之后所有的经济思想学派，包括古典经济学、历史学派、数理经济学派和边际学派等，都没有承认经济学是一门"精神"科学，上述经济学流派要么满足于根据有效性的理论或逻辑准则来确定公正、正确或理想社会的特征，要么像自然科学那样对经济学进行排序和分类。

桑巴特认为这种经济学制度的逻辑推理方法是错误的，因为它不能解释人类社会的差异，只是根据最初步的兴趣对具体的一般规律进行排序和分类，桑巴特将其称为秩序经济学。桑巴特理解的经济学应当旨在直接和直观地感受其主题，因为经济学的事实是精神的和复杂的，不可能确定有关人的自由意志的任何真实的规律性，因此也就不可能从任何简单的、绝对的出发点来解释经济现象。既然我们对文化的知识是在认知的基础上，因此对经济学的认识应当也是在这一基础上，但桑巴特并不排斥所有的经济规律和理论，也不赞成纯粹的主观主义和经验主义。在他的经济学认知类型中，法律和理论只是手段而非目的，它们应当出现于历史研究的开始而不是结尾，它们的目的是促进对经济过程的本质和相互关系的理解，理解经济学的最终目标是描绘经济时期，如现代资本主义等历史文化综合体。

为了充分理解桑巴特所说的经济学的含义，有必要去探究桑巴特文化情结的含义。文化情结是一种历史实体，一种含义模式，例如，现代资本主义决定、理解和区分历史事件的手段。因此，有必要为每一个经济时代阐述一种特定的理论，这种理论与特定的、先验的和历史的背景相关，在时间和地点上都是有限的。正是这种对理论的强调，使桑巴特的经济学理论有别于其他历史学派成员的理论，因此很难将桑巴特归类为德国历史学派的成员。

桑巴特通过经济概念将经济学与其他文化领域区分开来,其中经济概念是指以满足人的物质需要为目的的人类活动领域,具体包括三个方面。一是经济态度,即支配人经济活动的根本目的、动机和规则;二是经济秩序,即法律、习俗和道德秩序;三是技术,即人类用来实现其经济目标的手段。当然,经济概念必须先于经济科学,但只有达到一个分类的顺序,使上述三个方面表现出其特定的形式,才能达到其真正的意义。桑巴特将这种分类的含义以及它的历史背景联系起来,称为经济制度(经济时期是它的经验等价物),并将其定义为一种满足物质需求,并由明确的精神驱动,根据一定的计划,运用一定的技术知识进行管理和组织的统一模式。

桑巴特在积极寻找构成现代资本主义的驱动力的过程中对企业史研究作出了贡献,由于没有在传统理论经济学流派中找到一个令人满意的答案和方法,他转向历史学派,但并不满足于他们的方法和途径,他声称要设计自己独创的研究方法。这里需要指出的是,经济概念并非起源于桑巴特,也并非局限于历史学派或某些经济历史学家,经济史或企业史能否被恰当地描述为一系列经济发展阶段的问题仍然存在很大的争议。虽然桑巴特的方法不适合企业史研究的学者,不能被明确接受,但它却指明了企业史研究的方向,这一点在他的几部关于资本主义的著作中表现得尤为明显。企业史研究学者可以通过了解桑巴特对经济史的态度和方法而获益良多,因为它们可以为这门密切相关的学科提供线索。不幸的是,桑巴特对经济史批评的著作相当多是以企业史的名义写成的。

桑巴特认为,除个别贡献外,经济史的贫乏大多来自历史学家未能正确理解理论和历史的关系。一方面,在桑巴特看来,主要的错误在于大多数历史学家认为历史可以不借助理论来研究和理解;另一方面,历史学家严厉谴责桑巴特把事实强加于观念之前。桑巴特认为历史和理论并不是相互对立的，他谴责许多历史学家把事件孤立起来，没有在参考整体的基础上进行研究，因为在桑巴特看来，只有通过整体的参考，历史事实才有意义，历史的最终目的应该是达到包罗万象的整体，探索人类存在的谜题。然而，他很快承认，哲学比历史更有资格给出这个谜题的答案。因此，没有受过理论训练的历史学家，不可能写出历史，充其量也不过是一个古董学家。除非历史与伟大的文化体系，例如法律、艺术、经济组织等有关，否则它是没有意义的，也没有什么价值。

桑巴特认为经济史学家的主要困扰是缺乏一个参考框架，然而，责任并不在于历史学家，真正的罪魁祸首是经济理论家，因为他们不能为经济史学家提供有用的经济理论。为了填补经济理论家留下的空白，桑巴特摒弃了革命论和辩证法，采用了文化形态学的原则。在桑巴特看来，他的经济制度是对经济现象进行区分、描述和关联的尝试，每一种经济制度都是独特的和独立的，而且在历史上只出现过一次。由于桑巴特声称从一个制度到另一个制度实际上是没有发展路线的，因此，他的批评者认为他倾向于看不到历史发展的连续性。桑巴特认为历史是对现代资本主义这个词最广泛的解释，同样也是对历史和理论的贡献。桑巴特未能将理论和历史结合起来，其资本主义是一种抽象的概念，而不是经验的对象。尽管桑巴特引用了大量的文献，但他未能对欧洲的经济生活给出一个系统和历史的解释。本文的目的不是试图解决这一争议，如果它确实能够得到解决的话，对企业史的学者来说，这项工作的价值可以在其他地方找到。

桑巴特方法论中的一个目的是试图设计出一种最新且实用的经济学。这对私人和公共行政人员都是现实的、适用的和有用的。1938年，当桑巴特发表《世界观、科学与经济》时，他似乎已经走上了这样一种科学道路，即商业经济学的道路。虽然桑巴特没有实现这一目标，但他再次表明，在经济运行过程中需要这样的纪律和行政管理起主导作用。正是这种对行政的重视，以及对资本主义背后"精神"的理解，桑巴特认识到企业家作为资本主义经济体制管理者的重要地位，这对许多人来说是一项真正的成就，因为这不仅预示了资本主义管理者的概念，并且还表明了企业史的主题。桑巴特强调企业家是资本主义制度中的关键人物，他对企业在历史上角色的关注，很大程度上促成了他在现代资本主义研究中学者的地位。

桑巴特对资本主义的主要兴趣既不是发现它的起源，也不是书写它的历史。他的目标是确定并揭示资本主义作为一种特定经济制度的本质，认为是一种历史个体、一种文化整体，客观化了这个时代的社会思想，具有独特的组织和精神。桑巴特以德国人特有的方式强调资本主义背后的"精神"，认为金钱或物质本身不是重要因素，这些只是获取资本的手段，而不是资本本身。在他看来，资本主义就是创造和获取剩余价值，既然是资本主义精神创造了剩余价值，那么资本主义就是资本主义精神。根据桑巴特的这一定义，现代公司既是资本又是资本主义精神的典范，因为现代公司在创造剩余价值的同时也获得了剩余价值。这种对现代资本主义精神的强调在桑巴特的著作《现代资本主义》一书的最后一版中表现得尤为明显，在这本书中，他用心理学方法代替了马克思主义方法，不再认为资本主义具有严格的功能性。

三 资本主义与高级资本主义时代

为了充分理解桑巴特资本主义的含义和企业家在其经济制度中的地位，有必要去了解桑巴特关于资本主义发展、形式和组织的概念。与其他研究资本主义的学者不同，桑巴特并不认为资本主义是一个很早就开始的历史进程，尽管那时的人类第一次以私人的方式使用商品来满足自己的需求和欲望。相反，桑巴特认为资本主义的经济制度较晚才产生，且先于封建（庄园制）和手工业制度。每一个经济时代都有其早期的开端、高峰和衰退时期，虽然他承认资本主义精神的某些要素可以在早期制度中看到，但桑巴特坚持认为，资本主义真正的演变发生在他所称的高级资本主义时代。

早期经济制度与资本主义制度的本质区别在每个经济时代的精神面貌。例如，手工艺制度的精神既不受积累金钱、黄金和资本欲望的支配，也不蔑视其存在的社会后果，这是一种以合作为主的精神，倾向于共同分享有限的世俗财富，并且厌恶贪婪，桑巴特将其称为需求满足原则，这与资本主义精神的逐利性背道而驰。这是一种部落的精神而不是国家的精神，是村庄的精神而不是城市的精神，是工会的精神而不是企业的精神。桑巴特声称他在行会和行会条例中找到了证据来证明他的论点，即手工艺制度的核心是正义而不是利润。然而，这个制度是建立在行会基础之上，并注入了正义和合作精神的，而资本主义经济制度是建立在企业、现代国家和机器生产过程基础之上的，它的组织基础是私人的主动性和相互交换，并渗透着一种获取、竞争和理性的精神。

自桑巴特以来，中世纪的经济制度（手工艺制度）再也不能满足新的经济时代的要求，一个新的资本主义经济制度从战争的加剧、犹太人的分散和奢侈的扩张中放射出独特的新时代精神。桑巴特从经济时代的角度追溯了现代资本主义的发展，并将其发展分为开端、高峰和衰退三个阶段。

现代资本主义的开端时期从13世纪一直到18世纪中期，是资本主义的雏形时期，受到前资本主义时期手工艺制度精神思想的支配，家庭工业在该时期仍然占主导地位，商业没有高度发达起来。如前所述，最近的调查表明，桑巴特未能理解或者忽视商业资本主义商业制度下定居企业家的复杂商业活动。占有欲是否在中世纪商人的"精神"中是最重要的，这是不可能记录下来的。然而，现有的证据的确表明，中世纪的商人就像他的现代同行一样会仔细权衡他的决定，考虑利润和损失等物质的处置，并在广泛的基础上进行商业活动。

然而，对企业史学者来说，桑巴特对资本主义发展的第二阶段，即 1760 年至 1914 年高级资本主义时代的分析是最有价值的，因为正是在这个时代，资本主义精神找到了其完全适合自己的最适宜的环境。根据桑巴特的说法，高级资本主义时代最初的冲动来自 17 世纪末对印度细布和印花布的时尚狂热追求，并被一系列伟大的发明所巩固。资本主义经济制度的显著特征，即形式（组织）、技术和精神在第二阶段表现得最为明显，因为只有在这个时期，利润原则和经济理性主义才能完全控制所有的经济关系。

这一时期资本主义的形式（组织）和技术有利于商业的发展，资本主义的经济制度也从其形式（组织）和技术中获得物质上的利益。根据桑巴特的说法，这一时期资本主义经济出现了典型的自由与私有和带有贵族特征的经济结构。在交换的基础上，价格单独决定了生产的数量和性质。公司的所有权的转移、企业专业化业务的崛起，以及整合金融和工业力量趋势的结果是为了保证高度的生产力和安全的改善，使资本主义经济制度得以长期发展。在这一过程中，企业家的社会地位发生了实质性的变化，商业领导日益民主化，商业的民族起源从拉丁民族转移到日耳曼民族，出现两种截然不同的商人，一种是专家，而另一种是那些试图把各种职能结合在一个领导之下的人。可以肯定的是，资本主义经济制度从它的形式（组织）和技术中获得了重大的物质利益，然而，它的驱动力是通过企业家所体现出来的资本主义精神而实现的，正是桑巴特对这种"精神"的分析，使他在企业史研究领域作出了真正的贡献。

四　资本主义精神与企业家

像黑格尔、费希特和其他德国浪漫主义者一样，桑巴特的方法具有民族主义、哲学和社会学的特点。每个经济制度背后的"精神"吸引了他的主要关注。通过将资本主义精神与企业家联系起来，并且将"精神"作为系统活力的来源，桑巴特将研究的中心从机构转移到了个人，这或许是他对企业史研究最大的贡献。正如他所主张的那样，通过资本主义精神，那么任何对资本主义经济制度的研究都需要研究企业家的心理，因为企业家才是承载"精神"的人。桑巴特将资本主义的形式（组织）和技术置于次要地位，而重点分析了支配企业家行为的目的、动机和规则。

资本主义所有经济活动的根本目的和动机是获得无限利润，特别是金钱的心理冲动。资本主义经济制度通过其形式（组织）和技术，为以占有欲、经济理性和竞争为主导的资本主义精神提供了获取和积累巨额财富的无限机会。在这种获取无限财富冲动的驱使下，资本主义精神的占有欲通过竞争变得更加强大，而对其所有的社会义务及行为的社会后果漠不关心。上述这一点，以及利益动机在制度中的主导地位，使资本主义精神区别于简单的形式（组织）和有限的技术，更加强调对手工业和前资本主义精神的社会占有。

支配资本主义精神的三种基本力量，包括获取、竞争和经济理性，通过资产阶级精神和企业家精神被赋予了形式和方向，这两种因素共同构成了资本主义精神。节俭、节制、可靠、勤勉和其他通过精心政策来制定商业实践、高效的管理和经济运作体现出来的特点，是资产阶级精神的基本组成部分。在这里可以找到所有那些难以估量的因素，如气质、精神稳定性等，这些因素会成就或毁掉一个企业家的职业生涯。当然，并不是所有的企业家都有这种精神，只有那些将商业视为引人入胜的挑战的人才会有这种感觉。为响应这一号召，需要行政部门进行有效的管理。这些是有创造力的企业家，这些人具有资产阶级精神，并且他们的目标是使生活和商业变得更加有纪律、系统和安全。资产阶级精神促使新经济制度的诞生和旧经济制度的消亡，它为企业家精神提供了一种结构，在这种结构中，企业家精神融合了对黄金的贪婪、对冒险的渴望和对探索的热爱。

对桑巴特而言，企业家精神具有完全独立的双重人格。企业家精神的第一个人格源于它是资本主义精神的一部分，是竞争和占有欲的源泉（利润是一切资本主义企业的最终目标），是将资本主义精神与个体资本主义代理人的目标相结合的手段，并提供了赋予商业以独立存在的形式。企业家精神的第二个人格是资本主义企业本身。资本主义企业完全独立于所有者的思想，因此资本主义企业扮演的这一角色标志着经济理性和现实主义，是商业工具、机构和机器的物质创造，旨在延续、扩大和改善私人商业资本主义的视野。桑巴特在这方面进一步提高了它的重要性，他指出，现代资本主义是伴随着资本主义企业的发展而出现的。

然而，对于企业史学者来说，最重要的是桑巴特对资本主义精神和企业家心理的分析。影响企业家发展的力量和因素在其著作《资产者：现代经济人的思想史》（*Der Bourgeois*：*Zur Geistesgeschichte des Modernen Wirtschaftsmenschen*）一书中得到论述，这本书将现代资本主义的活力归功于企业家。尽管这本书存在一些事实错误和许多未经证实的结论，这项工作仍然产生了重要的影响。商业组织作为一种伟大的制度发展，企业家作为一种特定类型的个人的例子，在历史上占据重要地位。

桑巴特对企业家既赞赏又批评，他认为，只有研究企业家整体的人格，才能对商业有一个现实和有意义的理解。紧接着他探讨了企业家的心理，这种对个人而非外在力量的重视，使桑巴特和其他几位德国经济学家一样，提出了一个理想的类型，即个人资本主义。桑巴特借用韦伯的理想型概念，将其运用到企业家身上，使企业家成为现代资本主义背后的"精神"。资本的所有权本身并不是桑巴特分类法中的一个重要标准，而真正的考验在于个人是否拥有资本主义精神，例如为了创造剩余价值而获得的物质或劳动。

在《资本主义的精髓》一书中，桑巴特将资本主义的驱动力归功于企业家，认为企业家通过从早期一直到现在和以后遵循着资本主义精神，成为资本主义精神的化身。理想的企业家通过市场手段将两个对立的群体，即经济对象（工人）和经济主体（控制生产资料的资本主义经营者）结合在一起，结合了发明家、发现者、征服者、组织者和商人的特点，在很大程度上决定资本主义制度的性质是具有激情、欲望和弱点的活生生的人。纪律和经济理性是企业家用来满足对财富和权力欲望的手段，在桑巴特看来，理想的企业家所表现出来的这种激情与理性的结合，正是资本主义精神的精髓所在，为其提供无限动力。私营企业资本主义的发展和本质，是企业家为满足对利润无限追求的结果，也是理性战胜感性、迷信和传统的结果。

与卡尔·马克思一样，桑巴特认为忽略传统或社会后果而追求利润是资本主义经济学的基本特征之一，然而，与马克思不同的是，桑巴特并不认同资本主义的经济制度是无政府的和混乱的。实际上事实远非如此，以企业家为代表的现代资本主义精神是受到秩序、理性和效率至上原则支配和指导的，资本主义企业加快了经济发展进程，促进了发明创造，并使经济机械化，企业的组织管理同样也应用于生产系统的效率和秩序。在总结理性主权对商业的影响时，桑巴特总结道，资本家应该用科学研究取代工业原材料，用人为因素替换科学管理。在高级资本主义时代，商业变得越来越复杂，虽然它提供了巨大的挑战和更大的回报，但它也要求更高的智力和能力，因此实现和确保持续成功所需要的卓越品质吸引了所有国家最优秀的人才，在

1760年至1914年期间更是如此，因为正是在这个时候，世界经济是基于一种全新的精神，一种由个人而不是国家刺激和引导的精神。

由一系列伟大的发明所产生的高级资本主义时代，使个人的占有欲和经济的理性主义得以完全实现。公司的所有权、商业专家、工业资本家的崛起，以及一体化的趋势（金融工业主义和金融资本主义）给了商业最大的挑战和最大的回报。桑巴特并未对各种类型的私营企业资本主义从功能和特征上加以明确区分，然而他确实预示了它们的分类。

如果把桑巴特关于高级资本主义时代的概念应用于美国历史，那么会发现南北战争后的20年是美国资本主义的太平盛世。像安德鲁·卡耐基、老约翰·洛克菲勒和科尼利乌斯·范德比尔特等人的活动说明了资本主义精神的本质，不顾社会后果或自身义务，无限地去追求利润。然而，到19世纪80年代后期，残酷无情和不受任何限制的自由，这两个高级资本主义时代的特征已经不再有效。根据桑巴特的说法，州际贸易委员会（1887年）的成立、谢尔曼反托拉斯法案（1890年）的通过，以及1892年和1896年的民粹主义计划，所有这些限制性的措施和建议，都是美国这些处于高级资本主义时代的国家开始衰落的迹象。对桑巴特来说，1914年第一次世界大战的爆发标志着高级资本主义时代的结束，之所以选择1914年作为其结束日期，是因为桑巴特相信这场战争和战后事件标志着一个时代的最终结束。在《现代资本主义》的最后一版中，桑巴特坚持认为资本主义的黄金时代和它的活力、生机勃勃、动荡、弹性和不受限制的自由已经过去。

1914年，正如桑巴特所解释的那样，经济趋势表明共产主义可能会崛起并成为主导的经济制度。批评他的人认为，利润动机作为商业活动主要刺激因素驱动力的减弱、规范竞争的兴起、政府对私人企业的管制，以及商业部门之间的相互协议和理解，这些力量正是高级资本主义稳定的表现，然而在桑巴特看来，这些是他对当时动荡经济形势解释的有效性证明。一旦政府开始限制企业家制定个人政策的自由，资本主义精神的主要力量源泉就会遭到破坏，由此而带来资本主义的衰落。在美国，政府对商业监管的扩大，公私合营企业的增加，州、联邦和公共事业，以及合作社对私营企业竞争的兴起，这些都是旧资本主义衰落的重要标志。然而，同样重要的是劳动力日益增强的进取心，虽然这个并没有得到承认，但至少部分是得到政府认可的，同样也导致经济的日益僵化。桑巴特认为，这些都是衰退的现象，正如晚期资本主义下出现资本主义"灰发"和"掉牙"的一些特征。

企业家不受外来干涉的自由是高级资本主义时代最显著的特征，然而，政府监管摧毁了它。根据桑巴特的说法，1914年之后的商业不再能够主宰自己的命运。在他最近出版的作品《论人类》（柏林，1938）中，桑巴特认为法西斯主义是后期资本主义的一种表现。虽然他确实指出，改良后的资本主义可能会像过去一样无限期地持续下去，并在未来继续发生变化，但桑巴特指出1760年至1914年的私人商业资本主义已经结束。桑巴特认为，商业资本主义作为经济组织的主导要素，将被那些代表着更有意识，不以赚钱而是以满足需求为目的的计划所取代。政府会将自己的目标定位到中下层阶级，而非资产阶级的利益，努力为大多数人提供最大的保障，这不仅是经济制度的主要功能之一，还是决定其成功的主要标准。

在分析后期资本主义的本质时，桑巴特的想法非常接近社会民主主义和民族资本主义这两个概念，背景、学术训练和个人倾向使他比那些国家资本主义者更能充分理解社会民主主义的含义。在桑巴特看来，稳定规范的资本主义和技术发达的社会主义之间并没有什么区别，虽然他理解和赞同政府对社会经济部门参与的重要性，但他既不赞同也不理解企业控制的要素能够且最终能够从国家资本主义的商业制度中出现。如果他这样做了，他将会是第一批在后期资本主义发现相对较新的商业现象的人之一。

许多经济学家和历史学家习惯于用高级资本主义的稳定性来解释第一次世界大战造成的主要经济变化和混乱，然而，桑巴特更倾向于把世界经济的这种转变看作一个经济时代的结束和另一个新的经济时代的诞生。可以肯定的是，这些变化并不总是相同的，也不是在任何地方同时发生的，决定因素并不是资本主义形式和技术的改变，新时代的"精神"表明了这种变化的范围和性质。高级资本主义在自由民主时代蓬勃发展，当时的政府致力于维护企业和资本主义集团的利益和福利。1914年后，自由民主被社会民主所取代，而前者的经济和政治否定论，作为高级资本主义时代的特征，被后者的政治和经济实证主义所取代。这种新的实证主义的出现是为了满足国家中更强烈、更众多的利益群体，即中下层阶级的目标和愿望。许多人将这些变化解读为一种新的、规范的、开明的、仁慈的资本主义的黎明，认为这种资本主义摆脱了旧秩序的丑陋、粗俗和贪婪，桑巴特并不赞同这种观点。这些被其他人称赞的特点表明了高级资本主义的胜利，桑巴特将其解释为一个具有自己思想和精神的新经济时代的开端。

结 论

本文的目的是试图指出桑巴特对企业史研究领域贡献的本质，这不仅仅是因为其作为一个主要的资本主义历史学家，他的作品和主题是相关的，还因为他对企业史的重要方面有着广泛的兴趣，比如资本主义精神的崛起、商业和企业家在历史上的作用、现代资本主义发展过程中会计的作用，以及人在整个制度中的主导地位。桑巴特对企业家心理的强调，使他试图将企业家确定为一种类型，赋予其一种商业哲学，并指出企业家对现代历史的意义、作用和贡献（无论是积极的还是消极的）。在这里，桑巴特指出了学习商业的必要性，为企业史学者提供了一个有价值的主题，并为企业史研究的转变作出贡献。无论是接受还是拒绝桑巴特关于理想企业家，即资本主义个人的概念，或者资本主义发展的阶段，你都必须承认桑巴特在企业史研究中的影响。桑巴特是一位才华横溢、富有想象力和创造力的学者，他在许多领域都作出了贡献，激发了人们的研究热情，企业史当然也包括在内。

近30年来俄罗斯学界关于俄国工业企业史的研究

〔俄罗斯〕米·尼·巴雷什尼科夫　苏　宁译[*]

【摘　要】 苏联解体后，俄罗斯学界对十月革命前俄国工业发展问题的研究需求日益增长，工业企业史成为考察19世纪至20世纪初俄国经济发展史的重要学术阵地。一些学者运用现代化理论的研究范式，深入研究工业企业的历史地位和影响，普遍认为工业企业在俄国两次工业热潮中功不可没，工业企业活动中的所有权、管理和生产是最为关键的问题。回顾近30年来的研究成果发现，尽管该研究主题大为拓宽、内涵更加深远，但仍存在史料基础薄弱等不足之处。将宏观与微观研究综合起来，对于理解工业企业史、寻求"新方法"具有特殊意义。虽然学者们已对工业企业的经济、制度、组织和社会文化等重要特征进行了多方面有益探索，但在影响业绩的其他因素方面，仍有较大的研究空间。

【关 键 词】 俄罗斯学界　俄国　工业企业史

---

[*] 本文原文系俄罗斯国立师范大学教授米·尼·巴雷什尼科夫所著，原文及出处：М. Н. Барышников, "Промышленные корпорации дореволюционной России в новейшей отечественной историографии（1990-2010-е годы）," *Вестник Пермского университета*, *История* 2021 г., № 2（53）, C. 57-72, http：//press.psu.ru/index.php/history/article/view/4591；吉林大学东北亚学院博士研究生苏宁对原文进行编译并提炼了摘要和关键词；吉林大学东北亚学院博士研究生赵万鑫对全文进行译校。

引　言

　　苏联解体后,全面理解俄国工业企业史,成为俄罗斯学界的一个重要学术增长点。将概念方法（理论）和微观指标（经验）综合起来进行学术史回顾,成为研究俄国工业企业史的一个有益视角。本文以现代化理论为基础,试图揭示生产、所有权、管理和环境等相关因素对企业制度和组织形式的影响。质言之,运用综合方法研究俄国工业企业史,可资我们更好地理解企业主的利益,理解这些利益与大型公司的经济、制度、组织和社会文化等重要特征之间的潜在联系。在这篇有关当代俄国工业企业史的文献综述中,重点爬梳那些使用概念特征和档案材料来描述工业企业的研究成果,通过对工业企业史的分析,以期勾勒出革命前俄国经济生活的动态轮廓。同时,运用主题分类法可以发现,近30年来工业企业史是考察19世纪至20世纪初俄国经济发展史的重要学术阵地,当代俄罗斯学界关于该学术主题的研究较之以往意义更加深远、内容更加丰富。因此,在结语部分,笔者不揣谫陋,拟对未来在工业企业史研究过程中如何切实使用宏观和微观分析略陈管见,以就教于方家。

一　20世纪90年代的工业企业史研究

　　20世纪90年代初,苏联解体,经济形势骤变,十月革命前的国家工业发展问题引起了史学家浓厚的研究兴趣。学界十分重视与19世纪至20世纪初帝国资本主义现代化有关的课题,尝试使用综合方法,研究历史上经济增长的宏观指标和微观指标,比如股份公司的业绩水平等。然而,这类方法的探索过程十分不易。

　　一方面,史料基础过于薄弱是其直接原因。引用档案材料来研究俄国工业企业史的成果寥寥，且零星成果所关注的重点是所有权和管理权结构的形成，国内外工艺技术方案和投资计划的设计特点与实施情况，以及依照企业战略部署和经营方向对个人利益、公共利益和国家利益的调和与利用等。

另一方面，学者们在一些关键问题上，特别是工业企业在当时国民经济中的作用及其在经济史研究中的地位问题上各执己见、言人人殊。如何评价苏联时期的帝俄经济史研究，学者们仁者见仁，智者见智。И. В. 波特金娜（И. В. Поткина）认为其本质上只是（社会民主主义意识形态框架下）两种观点的"波浪式变化"，这两种观点对 19 世纪下半叶至 20 世纪初俄国的发展道路给出了不同的解释。然而 Г. Н. 兰斯科依（Г. Н. Ланской）坚信，如果没有苏联学者自 1957 年至 1991 年留下的 20 世纪初俄国经济发展史研究遗产，就不可能有后苏联时期厚积薄发的现代研究成就。这一观点强调了苏联学者研究成果的意义。面对 19 世纪末至 20 世纪初俄国工业企业的研究，当代研究者们则以最缜密的概念思维，接受了苏联历史学家 А. Л. 西多罗夫（А. Л. Сидоров）及其学生等老一辈学者的论点，即发达资本主义的特征很早以前就在这一经济领域形成了。

与此同时，С. В. 别斯帕洛夫（С. В. Беспалов）指出，20 世纪 90 年代，不论俄罗斯史学界，还是西方史学界，对经济发展史问题的研究兴趣都有一定程度的下降，这使相关问题的解决方法不甚明朗。其中，公司史是研究最少的领域之一，有待学术界进一步探索。此处显然是指那些几乎能够决定 19 世纪下半叶至 20 世纪初俄国工业发展程度的股份公司（暂时忽略俄国社会政治大动荡对工业发展的影响）。而后，Ю. А. 彼得罗夫（Ю. А. Петров）在学术史述评中提出，应该从俄国现代化的成就、从传统社会向工业社会转型的衍生困难中，探寻俄国革命的深层根源。

以上问题可以解释为，从历史角度看，公司是按照一定组织形式构成，以实现个人利益与团体利益（包括经济、法律、家族亲源和民族宗教）的制度化协调为使命，旨在提高企业（商业）活动的效率而成立和不断发展完善的组织。从广义上讲，公司的演变需要不断开发和应用更为复杂的制度机制，其目的是在实现私营企业的发展战略和经营目标的过程中，找到并维持利益平衡。这类私营企业一般涉及工业、商业、银行、运输、保险等行业，利益攸关方包括企业主、员工、工程师和管理人员、投资者、债权人等。随着目标、任务和外部经营环境日臻复杂，法律法规逐渐取代了非正式制度。这一趋向在俄国商业实践中表现为：企业的组织形式，由个体企业演变为合伙公司或商行（这里既可以是无限公司，也可以是有限公司）；一旦投资需求日益增长，还有可能演变为（大型）股份公司。后者以股份公司的形式运作，需要利用形式各异的正规调节机构，准确界定和优化协调私人利益、社会利益和国家利益。随之诞生的公司组织架构，必须能够起到统筹协调各方利益的作用，这就要求采用切实有效的代表制形式。最终，公司运作成功与否，取决于众多股东在利益协调与均衡后对公司事务的行事能力，换言之，取决于为实现共同目标出谋划策、贡献力量的能力。

20世纪80年代和90年代之交，之所以诸多研究成果或多或少地触及工业企业史，是因为学界对国家参与经济活动的兴趣有所增加。В. А. 维诺格拉多夫（В. А. Виноградов）和 Л. И. 鲍罗德金（Л. И. Бородкин）表示，国家垄断机制重组形式的多样性，仅印证了一个显而易见的事实，即转型后的资本主义作为一个整体能够对国家干预经济的传统模式进行重大改造。就此而言，第一次世界大战前夕的政府财政经济政策带有建设性元素。Ю. А. 彼得罗夫认为，根据"新的解读，国家正在试验和试错中寻找与企业家互动的有效机制"。而俄国企业主也希望找到更灵活的机制来处理与国家的关系，М. К. 沙齐洛（М. К. Шацилло）解释道，到20世纪初，军事工业中的国有经济和大型私有资本具有"特殊的共生关系";А. А. 富尔先科（А. А. Фурсенко）以诺贝尔公司为代表的石油行业为例，论证了企业与政权机构合作的重要性。

在和平时期，许多私营企业既要完成国家订货，又要完成民用订单，于是一些大公司必然面临二者的比例问题。如 В. И. 鲍维金（В. И. Бовыкин）比较大改革后俄国经济发展的现实，认为从19世纪80年代末开始，专制政府从扶持某些优势部门、对一些弱小工业实行海关保护，转向广泛鼓励工业发展的政策。1891年俄国最终确立强制性保护关税政策就体现了这一点。同时，国家还辅以吸引外资进入俄国工业的措施作为进一步的补充。

多年来，苏联历史学家和经济学家一贯认为，影响经济发展史研究的主要因素是非人为性质的客观力量。鉴于此，必须合理指出个人因素在这段历史中的作用，尤其是在俄商与外商之间建立商业联系中的作用。以 В. И. 鲍维金为首的一批历史学家，如 Н. Н. 古鲁什娜（Н. Н. Гурушина）、И. А. 加科诺娃（И. А. Дьяконова）、С. В. 卡尔梅科夫（С. В. Калмыков）、В. 彼得斯（В. Петерс）、И. В. 波特金娜、М. К. 沙齐洛等将其研究视为史学传统的延续。他们总结了长期以来的研究成果并得出结论，即外国企业和外国投资在国家经济发展中发挥了举足轻重的作用，20世纪初俄国工业发展已经基本具备"集约化特征"，外国商业资本在俄国的运作只有在融入周围的社会、经济和法律环境，并与国内资本相互交织融合后才能获得成功。

20世纪90年代前半期俄罗斯学界的企业史研究，主张反思传统方法，重新审视陈规定型观念，以求还原历史真相。史学家多以俄国社会经济生活中企业主的地位为例，重视"个人"的作用。如 А. Н. 博哈诺夫（А. Н. Боханов）认为，私营企业主的经营领域是少数几个相对"机会平等"的领域之一；С. В. 沃龙科娃（С. В. Воронкова）研究了国家工业发展的趋势，发现大型企业和特大型企业（通常以公司为组织形式）的作用与日俱增，还挖掘出了某些部门和行业在这一过程中的"若干特殊性"，如棉花加工业、冶金业、金属加工业和机器制造业等。她认为，提高生产集中度并不意味着完全减少小企业数量，反之，企业规模扩张也会促进小企业的不断涌现；Г. Р. 纳乌莫娃（Г. Р. Наумова）表示，俄国工厂作为一种物质文化现象，由俄国传统社会心理价值所驱动。

Б. В. 阿纳尼奇（Б. В. Ананьич）十分重视大企业主之间合作交流的社会文化，特别是在民族认同方面，认为该研究方向前景广阔。他以老信徒里亚布申斯基家族（Рябушинские）参与银行和工业经营为例，论证了莫斯科的"爱国主义"并不妨碍家族代表们与外国代理行保持和发展业务联系，这其中包括俄国和欧洲的大型银行。同时，他将里亚布申斯基家族的致富故事置于老信徒的资本运作背景下考量，认为这些资本的积累与其说是工业发展的结果，不如说是贸易交易的结果。В. В. 克罗夫（В. В. Керов）就这一问题也阐明了其立场，认为老信徒在纺织业的活动证明了管理体系发展进步的根本可能性。他还结合工业化国家的适应性经验，证明了基于东正教价值观的现代化实现过程。В. И. 鲍维金认为，俄国的社会经济有机体是先进与落后的对立统一体，在这个矛盾的统一体中，先进与落后交织融合，通过创建国民经济的分支和资本主义形式相对成熟的地理区域，积极寻求本土化路径。

《俄国企业史：从中世纪到20世纪初》是一部总结性的两卷本集体著作。俄罗斯学界在该书中首次研究工业企业史发展的早期阶段，其意义十分重大。该书提出，早在19世纪上半叶，私人资本已经开始积极向生产领域"溢出"，此外还阐释了一系列问题，如工业企业的法律保障与组织形式、国际因素的影响、铁路建设的发展方向、参与公共生活、慈善事业和资助活动等，大大拓展了改革后俄国工业企业史的研究领域。另外，С. В. 卡尔梅科夫的论文意义非凡，文中利用 T.C. 欧文（T.C. Owen）的数据，描述了19世纪下半叶至20世纪初俄国股份公司的发展状况。

总而言之，即使组建股份公司的特许（许可）制度一直延续，商业界的总趋势仍是朝着现代西方社会特有的经济组织（集团经济）方向发展的。И.В. 波特金娜也表达了类似观点，她认为，虽然特许（许可）制度在俄国一直存续到1917年，但从19世纪末开始，立法实践中已经出现一般认许制度的最重要元素，相对而言，政府许可本身也变得更加规范起来。在其2004年和2009年出版的专著中，И.В. 波特金娜不仅证实了先前的结论，还引用众多档案材料，大大补充了其对俄国股份经营史前景的评估。

И.В. 波特金娜对19世纪至20世纪初的立法演变进行了整体考察，揭示了其发展的总趋势。И.В. 波特金娜发现，这一时期，立法演变所创造的商业法律环境，虽然使企业活动的自由化程度略有降低，但仍十分自由。在长达几个世纪的时间里，俄国为制定符合经济现实的工商业立法作出了巨大努力，却都被1917年的十月革命瞬时化为乌有；И.В. 波特金娜的《尼科利斯基制造厂》一书，就材料数量和概念深度而言，在同类研究中位列榜首，填补了商业关系在法律规范领域的空缺。该专著强调，将大公司作为研究对象，具有丰富的学术内涵……企业演变史是有价值的研究课题，必须在国家科学中占有一席之地，并成为俄国工业企业史研究的一个主流方向。И.В. 波特金娜还特别重视档案材料的运用，在评价俄国史学家的早期成果时如是说：建立新的历史知识分支（公司史），必须首先把档案材料研究透彻，它们保存了工业企业史的重要文件。

综观学界援引档案材料对工业企业开展的大量研究，尽管立场不尽相同，但档案材料的重要程度可见一斑。谈及国有企业与普蒂洛夫工厂（Общество Путиловских заводов）管理者之间的关系史，В.В. 波利卡尔波夫（В.В. Поликарпов）直接驳斥了美国历史学家

J. 格兰特（J. Grant）的核心观点，如俄国工业企业家之所以兴盛是因为他们在自由竞争中学会了商业生活的法则，掌握了战略设计与成功实施的不二法门。相反，Т. М. 基塔尼娜（Т. М. Китанина）认为，一些大企业主，如里亚布申斯基家族、И. И. 斯塔赫耶夫（И. И. Стахеев）、П. П. 巴托林（П. П. Батолин）等，与金融资本建立了紧密的联系，并获得了政府层面的支持，其活动实例预示着一类"新型"人物即新生代企业主的诞生。

处在研究前沿的主题还有俄国工业企业家的社会形象、慈善事业、女企家在股份公司和贸易公司管理层（作为董事会成员和主管）中的地位等。代表性学者分别是 М. К. 沙齐洛、Г. Н. 乌里扬诺娃、М. Н. 巴雷什尼科夫等。

另一部集体著作《19 世纪至 20 世纪初革命前俄国的私营企业：民族宗教结构与区域发展》也非常有价值。其作者均是史学名家，包括 Б. В. 阿纳尼奇、Д. 达尔曼（Д. Дальманн）、В. В. 克罗夫、С. К. 列别捷夫（С. К. Лебедев）、П. В. 利祖诺夫（П. В. Лизунов）、Ю. А. 彼得罗夫、Р. Р. 萨利霍夫（Р. Р. Салихов）、В. 斯尔托尔（В. Сртор）、Г. Н. 乌里扬诺娃、Р. Р. 海鲁季诺夫（Р. Р. Хайрутдинов）、Д. 韦斯特（Д. Уэст）、К. 荷勒（К. Хеллер）、М. К. 沙齐洛。该书专门介绍了俄国私营企业的民族宗教与地区特点。导言部分在考察俄国工业企业的特殊性时强调，帝国经济的不对称发展、各民族利益和宗教文化的差异，都无法促成俄国资产阶级的统一。它是在内部矛盾的氛围中发展起来的。这不仅体现在与专制政权的关系上，也反映在 1905～1907 年和 1917 年俄国两次革命中它的行为表现上。基于这一立场（尽管颇有争议），学者们以老信徒、穆斯林、犹太人和外国企业家为例，详细研究了私营企业的特殊成分——民族宗教团体。

二　2000 年至 2010 年的工业企业史研究

21 世纪的第一个 10 年，在俄国经济发展史研究中具有里程碑式的意义，不仅开创了新的研究方法，还为 19 世纪至 20 世纪初的俄国工业企业史研究开辟了广阔的空间。对工业企业史研究发展产生重大影响的一个主题是国内证券交易所的活动。从事该主题研究的学者有 Л. И. 鲍罗德金、А. В. 科诺瓦洛娃（А. В. Коновалова）、М. И. 列万多夫斯基（М. И. Левандовский）、П. В. 利祖诺夫、С. В. 卡尔梅科夫、Г. 佩雷尔曼（Г. Перельман）等人。

Л. Е. 舍佩廖夫（Л. Е. Шепелев）在其总结性著作《19 世纪至 20 世纪初俄国的股份公司》中论证了解决这一问题的重要性。П. В. 利祖诺夫认为，20 世纪初，俄国经济发展到了一个新阶段，证券交易所成为经济生活的中心，而不再是经济生活的附属品。随着俄国经济结构的变化，在引导俄国工业企业开展发行业务和债务借贷方面，平衡的方法越来越重要。如 Ю. А. 彼得罗夫、С. К. 列别捷夫等人指出，企业应与积极投身工业融资的银行机构开展合作。银行的影响在冶金、机器制造和铁路建设方面尤为突出。同时，银行充当了外国货币市场和俄国公司的中介（参见《20 世纪初以前俄国的信贷与银行：圣彼得堡和莫斯科》）。С. А. 萨洛玛季娜（С. А. Саломатина）认为，20 世纪初，俄国首都的银行继续保持与工业企业的联系，积累了丰富的投资经验，并将这些业务熔于全能银行模式之一炉。实施该模式的潜在焦点在于加强企业贷款的客户网络和建立大型分行网络。她还认为，如果没有第一次世界大战和十月革命，俄罗斯帝国的银行系统本可以走上光明的康庄大道。

帝俄工业发展的特点是研究人员积极探讨的主题之一。这一领域的典型代表是 Ю. П. 博卡列夫（Ю. П. Бокарев）、Л. И. 鲍罗德金、

В. М. 阿尔先季耶夫（В. М. Арсентьев）等。众多学者如 В. В. 阿列克谢耶夫（В. В. Алексеев）、Л. И. 鲍罗德金等人，运用现代化理论的概念来分析全俄和地区层面的工业潜力变化，是其中的关键所在。В. М. 阿尔先季耶夫认为，早在19世纪上半叶，私人资本主义形式和股份制形式的工业企业突飞猛进，标志着俄国工业发展新阶段的开始。股份公司是资本积累和部门整合甚至跨部门整合的最有效手段之一。与此同时，实行股份制，有助于在全国范围内拓宽地域、分散管理，为培植新的生产力、更新工业设备提供了条件。如 Е. Г. 涅克柳多夫（Е. Г. Неклюдов）强调了大改革后在地区层面实行股份制的重要性。在他看来，如果一直保留俄国私营企业的发展条件，股份公司将是乌拉尔矿业的未来。根据 В. А. 马乌（В. A. May）的观点，19世纪下半叶至20世纪初，俄国现代化进程加快，其特征表现为大型工业企业、大规模生产和规模经济占主导，积极使用传送带作为核心工艺；反之，导致国家大力干预资本积累，广泛地干预从传统经济部门到优先发展部门的再分配过程。

《俄国经济史百科全书》是一部问世于2008年的两卷本百科全书，总结了俄国经济发展史研究领域的史学成就。其项目负责人和责任编辑是 Ю. А. 彼得罗夫。该书中的文章主题涉猎广泛，包括俄国商业活动的起源、内容和发展方向，以及大公司的组织形式等。股份公司被视为大中型商业和工业企业的创始人、存款人和股东为筹集资金和创造大量资本而结成的最常见的法律组织形式。关于企业经营业绩的一个有趣结论是，20世纪初，俄国在科技保障工业增长方面处于领先地位，一些工业部门率先将科技创新应用于系列化生产，如蒸汽机车制造、柴油发动机生产、内燃机船制造、飞机制造等。该书呼应了 Б. Н. 米罗诺夫（Б. Н. Миронов）多年的研究成果，即因19世纪60年代和70年代的大改革，以及1905年的改革而在俄国建立的以私有财产、市场经济、公民社会和强有力的法治为基础的社会经济制度和政治制度，为俄国的成功发展提供了机遇。

三　2011年以来的工业企业史研究

近十年的俄罗斯学术场域不断拓宽，极大丰富了俄国经济发展史的理论认识。除了现代化理论在社会经济问题研究中的积极运用，如 В.В. 阿列克谢耶夫、Л.И. 鲍罗德金、М.А. 达维多夫（М.А. Давыдов）、Б.Н. 米罗诺夫、С.А. 涅菲奥多夫（С.А. Нефедов）、И.В. 波别列日尼科夫（И.В. Побережников）、Н.А. 普罗斯库里亚科娃（Н.А. Проскурякова）等人的论著之外，学者们对人力资本的形成和使用、妇女及其家庭在企业活动中的地位（包括地区层面）等问题的兴趣越来越浓厚，发表了一系列研究成果。

第一次世界大战和1917年至1922年俄国革命爆发100周年，为专门研究这类重大历史事件前夕或期间的国家经济状况提供了一个现实契机。如 П.А. 昆克（П.А. Кюнг）以俄国西门子公司为例进行研究，并得出结论，认为一战期间的私营工业企业之所以能够在国家资本主义条件下顺利运作，依靠的是利用国家和公共经济管理机构接受订单和原材料。在与 А.П. 科列林（А.П. Корелин）合撰的论文中，П.А. 昆克阐明其立场观点，认为战争对工业状况和发展的影响不能单一而论。他们都认为，除了直接参与国防等在产出上取得重大进展的产业外，其他一些行业，特别是那些为私人市场和城市及农村人口需求服务的行业，在战争年代停滞不前，甚至黯然衰落。

值得注意的是，俄国强大的工业实力有利于保障一战期间敌对行动的成功实施，这已成为一些研究的关注点。根据 Б.Н. 米罗诺夫的说法，到1917年初，由于战前发展顺利，工业已经很好地适应了战时条件并获得实质性的增长。君主制被推翻后，一场全面的经济危机开始了，在布尔什维克夺取政权后，这场危机愈演愈烈，直至1920

年达到巅峰。关于国家的巨大经济潜力问题，И. B. 波特金娜同意 Б. Н. 米罗诺夫的观点，认为有必要指出，部分商界人士更倾向于在政治上反对统治精英，从而助推沙皇政权的垮台；Н. М. 阿尔先季耶夫则展示了19世纪至20世纪初俄国经济发展的积极变化。

对于工业企业与一战之间的关系问题，研究人员不约而同地认为，俄国工业企业的稳定运作是战争胜利的关键性社会经济条件之一。尽管国民经济在向战时轨道转轨的过程中纳履踟决、困难重重，但1917年2月之前（含），股份公司的业绩总体上是可观的。如 А. А. 别索里岑（А. А. Бессолицын）称，这里不仅指的是从国家处获得战争订货的公司，还包括那些在自由市场环境里经营的公司。固定资本和储备资本增长以及股息支付从1915年开始大致呈稳步上升趋势，均可以作为佐证；Л. И. 鲍罗德金引用一战期间金属加工行业（军工综合体的基本分支）空前增长的指标，批判了低估革命前俄国经济潜力的主张，他还指出，就价格指数和工资变化以及食品消费而言，1917年之前俄国居民的状况比德国要好一些。

总而言之，尽管俄国社会政治形势云谲波诡，但战前俄国社会发展的制度范式，为工业家实现目标提供了潜在机会。自19世纪80年代以来，私营企业经济制度成为俄国工业快速发展的推动力。20世纪初，经济利益分化过程成为俄国商业发展的一个自然阶段，其直接表现为商业合作形式的不断完善。股份公司的发展促进了俄国社会经济体系民主化，确保不同民族、宗教、性别、年龄、职业、教育等背景的人之间的统一互动空间的制度化。问题在于，这种趋势是在和平时期经济和社会文化偏好保持平衡的条件下形成的，并没有承担战时风险。随着第一次世界大战的爆发，虽然俄国工业成功转向国防生产，以及各公司积极配合，但国家政治生活中的消极趋势仍有增无减。反对派（自由派和革命派）的目的和政府方针之间逐渐暴露明显偏差，造成俄国首都社会利益失衡，导致社会紧张局势升级，进而引致俄国危机局势加剧和随后的革命动荡。

结　语

综上所述，近 30 年来俄罗斯学界关于俄国工业企业史的研究主题与内容意义深远，其重要程度远超想象。现有文献证实，将宏观与微观研究（主要关涉档案材料）结合起来，对于理解其国内工业企业的过去、寻求解决问题的新方法具有特殊意义。一言以蔽之，当代俄罗斯学界对 19 世纪下半叶至 20 世纪初俄国大企业和大公司在工业大突破中的主导作用达成了共识。然而，关键问题仍然是对企业活动中的所有权、管理和生产的整体研究，特别是在评估个人利益和公共利益的平衡时务必解决上述问题，因为这是企业主成功的最重要条件。

但史料基础薄弱仍是一个严肃问题。正如 Г. Н. 乌里扬诺娃所坦言的，由于档案材料的收集和处理相当复杂，对俄罗斯帝国个别企业的微观史研究至今仍然非常罕见。彼时，俄国私营企业普遍发展，寻找和落实投资的程序是否灵活，工艺技艺、职业教育和组织创新是否有效，都决定了公司的比较指标，这一点需要更加深入地研究，同时亦要兼顾行业和区域的特殊性。同样不可偏废的还有：分析消费者（包括国营机构）对产品数量和种类的需求，考察法律调节和非正式调节的比例关系，主要是探析那些能够提高工业企业竞争力的商业机构、社会机构和权力机构的相互影响与作用。

值得一提的是，倘若股份公司能够有效利用与所选择的经济活动方向有关的私人、社会和国家优惠政策，对其进行合理搭配与组合，便可以轻松应对时代的挑战。从这个意义上说，就革命前俄国工业的发展前景而言，从所吸纳的生产、金融、智力、管理等资源的比例以及实现既定战略和经营目标的效率出发，这一时期工业企业运作的制度空间正处于最有利的机遇期。

《企业史评论》投稿须知

本刊坚持马克思主义唯物史观，秉持历史与现实相结合的原则，密切跟踪国内外企业史研究的前沿进展，关注新时代中国特色社会主义建设中的重大理论与实践问题，突出中国企业发展和改革、经营管理经验总结，以及中外企业史的比较研究等研究重点，旨在打造一个崭新的中国企业史学交流的跨学科学术园地，为有志于企业史研究的同道学人集中展现国内外有关成果提供交流平台，为推动本学科发展贡献我们的绵薄之力。有关注意事项如下。

（一）征稿对象

本刊面向企业史、经济史等领域知名学者、高校教师、研究人员，以及研究生等，欢迎投稿。

（二）投稿要求

投稿文章须有一定学术价值，内容新颖，方法得当，语言规范；欢迎就企业史学某一领域的问题展开深入研究，篇幅在 8000~10000 字为宜；译稿 5000~8000 字为宜。

（三）投稿邮箱

qysyj_CUPL@163.com，每年 6 月 20 日和 12 月 20 日两次截稿。

（四）文章要件

如有资助说明，以页下注形式置入首页；作者简介（姓名，单位，职务，职称，主要研究领域），同样以页下注标注；中文摘要（300~500字）、关键词（3~5个）；引言、正文、注释（脚注）、结论。

（五）体例格式

1. 标题：一般分为三级，第一级标题（文章标题）：宋体三号字，加粗；第二级用"一""二""三"等，宋体四号字，加粗；第三级标题用"（一）""（二）""（三）"等，宋体小四号字，加粗。不宜用更多层级的标题。

2. 注释：需实质性引用，页下注，用①②③，每页重新编号，行间距统一为最小值12磅。文后不列参考文献。

3. 作者署名：在文章标题下方，用宋体四号字。

4. ［摘要］［关键词］：置于作者名字下方。宋体小五号字，行间距为固定值18磅。

［摘　　要］以300~500字为宜，以简明扼要的语言概括论文的基本内容和观点，避免以主观化语言对论文水平做自我评价或脱离具体内容的解释。

［关键词］一般为3~5个，相互之间用空格隔开。

5. 项目来源。论文为基金项目时，应注明来源、类别、名称、批准号等。项目名称用引号标出，不用书名号，用脚注形式标出。

6. 正文格式要求。正文内容，宋体小四号字，行间距为固定值20磅。

（1）文字。应使用规范的简化字，一般不直接出现外文，第一次出现时需括注相应的外文单词。外来学术术语、外籍人名、外国地名等，凡已有通行中文翻译和定名的，一律沿用原中文翻译名称。

（2）纪年。同一篇文稿纪年应统一，不宜同时混用历史纪年和公历纪年。

（3）标点符号。标点符号以2011年发布的新版国家标准《标点符号用法》（GB/T 15834—2011）为依据。标有书名号或引号的并列成分之间通常不用顿号，若有其他成分插在并列的书名号或引号之间，宜用顿号，如：《国富论》《经济学原理》《通论》是西方经济学的经典之作。

（4）引文。征引中外文献须谨慎核对，必须完整准确，不得断章取义、误解或歪曲原意。引用文献应注意选择最好的、信实的版本，《马克思恩格斯全集》《列宁全集》等经典著作应使用最新版本。

（5）图表。应居中，方向与正文一致，图的标题置于图的下端并居中。有两个或两个以上的图，应加序号，连续编号。表格需有表题，位于表格的上端并居中，两个及两个以上表格应有序号，连续编号。资料来源在表、图下方，用"资料来源：××××"标出。

（6）数字用法。凡是可以使用阿拉伯数字而又很得体的地方，均应使用阿拉伯数字。遇特殊情况可以灵活变通，但应力求保持相对统一。

如长度、容积、面积、体积、质量、温度、经纬度、音量、频率等，一般应采用阿拉伯数字；除温度、经纬度外，正文计量单位一般应用汉字，如850.56千米、500克、145.34平方米、5万元、22个月等。

5位以上数字，可用万、亿、千、百来表示，如5.95亿吨；倍数、比数、分数应用阿拉伯数字，如8.5倍、6∶19、1/4、5‰、4.05%等；公历世纪、年代、年、月、日、时刻应用阿拉伯数字；引文注释中的出版年、卷册、页码等用阿拉伯数字。

脚注中引证文献标注项目一般规则为：中文文章名、刊物名、书名、报纸名等用书名号标注；英文中，文章名用双引号标注，书名以及刊物名用斜体标注。责任方式为著时，"著"字可省略，用冒号替代，其他责任方式不可省略；如作者名之后有"编""编著""主编""编译"等词语时，则不加冒号。如作者名前有"转引自""参见""见"等词语时，文献与作者之间的冒号也可省略。责任者本人的选集、文集等可省略责任者。

《企业史评论》脚注标注格式要求，请参考《企业史评论》第1期的附录部分。

图书在版编目(CIP)数据

企业史评论. 第 5 期 / 李晓，巫云仙主编. -- 北京：社会科学文献出版社，2023.12
ISBN 978-7-5228-2645-5

Ⅰ. ①企… Ⅱ. ①李… ②巫… Ⅲ. ①企业史-研究-世界 Ⅳ. ①F279.19

中国国家版本馆 CIP 数据核字（2023）第 197860 号

企业史评论　第 5 期

主　　编 / 李　晓　巫云仙

出 版 人 / 冀祥德
组稿编辑 / 陈凤玲
责任编辑 / 宋淑洁
文稿编辑 / 胡金鑫
责任印制 / 王京美

出　　版 / 社会科学文献出版社·经济与管理分社（010）59367226
　　　　　　地址：北京市北三环中路甲 29 号院华龙大厦　邮编：100029
　　　　　　网址：www.ssap.com.cn
发　　行 / 社会科学文献出版社（010）59367028
印　　装 / 三河市尚艺印装有限公司

规　　格 / 开　本：787mm × 1092mm　1/16
　　　　　　印　张：23.5　字　数：315 千字
版　　次 / 2023 年 12 月第 1 版　2023 年 12 月第 1 次印刷
书　　号 / ISBN 978-7-5228-2645-5
定　　价 / 128.00 元

读者服务电话：4008918866

版权所有 翻印必究